POLARIS

Nico Semsrott

Brüssel sehen und sterben

Wie ich im Europaparlament meinen Glauben an
(fast) alles verloren habe

Rowohlt Polaris

6. Auflage August 2024
Originalausgabe
Veröffentlicht im Rowohlt Taschenbuch Verlag,
Hamburg, Mai 2024
Copyright © 2024 by Rowohlt Verlag GmbH, Hamburg
Die Nutzung unserer Werke für Text- und Data-Mining
im Sinne von § 44b UrhG behalten wir uns explizit vor.
Covergestaltung HAUPTMANN & KOMPANIE Werbeagentur, Zürich
Coverabbildung Marvin Ruppert
Coverrückseite Mathieu Cugnot/European Parliament
Satz Financier Text bei Dörlemann Satz, Lemförde
Druck und Bindung CPI books GmbH, Leck
ISBN 978-3-499-01410-9

Inhalt

Hinweis Nr. 1:

Dies ist ungefähr wohl meine Geschichte. Glaube ich. Ich gestehe: Ich habe dieses Buch nicht nur nicht geschrieben, ich habe es noch nicht mal gelesen. Ich finde Transparenz wichtig, weil nur sie Vertrauen schafft. Vieles ist ja gar nicht so, wie es scheint.

Ich habe in der Politik so viele Lügen erlebt, dass ich die Schnauze endgültig davon voll habe. Ich will mich auch nicht einreihen in die Ahnengalerie der «Promis», die nur so getan haben, als hätten sie ihr Buch selbst geschrieben.

Meine Wahrheit ist: Ich habe dieses Buch nicht geschafft, weil ich selbst zu geschafft bin. Ich finde es schlimm, mein Leben lang immer etwas darstellen zu müssen, was irgendwie nicht stimmt. Deswegen habe ich die fünf Jahre im Europäischen Parlament kaum ausgehalten. Deshalb halte ich es fast nirgendwo aus. Außer auf der Bühne, wo viele Leute denken, ich tue nur so als ob.

Ich habe ein paar Hundert Seiten an Notizen abgegeben, und andere haben daraus ein Buch gemacht. Ich hoffe, es ist gut geworden!

Nico

A – Wichtiger Hinweis:

Ich bin dazu übergegangen, bei allen möglichen Anlässen einen Toast auszusprechen, der einerseits unsere schwierige gesellschaftliche Situation anerkennt und andererseits Dankbarkeit ausdrückt für das, was war. Und so soll auch dieses Buch mit dem Toast beginnen. In diesem Sinne: «So demokratisch kommen wir nicht mehr zusammen!»

B – Wichtiger Hinweis:

Alle Ähnlichkeiten mit realen Personen sind nicht zufällig, sondern volle Absicht. Dass sie erkennbar sind, liegt in den meisten Fällen daran, dass sie in echt so sind. Um Verwechslungen auszuschließen, habe ich sogar öfter die richtigen Namen benutzt.

C – Noch 'n Hinweis:

Kennste das? Du hast dir etwas vorgenommen, aber dann plötzlich doch EXTREM KEINEN BOCK MEHR? Zum Beispiel das nächste Kapitel in diesem Buch lesen? Kein Problem, für Vertreter:innen der Generation ADHS / Social Media habe ich diesen Service vorbereitet: TL;DR = «Too long, didn't read.»

Was im Internet funktioniert, kann auch für dieses Werk nicht falsch sein.

Wer also möchte, kann das Buch auch in 5 Minuten durchlesen, indem er:sie an jedem Kapitelanfang kurz die Zusammenfassung liest. Ich sag's ehrlich: Gerade Highperformer können sich den Rest sparen. Gern geschehen!

D – Und noch 'n Hinweis:

Verrückter Ansatz! Wie wäre es, wenn es statt «weniger Demokratie» «mehr Demokratie» geben würde? Statt eines Rechtsrucks vielleicht etwas Gutes? Unser politisches System ist auch deshalb in der Krise, weil es so viele Menschen ausschließt, die sich unbedingt beteiligen wollen, nur eben nicht in Parteien. Es muss mehr Transparenz geben. Und mehr Beteiligung.

E – Und hier der wichtigste Hinweis:
Auch wenn man das beim Lesen dieses Buches wohl kaum glauben wird:
Ich bin *für* die EU. Sie ist eine super Idee.
Nur leider ziemlich schlecht umgesetzt.
Auch das Europäische Parlament selbst ist als Idee hervorragend, in der Realität aber ein Witz (und zwar ein schlechter). Ich habe mich in all den Jahren oft gefragt, wie dieses Parlament es schafft, so schön und so scheiße gleichzeitig zu sein. Ich glaube, dass es richtig ist, international zusammenzuarbeiten. Je enger, desto besser. Die EU ist ein bisschen so etwas wie die Vereinten Nationen, nur *mit* Macht. Das heißt: Entscheidungen, die auf EU-Ebene getroffen werden, haben Folgen! Es ist nicht weniger als ein Wunder, dass der Weg seit dem 2. Weltkrieg zu dem Zwischenergebnis geführt hat, das wir heute sehen. Die Entscheidungen dieses Konstrukts passen mir in vielen Punkten überhaupt nicht, aber es ist wunderbar, dass es diesen Werkzeugkoffer namens EU überhaupt gibt.

F – Ein Lied,
das ich eigentlich fünf Jahre auf Dauerschleife hätte hören sollen: «Quark [Remix '94]» - Die Ärzte

G – Fakten:
Alle Zahlen, Prozentsätze und Regeln sind in diesem Buch so aufgeschrieben, wie sie zu diesem Zeitpunkt waren. Das Parlament ändert Regeln jedoch, und auch die Anzahl der Mitglieder variiert beispielsweise. Vor dem Brexit gab es 751 Abgeordnete, danach nur noch 705. Entsprechend kann es sein, dass die Angaben nach einer Weile nicht mehr aktuell sind, sie waren es aber zum Zeitpunkt des Schreibens dieses Buches.

Es ist nie genug.

TL;DR:
Erst depressiv, dann Satiriker, dann Politiker und dann am Ende. Das ist eine Geschichte, die wirklich nicht viele Menschen auf diesem Planeten erzählen können.

Vorwort

Dies ist die Geschichte meines Irrtums. Ich dachte, ich wüsste, wie Politik funktioniert. Am Arsch! Ich wusste vorher nicht, wie Politik funktioniert. Weil niemand die hässlichen Seiten erzählt. Oder jedenfalls viel zu selten. Ich habe mich geirrt:

- Ich dachte, ich kann das.
- Ich dachte, ich kann etwas bewirken.
- Ich habe vieles nicht gewusst und erst jetzt gelernt.
- Erfahrungen sind doch noch mal was anderes als theoretisches Wissen.
- Ich wusste zum Beispiel nicht, wie unfrei ich mich fühlen würde.
- Ich habe sehr viel Gepäck mit mir rumgeschleppt, das ich nicht angeguckt habe.
- Das ist was völlig anderes als vorher (sowohl inhaltlich als auch formal).
- Kompromisse statt radikaler Positionen.
- Ich bin mit allen meinen Problemen nicht geeignet, ein Team zu leiten.
- Ich habe keinen Spaß an den Tätigkeiten, ich habe keinen Bock auf Konflikte.
- Ich mag die Menschen hier nicht.
- Ich bin extrem schlecht darin, mich einzureihen.

Ich bin aus Versehen im EU-Parlament gelandet. Ausversehener als ich kann man hier gar nicht sein. Ich habe mich verlaufen. Ich bin auf meinem Lebensweg falsch abgebogen. Ich bin in einer Sackgasse gelandet. Ich bin an einem für mich ganz falschen Ort. Ich stecke fest und weiß nicht mehr weiter.

Ich nehme euch mit auf meine Reise des Scheiterns. Meine Zeit im Europäischen Parlament gehört zu den deprimierendsten Phasen meines Lebens. Und das soll bei meinem Leben schon was heißen!

Der schockierendste Irrtum von allen ist sicherlich, dass so ein Verwaltungsapparat mit 8000 Menschen selbst eine politische Agenda verfolgt. Das Parlament an sich ist nicht neutral, befolgt nicht von sich aus die selbst gemachten Regeln. Bevor ich in Brüssel landete, ging ich davon aus, dass in einem demokratischen Parlament alles geregelt ist und sich alle an dieselben Regeln halten müssen.

Nun, wie drücke ich es diplomatisch aus?

Am Arsch!

Keine Ahnung, was ich mir dabei gedacht hatte, als Komiker für das EU-Parlament zu kandidieren. Ich glaube, ich nahm an, dass das «ja ganz lustig» werden könnte. Und dass es sich für mich sehr sinnvoll und befriedigend anfühlen könnte, mithilfe von komischen Mitteln Aufmerksamkeit für Themen zu schaffen, die sonst für meinen Geschmack zu wenig Beachtung finden.

Bevor ich ins Europaparlament eingezogen bin, dachte ich, ich würde verstehen, wie Politik funktioniert. Rückblickend muss ich sagen: Ich hatte keine Ahnung! Ich bin mit meinem Wissen aus dem Politikunterricht ins Europäische Parlament eingezogen, und ich sage es mal so: Der Schulstoff hat so gar nichts mit der Realität zu tun.

Es gibt für die Öffentlichkeit unsichtbare Prozesse, die mich überrascht haben. Ich sage überrascht, denn überrascht ist das schönere Wort für enttäuscht!

Und eigentlich ist auch das noch zu harmlos. Mich haben meine Erfahrungen im Europäischen Parlament nicht enttäuscht, sondern erschüttert. In Teilen vielleicht sogar traumatisiert. Natürlich muss man vorsichtig mit dem Wort sein, aber ich glaube, wenn ich mir die Reaktionen meines Körpers angucke, passt es. Der Zustand unserer Demokratie und unserer Gesellschaft ist viel schlimmer, als ich befürchtet habe.

Rückblickend muss ich sagen: Ich war eindeutig naiv. Ich konnte mir nicht vorstellen, wie anders mein Leben werden würde. Ich habe unterschätzt, wie traurig es mich machen würde, ständig wichtige Abstimmungen zu verlieren. Wie zermürbend es werden würde, stundenlang in folgenlosen Sitzungen zu verbringen. Wie krass die Ignoranz der Mehrheit gegenüber Problemen ist, deren Lösung ich für elementar halte. Und wie sehr mich diese Ignoranz erschüttern würde.

Es ist das eine, über Fehlentscheidungen aus den Medien zu erfahren, es ist das andere, im Raum zu sein, wenn sie getroffen werden.

Ich dachte, dank meiner Kunstfigur wäre ich irgendwie geschützt, zumindest einigermaßen unabhängig vom System und könnte mich so ausreichend abgrenzen.

Mir fehlen in meinem Charakterprofil Features, die man als Politiker:in einfach braucht. Das Wichtigste ist, glaube ich, Schmerztoleranz: Ertragen können muss man in diesem Beruf Dummheit, Ignoranz, Langeweile, Geld- und Lebenszeitverschwendung und krasse Ungerechtigkeiten, und man muss irgendwie trotz allem die Motivation hochhalten und Bock haben, weiterzumachen.

Nie im Politiker:innenleben darf man sich fragen: Wozu mache ich das hier eigentlich gerade? Immer, wenn ich mir diese Frage gestellt habe, wurde es richtig schwer.

Ich sage es offen: Ich habe meine Kandidatur oft und lange bereut. Ich habe die ganze Zeit damit gekämpft, nicht mittendrin hinzuschmeißen. Keine Ahnung, wie die anderen das machen; so zu tun, als wären sie von ihrer Rolle überzeugt, als würde das, was wir da tun, irgendeinen Sinn machen.

Ich glaube, als Politiker:in muss man den schmalen Grat treffen: Das jeweilige Thema muss einem so wichtig sein, dass man kämpft, aber es muss einem auch so egal sein, dass man weitermacht, wenn man verliert.

Grundsätzlich ahnt vor dem ersten Mandatsbeginn vermutlich niemand, wie wenig sie:er als Parlamentarier:in ausrichten kann, wie weit für Hinterbänkler:innen die wenigen Machtzentren noch entfernt sind. Das ist aber, glaube ich, auch die Grundvoraussetzung dafür, dass man es überhaupt versucht. Naivität muss sein. Gerade in der Politik. Sie ist die Grundvoraussetzung für Veränderung und das Gegenteil von Zynismus.

Meine vermutlich ziemlich kindliche Vorstellung von Demokratie ist, dass Mächtige etwas für Nicht-Mächtige tun. Also dass man als Abgeordnete:r dadurch ein Gewicht bekommt, weil Leute ihre Stimmen in einem Topf zusammenschmeißen und sagen, Person X soll das für mich machen. Der Deal ist: Du bekommst die Macht geliehen, dafür machst du was für uns. Süß, oder?

Ich bin zwiegespalten. Einerseits denke ich: Wie kann ich nur so naiv gewesen sein? Andererseits denke ich: Inhaltlich glaube ich bis heute dran. Ich bin fest davon überzeugt, dass man als gewählte:r Politiker:in einfach eine Verantwortung hat. Privilegien einsetzen muss, für die, die sie nicht haben. Also. Meine Naivität war richtig. Meine Naivität ist richtig. Sie ist das Gegenteil von Verbitterung. Und es ist richtig, dass ich immer wieder denke:

Das, was ich hier beobachte, *kann* nicht die Realität sein!? Das ist falsch!

Wir lernen in der Schule, dass das schon irgendwie klappt mit der Gewaltenteilung, deswegen sind wir alle gleichermaßen geschockt, wenn das doch nicht stimmt. Die kognitive Dissonanz lässt die Lehrer:innen, die die Schulklassen unterrichten, die mich im Parlament besuchen, dann auch häufiger Kritik äußern. Mein Fokus wäre schon drastisch. Tja, dann geht eben zu den Grünen, wenn ihr das alles im Prinzip cool findet! Meinetwegen übertreibe ich an der einen oder anderen Stelle. Aber der Kern stimmt.

Ich dachte, ich könnte mir hier meinen eigenen Raum schaffen, ich wäre nicht so krass abhängig von diesem streng hierarchischen, intransparenten und willkürlichen System. Zum Teil war ich zum Irrtum verdammt, weil ich bestimmte Dinge einfach nicht wissen konnte. Lustigerweise ist gerade die Intransparenz etwas, durch das ich auf das System reingefallen bin. Das, was man erst sehen kann, erahnen kann, wenn man alles immer wieder sieht. Es gibt Muster. Und um die wirklich zu begreifen, muss man länger drin sein. Ein distanzierterer Medienkonsum reicht nicht aus.

Was mich erschüttert hat, ist der Egoismus. Niedlich, oder? Ich dachte, es ginge weniger um eigene Karrieren, weniger um eigene Vorteile, mehr um Überzeugungen.

So ein unerschütterliches, sozialdemokratisches, im Prinzip blindes Staatsvertrauen nach dem Motto, die machen das für mich. Und dabei bin ich immun gegen jegliche Erfahrung, die das Vertrauen Lügen straft, gegen jede Realität, jeden Fakt, der den vorigen Glauben als Irrtum rausstellt.

Der naive Nico denkt, klar, man darf keine Geschenke annehmen.

Der naive Nico denkt, man darf nicht nebenher arbeiten.

Der naive Nico denkt, alle halten sich an die Regeln.

Der naive Nico denkt, es gelten die gleichen Regeln für alle.

Der naive Nico denkt, alle wollen nur das Beste für andere / alle.

Der naive Nico denkt, man hat den Auftrag von den Wähler:innen.

Der naive Nico denkt, das Parlament arbeitet korrekt.

Der naive Nico denkt, wenn das Parlament Geld überweist, hat es die Rechnung vorher geprüft.

Als Politiker:in muss man Positionen einnehmen und mittragen, von denen man nicht überzeugt ist. Oder?

Vermutlich muss man Politik (ob ernst verpackt oder satirisch) als nicht enden wollende Versuchsreihe betrachten. Vielleicht auch das Leben an sich. Politik ist ein Experiment. Man versucht etwas, und dann guckt man, was dabei rauskommt. Es lässt sich am Anfang nie vorhersehen, was am Ende rauskommt.

Eine der häufigsten Fragen: «Darfst du darüber reden?» Ich finde, das zeigt ein schreckliches Politikverständnis und hat mit Demokratie ziemlich wenig zu tun. Aber das ist nun mal unser gemeinsamer Stand: Die Mächtigen sind oben und machen heimlich ihren Kram. Und ich als Bürger:in bekomme am Ende die Entscheidung mitgeteilt.

Eigentlich müsste in einem demokratischen System das Gegenteil gültig sein: Ich bin ein Teil des Ganzen, bin informiert und entscheide mit.

Aber genau diesen Ansatz bekämpfen viele in der Politik aktiv, denn Macht zu teilen ist anstrengender, und es bedeutet Machtverlust.

In echt ist aber das hier Demokratie: Natürlich darf ich über alles reden. Und natürlich darf ich alles zum Thema machen. Für mich ist es Demokratie, wenn viele Menschen beteiligt werden und sich wahrgenommen fühlen. Insofern ist die EU das Gegenteil. Es wird so gut wie niemand beteiligt und wahrgenommen erst recht nicht.

Die Menschen draußen sind naiv. Viele haben ein positiveres Bild vom Apparat, als angemessen wäre. «Darfst du fehlen?» «Darfst du nebenbei arbeiten?» «Da musst du aber aufpassen!» Loide! Das sind Mächtige, die sich die Regeln selbst machen. So gut wie alles ist erlaubt!

Viele verstehen nicht, wie Macht funktioniert.

Ich glaube nicht, dass ich persönlich Vorteile davon habe. Ich habe mich geirrt. Falsch eingeschätzt habe ich:

1) Was ich will. Meine Bedürfnisse.
2) Was Politik ist. Wie Politik funktioniert.
3) Was ich realistischerweise mit meiner Figur bewirken kann. Dass ich was bewirken will.

Das Justieren ist mir zu schwer.

Ich habe die Macht des Systems unterschätzt, mir war nicht klar, wie sehr mich die vielen kleinen Abhängigkeiten zermürben würden, wie unfrei ich das Mandat und wie belastend ich die Verantwortung empfinden würde. Mich überfordert die Wucht immer noch: Menschen, die in Not sind, melden sich bei mir. Wollen Geld. Aufmerksamkeit. Hilfe. Es gibt so viele Menschen mit großen Problemen. Und ich sitze ganz weit weg in Brüssel und kann konkret nichts tun. (Oder bin zu blöd dafür.)

Ich habe viele Tausend Male darüber nachgedacht, welche parlamentarischen Mittel ich zur Verfügung habe, um etwas

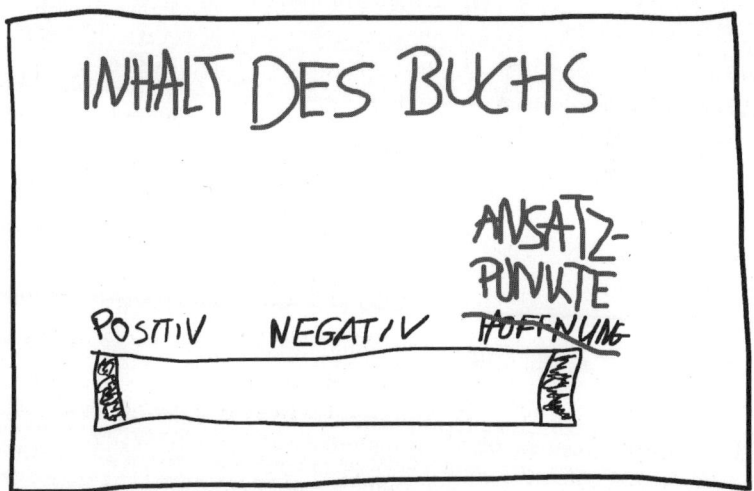

Grundsätzliches zu bewirken. Im Europäischen Parlament ist die Antwort: Ich habe schlicht keine. Es gibt keine Domino-Kette, die ich in Gang setzen kann. Das liegt an der Schwäche des Europäischen Parlaments, das liegt an den politischen Mehrheiten, und es liegt am grundsätzlichen Unwillen dieses Systems, irgendetwas an bestehenden Machtverhältnissen zu verändern.

Die ganz krasse Wahrheit ist, dass ich ohne Mandat mehr Einfluss hätte als mit. Weil mir niemand reinreden kann, nichts verbieten kann, mich niemand unter Druck setzen oder bestrafen kann. Ich freue mich auf den 16. Juli 2024. Dann bin ich nicht mehr Mitglied des Europäischen Parlaments. Dann habe ich Brüssel gesehen und kann sterben.

TL;DR:

Hier kurz meine Highlights: Die Präsidentin kontrolliert alle anderen Abgeordneten, ob sie sich ethisch korrekt verhalten. Die Präsidentin selbst hat den Mann ihrer Schwester eingestellt und bezahlt ihn aus Steuermitteln. Sie soll auch ihre CDU-Kollegen kontrollieren, auf deren Stimmen sie aber selbst angewiesen ist. Die Transparenzregeln für die Abgeordneten werden vom Präsidium unter Ausschluss der Öffentlichkeit beschlossen. Ich selbst weiß als normaler Abgeordneter nicht, wer dort was warum entscheidet, ich bekomme es nur mitgeteilt. Alle Top-Beamt:innen haben entweder ein konservatives oder ein sozialdemokratisches Parteibuch. Das heißt, egal, was ich mache, es wird von meinem politischen Gegner kontrolliert. Der oberste Beamte des Parlaments hat früher mal für einen Abgeordneten gearbeitet, der wegen Mafiaverbindungen im Gefängnis gelandet ist. In den letzten 10 Jahren gab es im Europäischen Parlament zwei bewaffnete Überfälle und eine Diebstahlserie. Nichts davon wurde öffentlich aufgeklärt. Alle Abgeordneten können sich etwas hinzuverdienen, Korruption ist de facto so lange erlaubt, bis es rauskommt. Es gibt unzählige legale Möglichkeiten zu verschleiern, dass man bestechlich ist. Dazu später mehr.

Nichts davon ist ausgedacht, alles kann man sogar öffentlich nachlesen, es interessiert nur einfach niemanden. Es gibt keine ausreichende Kontrolle von außen. Die europäische Demokratie ist unterentwickelt.

Aber nicht nur im Allgemeinen habe ich Probleme mit den Wertevorstellungen des Apparats. Das Parlament verhindert auch regelmäßig ganz konkret meine Arbeit: Ich selbst habe mit allen möglichen Abteilungen dieses Parlaments Stress. Es fängt damit an, dass ich Fotos mit der Parlamentsfotografin mache und die Medienabteilung Motive löscht, bevor ich sie mir angucken kann. Einfach, weil sie dem Verantwortlichen nicht passen. Kurz darauf verhindert der Sicherheitsdienst mit mehreren Mitarbeitenden meine korrekt angemeldete und mehrfach von den Diensten bestätigte Pressekonferenz im letzten Moment. Angeblich aus Sicherheitsgründen.

Ein anwesender SPIEGEL-Journalist twittert dazu: «Skandal!» In den Medien lügt die Presseabteilung daraufhin, sie hätte mir alternative Auftrittsorte angeboten. Wir lassen das korrigieren, sodass der Vorwurf auch in den Medien festgehalten wird, dass das Parlament lügt. Bald darauf sagt mir der österreichische Vizepräsident nach meiner Rede, ich solle meine Kapuze abnehmen, weil das angeblich die Würde des Parlaments verletze. Ein paar Nazis klatschen. Wie klein ist eigentlich die Würde des Europäischen Parlaments, wenn schon eine Kapuze alles ins Wanken bringen kann?

Im Sommer 2020 werden Dutzende Abgeordneten- und Beamt:innenbüros in mehreren Gebäuden von einem:r oder mehreren Dieb:innen durchwühlt und bestohlen. Bei mir werden zwei Laptops geklaut. Ich bitte die Leitung des Parlaments, alle anderen Abgeordneten zu warnen. Die Verwaltung reagiert nicht, worauf ich deren Job übernehme und an alle Warnschilder zum Selbstausdrucken verschicke. Auf einem steht: «Take only as much as you really need.» Auch ein konservativer Abgeordneter macht mit, postet Fotos auf Twitter und landet daraufhin in einem Artikel über die Diebstahlserie auf CNN. Er kann sein Glück kaum fassen.

Im Sommer 2021 geht es dann ans Eingemachte: Geld. Das Parlament verwarnt mich, weil ich etwa 10 000 Euro für kostenlose Tampons ausgegeben habe, um auf Periodenarmut aufmerksam zu machen. Ich solle bei meinen Ausgaben auf die Kriterien Sparsamkeit, Wirksamkeit und Effizienz achten. Nur zur Orientierung: Das EU-Parlament hat ein Jahresbudget von 2,38 Milliarden Euro. Es ist blanker Hohn. Vermutlich werde ich verwarnt, weil ich andere Abgeordnete auffordere, es mir gleichzutun. Natürlich ist der Apparat da alarmiert. Etwas für Menschen zu machen, könnte ja ansteckend sein!

Eine Woche später will das Parlament Geld von mir zurückhaben, ausgerechnet für eine Transparenzwebseite, die ich habe programmieren lassen.

In diesem Moment zerbricht etwas in mir. Ich sehe, wie andere Menschen sich in diesem System skrupellos selbst bereichern und von ihren konservativen Parteifreunden:innen dabei unterstützt werden, während mir dafür, dass ich mit Steuermitteln sichtbar mache, wie ich Steuermittel verwende, eine Strafe droht. Spätestens zu diesem Zeitpunkt verliere ich endgültig den Glauben daran, dass diese Verwaltung neutral arbeitet. Ich bin davon überzeugt, dass ich bestraft werde, weil dieser Laden meine Arbeit als störend empfindet.

Als ich im kleinen Kreis mit erfahrenen, wichtigen Abgeordneten über mein Verhältnis mit der Verwaltung spreche und dass ich meine Erfahrungen irgendwie veröffentlichen möchte, sagen sie: «Die werden dich hassen.» Eine andere korrigiert: «Die hassen dich jetzt schon.» Eine dritte sagt: «Die werden dich kaputtmachen.» Cool. Ich liebe Politik.

Das Blöde ist: Als Abgeordneter bin ich nicht so frei, wie ich vorher annahm. Ich bin in einem Netzwerk aus Abhängigkeiten gefangen.

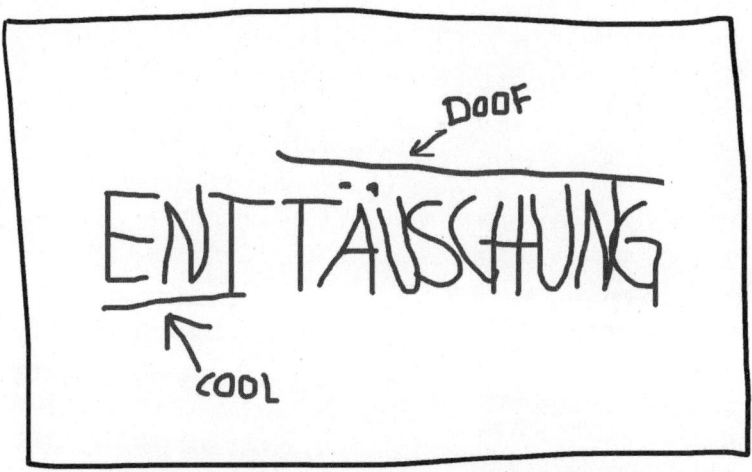

In unserer Gesellschaft sehen wir Täuschung als etwas Negatives.
Enttäuscht zu werden ist demzufolge cool. So gesehen habe ich im EU-Parlament eine gute Zeit.

Ich bin abhängig von meiner Fraktion, und ich bin abhängig von der Verwaltung. Ich bin abhängig davon, dass andere ihren Job ordentlich machen. Und wenn ich den Streit drei Jahre vor dem Ende der Legislatur eskaliere, dann hat die andere Seite noch ein paar Jahre Zeit, mir das Leben in diesem Amt richtig zur Hölle zu machen. Ehrlich gesagt habe ich mit alldem nicht gerechnet. Wie schon gesagt: Ich habe mich geirrt. Und ich habe in meinem Leben noch nie so an meiner Wahrnehmung gezweifelt wie hier, im Herzen der europäischen Demokratie, dort, wo es nach eigenen Angaben seit 70 Jahren «Demokratie in Aktion» gibt.

Im Europäischen Parlament lerne ich, dass Politik nicht in erster Linie beim Entwerfen der Regeln entsteht, sondern beim Interpretieren. Und das ist, was viele Menschen nicht verstehen, was auch ich vorher nicht verstanden habe:

Macht ist, wenn du dir einfach aussuchen kannst, ob die Regel jetzt gilt oder nicht.

TL;DR:
Ich mache eine Kunstperformance im
Europäischen Parlament und kritisiere
damit die Interessenkonflikte der nächsten
Kommissionspräsidentin.

Meinen die das ernst?

Der 16.07.2019 ist der Höhepunkt meiner Amtszeit. Ich stelle
vor laufenden Kameras im voll besetzten Plenum des Europäischen Parlaments in Straßburg kurz vor der Wahl Ursula von der
Leyens zur Kommissionspräsidentin einen Antrag zur Geschäftsordnung:

> Point of order! Point of order!
> Point of order! Hi!
> Point of order! Point of order!
> [Parlamentspräsident Sassoli]: Es gibt eine Wortmeldung zur
> Geschäftsordnung.
> [Sassoli]: Herr Semsrott, bitte.
> [Ich]: Ich möchte mich auf Annex 7 Artikel 1 beziehen: Volle
> Offenlegung der finanziellen Interessen und Artikel 2:
> Das Parlament aufzufordern zu überprüfen, ob ein Inte-
> ressenkonflikt vorliegt. Und ich habe auch schon einen
> Vorschlag, wie das aussehen könnte. Das hier wäre der
> Ansatz.

In Anspielung auf die mutmaßlichen Interessenkonflikte in der
«Berater:innenaffäre», mit denen sich Ursula von der Leyen
als Verteidigungsministerin zu diesem Zeitpunkt noch herum-
schlägt, werbe ich für Transparenz. Sie arbeitet einerseits mit

McKinsey zusammen, andererseits ist eine Top-Beraterin aus der Firma ins Ministerium gewechselt. Außerdem arbeitet einer ihrer Söhne zu diesem Zeitpunkt ebenfalls dort.

Ich performe den alten Witz von Robin Williams, der schon vor vielen Jahren sagte: «Politiker sollten wie NASCAR-Fahrer Sponsorenjacken tragen, damit man weiß, wer sie besitzt.» Also ziehe ich meinen ersten schwarzen Kapuzenpulli aus. Unter ihm trage ich einen zweiten schwarzen Kapuzenpulli, auf dem die Beratungsunternehmen McKinsey&Company, accenture, pwc und KPMG Werbung machen.

Auf Twitter erkläre ich kurz darauf ergänzend: «In einer gemäßigten Demokratie sollte man wenigstens so Werbebanner tragen, damit alle wissen, für wen man arbeitet.»

[Ich]: Danke!

[Sassoli]: Ja, aber das, was Sie da sagen, ist kein Antrag zur Geschäftsordnung.

[Ich]: Also es geht hier um Transparenz.

[Sassoli]: Deswegen machen wir weiter in der Liste der Redner. Herr Caspary, bitte.

War schon klar, dass mein Geschäftsordnungsantrag ignoriert werden würde. Eher war ich überrascht, dass mir das Wort nicht sofort entzogen wurde, sondern noch ein paar Sekunden Irritation im Raum lagen, was wohl als Nächstes passieren würde.

Geplant war für diesen Tag ein demokratischer Skandal. Entgegen der vor der Europawahl gemachten Versprechung, dass einer der Spitzenkandidat:innen Kommissionspräsident:in werden sollte, sollte jetzt einfach jemand gewählt werden, die:der von den Regierungschef:innen nachträglich aus dem Hut gezaubert wurde. Wie so oft in der EU-Politik: unter Ausschluss der Öffentlichkeit in irgendwelchen Hinterzimmern.

Ich wurde zusammen mit Martin Sonneborn für Die PARTEI von fast 900 000 Menschen gewählt. Das sind 900 000 Menschen mehr, als Ursula von der Leyen gewählt haben. Denn im Gegensatz zu allen gewählten Mitgliedern des Europäischen Parlaments ist sie überhaupt nicht zur Wahl angetreten, hat keine Ideen präsentiert und sich somit nicht den Bürger:innen in einer demokratischen Auseinandersetzung gestellt.

Anders als ich. Man muss die Arbeitsweise eines «Satirepolitikers» ja nicht gut finden. Aber wie merkwürdig ist es, eine Wahl abzuhalten, und dann entscheiden irgendwelche Leute nachträglich, dass doch jemand anderes gewonnen hat?

Mich macht das fassungslos. Schon hier merke ich, dass mein Experiment, als Satiriker in die Politik zu gehen, eine ungünstige Richtung nimmt. Obwohl eigentlich ich für die Witze zuständig bin, frage ich mich immer öfter: «Meinen die das ernst?»

Später werde ich auf diese Wahl zurückblicken und verstehen, dass das hier nach einem Muster passiert ist, das in der Politik üblich ist: Es wird oft nicht das gemacht, was vereinbart wurde, sondern das, was als *Nächstes* vereinbart wurde. Nur weil etwas entschieden ist, ist es noch lange nicht entschieden. Und nur weil etwas verkündet wurde, muss man sich noch lange nicht dran halten.

Man kann nur das durchsetzen, wogegen es keine massive Opposition gibt. Und diese Opposition gibt es in diesem Fall eben nicht. Das EU-Parlament entscheidet sich, mitzuspielen und sich selbst wieder zu entmachten.

Hinter dem Spitzenkandidat:innenprozess steckt die Idee, das Parlament zu stärken und somit die Macht der Bürger:innen auszubauen. Denn nur das Parlament wird direkt gewählt, die anderen Gremien der EU werden nur indirekt gewählt und kontrolliert.

Doch leider sind auch viele EU-Abgeordnete in der Praxis nicht so frei wie auf dem Papier. Sie wollen einen aussichtsreichen Listenplatz. Und den gibt es nur, wenn sie so abstimmen, wie die Parteien in ihren Heimatländern das von ihnen verlangen.

Jede:r, die:der bei dieser Wahl Ursula von der Leyen die eigene Stimme gegeben hat, hat gegen ein demokratisches Grundprinzip verstoßen.

Oder eben einfach EU-Politik gemacht.

Formell ist die Wahl Ursula von der Leyens zur Kommissionspräsidentin natürlich korrekt verlaufen, immerhin wurde sie erst von den Mitgliedsländern vorgeschlagen und anschließend

Die EU erhält in meinem persönlichen Demokratie-Score unterm Strich gerade noch eine befriedigende Note. Klare Abzüge bei der Transparenz und bei der Machtverteilung zwischen Arm und Reich. Klare Pluspunkte: Die EU ist weder China noch Ungarn.

von 383 Abgeordneten gewählt, das sind neun mehr als nötig. Also 383 von insgesamt rund 420 000 000 Wähler:innen. Sie ist damit nicht gar nicht legitimiert, aber die Legitimation ist schon etwas, na ja, dünn?

Dass ich hier gefühlt auf eine korrektere Weise gelandet bin als die Chefin des ganzen Ladens, sollte schon ein Hinweis sein, dass ich hier nicht hingehöre. Was vielleicht nicht mal an mir liegt.

Also: Wie konnte es überhaupt so weit kommen? Was soll das? Was mache ich hier? Meinen die das ernst? Ich werde es mich die nächsten fünf Jahre andauernd fragen. Fangen wir ganz am Anfang an.

TL;DR:
Kindheit und Jugend kacke. Ich war fast
immer unglücklich. Mimimi.

Aus Versehen

Abgesehen von allem, was mit anderen Menschen zu tun hat, bin ich ein glücklicher Mensch.

Wie in vielen anderen Fällen auch ist die Depression bei uns so ein Familiending. In einem meiner ersten Texte für die Poetry-Slam-Bühne habe ich behauptet, dass wir teilweise tagelang einfach nur in unserem Familienbett gelegen und die Decke angestarrt haben. Das stimmt zwar nicht, aber irgendwie stimmt es doch. Es funktioniert in meiner Familie so vieles nicht, was eigentlich funktionieren sollte, dass ich mich manchmal frage, wie es unsere Gene überhaupt durch den 2. Weltkrieg schaffen konnten.

Skurrilerweise glauben einige Menschen, ich hätte mir meine Depression für meine Kunstfigur ausgedacht. Ich wünschte, es wäre so! In echt ist es umgekehrt: Meine Depression hat sich meine Kunstfigur ausgedacht.

Aber vielleicht hat sich auch meine Gesundheit meine depressive Kunstfigur ausgedacht, damit ich einen Umgang damit finde.

Vielleicht kann ich meine Depression so bewusst leben, weil ich Teil der ersten Generation bin, die für diesen Scheißzustand, dieses ewige Ohnmachtsgefühl, einen Namen hat.

Je mehr Therapie ich mache und je weiter meine Erkenntnisse über sie greifen, desto beeindruckter bin ich davon, wie meine Depression letztlich ein Gemeinschaftswerk, eine Art Gruppenarbeit zahlreicher Generationen ist. Hey, Opas, Omas usw., danke, dass ihr eure Traumata weitergegeben und mit denen eurer Eltern vermischt habt!

Seit ich 16 Jahre alt bin, bin ich immer wieder für einige Zeit in Therapie. Manchmal fühlt es sich so an, als würde ich all die verpassten Sitzungen meiner Vorfahren nachholen müssen. Gruppentherapie, aber allein. Schönes Bild. Es gibt Menschen, die erben Unternehmen, Immobilien oder Netzwerke. Ich erhielt das schlechte Gefühl, nie genug zu sein, die Unfähigkeit, mich unterzuordnen, zu verstehen, dass ich überhaupt Gefühle habe oder dass ich meine eigenen Bedürfnisse äußern darf. Das war jetzt nur eine kleine Auswahl, klar.

Mein Urantrieb für irgendein politisches oder künstlerisches Engagement war immer, dass ich mir so sehr eine ganz andere Welt wünsche, weil ich die, die ich kennengelernt habe, so schrecklich finde. Ich wünsche mir, dass ich mich auf andere verlassen kann. Ich wünsche mir Solidarität. Ich wünsche mir Freiheit. Für mich und für andere. Dass ich so unglücklich bin, hat eben nicht nur mit meinem Innen, sondern auch mit meinem Außen zu tun.

In meinem Leben habe ich mich meist einsam und verloren gefühlt, erst recht unter Menschen. In meiner Kindheit und Jugend hatte ich kaum Freund:innen. Am besten habe ich mich mit meinen beiden Meerschweinchen verstanden, Willy und Paulchen. Willy starb schon nach einem Jahr. Er hat das Zeitliche gesegnet, während ich im Urlaub war. Als Ersatz kam Eddy, den wir ein paar Jahre später wegen eines Hirntumors einschläfern mussten. Paulchen hingegen wurde so alt, dass ich irgendwann das Interesse verlor und ihn an ein anderes Kind weitergegeben habe.

In der Kunstform sah meine Depression dann so aus:

Mein Name ist Nico, ich bin 23 Jahre alt, und ich komme aus Versehen.

In meinem Familienstammbaum befinde ich mich auf einem absteigenden Ast. Mein Urgroßvater war noch Professor Doktor. Mein Großvater war Doktor. Meine Mutter hat zu Ende studiert.

Ich kann aufrecht laufen.

Geboren wurde ich am 11. 03. 1986.

Mein Geburtsdatum setzt sich aus zwei Komponenten zusammen: dem Jahr vom Super-GAU von Tschernobyl und dem Tag vom Super-GAU von Fukushima. An meinem 18. Geburtstag passierten die Terror-Anschläge von Madrid (2004), an meinem 23. Geburtstag war der Amoklauf von Winnenden (2009) und an meinem 25. Geburtstag eben der Super-GAU von Fukushima (2011).
  Ich bin echt gespannt, was mein Leben noch so bringt ...

Aufgewachsen bin ich am Rande einer großen Stadt.
  Der Stadtrand kombiniert die Nachteile von Stadt und Land: den Lärm der Stadt und das kulturelle Angebot des Landes.

Gewohnt habe ich mit meiner Familie in einer Doppelhaushälfte. Die Doppelhaushälfte kombiniert die Nachteile von Besitzen und Mieten: die hohen Kosten und die fehlende Privatsphäre.

Mein Opa hat immer gesagt, man sollte beruflich unbedingt das machen, was man besonders gut kann. Nach der Schule konnte ich nicht viel. Ich war eigentlich nur in drei Dingen wirklich gut: Zweifeln, resignieren und andere Menschen demotivieren.

Ich hätte eine Karriere in der SPD anstreben können.

Aber ich habe mir diesen Umweg gespart und bin direkt Demotivationstrainer geworden.

Meine Erfolge als Demotivationstrainer halten sich bislang in Grenzen. Bis jetzt habe ich nur eine Sache erreicht: Wenn man auf YouTube «scheitern» eingibt, bin ich der erste Treffer. Immerhin.

Zu meinen Hobbys gehört es, Dinge einfach mal zu lassen. Ich habe ein Talent für das Negative. Und das meine ich wirklich so. Es kommt mir zum Beispiel zugute, als mich, ich muss so 16 Jahre alt gewesen sein, zwei mir körperlich deutlich überlegene Jugendliche in der U-Bahn ansprechen, weil sie Bock auf Stress haben und mich direkt als Opfer identifizieren. Sie schneiden mir den Weg ab und verteilen sich auf den Sitzen zwischen mir und Ausgang. Ich habe keine Chance, abzuhauen. Der Junge auf dem Platz direkt neben mir hält mir seine Wange hin und sagt: «Kleb mir eine.» «Nein», sage ich. Er tut verwundert: «Warum nicht?» Ich: «Ich trau mich nicht.» «Keine Sorge, ich tu dir nichts.» Am Arsch. Ich verwirre meine Gegenüber dadurch, dass ich ihnen zuvorkomme und mich jetzt selbst fertigmache, statt sie das tun zu lassen. Auf die Frage, ob ich Student sei, antworte ich: «Nein, Mann, ich gehe zur Schule. Guckt mich doch mal an. Ich bin ein totaler Loser. Ich kann mir nicht mal einen Frisör leisten.» Ich zeige auf meine ungeschnittenen Haare. «Außerdem habe ich nur gammlige Klamotten.» Mein Finger zeigt auf meine tatsächlich kaputten Schuhe, meine löchrige Hose, meine schmutzige Jacke. Man kann wirklich sehen, dass ich mich hasse. Die beiden sind irritiert, stehen auf und gehen Richtung Tür. Einer von beiden ruft mir hinterher: «Alter, mach dich nicht so fertig!»

An meine Kindheit habe ich im Großen und Ganzen kaum noch Erinnerungen. An was soll man sich auch erinnern, wenn man alleine ist und nichts passiert? Fangen wir also gleich in der Jugend an, also der Zeit, in der ich versucht habe, mir das Leben zu nehmen. Ich meine, zurückzunehmen.

TL;DR:

Ich habe ein halbes Schuljahr in Mississippi
verbracht. Es war die Hölle.

In Jesus' name we pray – Ein halbes Jahr bei geistlich Behinderten

Ich war 16, in der elften Klasse, und das Leben war schlimm. Ich wollte weg. Weg von zu Haus. Und nirgendwohin. Meine Austauschorganisation schien das zu verstehen – und verschickte mich nach Nirgendwo. Dort erlebte ich den ersten großen Schock meines Lebens. Ich landete im cholesterinverseuchten Herzen des Bible Belts, einer Ungegend, die sich im Süden der USA von Texas bis nach Florida erstreckt. Hier wimmelte es nur so von Sekten und Kirchen, in dieser Region wohnten auch der Ku-Klux-Klan, George W. Bush und meine Gastfamilie. Das Nest hieß Pontotoc und lag einsam und verloren in der Weite des Bundesstaates Mississippi, war aber leider alles andere als ein gottverlassener Ort. Mississippi war zur Zeit meiner Ankunft der ärmste US-Bundesstaat, hatte die bundesweit höchste Rate an jugendlichen Schwangerschaften vorzuweisen und beheimatete die dicksten Menschen des Kontinents. Ich hatte wirklich das ganz fette Los gezogen.

Das Einzige, was in meinem Dorf seit der Vertreibung der indigenen Bevölkerung, dem Stamm der Chickasaw, passiert war, war ein Tornado im Vorjahr, der zunächst über das Anwesen meiner Gastfamilie zog und dann fünf bettelarmen Schwarzen im benachbarten Trailer-Park den Tod brachte. Die Kühe meiner Gastfamilie überlebten. Zusammen mit einigen Hühnern und Hunden bildeten sie die Hauptattraktion der kleinen Farm, wenn nicht sogar der gesamten Ortschaft. Einer aufregenden und abwechslungsreichen Freizeitgestaltung sollte die provinzielle Lage im Wege stehen. Aber dafür hatte ich ja Gott. Jeden Sonntag und jeden Mittwoch widmete man sich dem Kirchgang, zu dem neben der einstündigen Predigt auch der Besuch der SS gehörte, auch bekannt als Sunday School. Ich verstand: Nicht jeder hatte ein so verkrampftes Verhältnis zur Geschichte wie die Deutschen. In den intensiven Bibelstunden gruselte ich mich von einem Schauermärchen ins nächste. In der SS lernte ich, wie man am besten in die Hölle kommt: Abschreiben, ans Abschreiben denken, Sex vor der Ehe, an Sex vor der Ehe denken, zu schnell fahren, denken. Ich fand die vielen engen Regeln nicht nachvollziehbar. Wenn schon Wahnidee, warum keine, die Spaß macht? Ich fand, Südstaatenchrist zu sein, war eine besonders perverse Form von Selbsthass. Trotzdem war ich sehr beeindruckt, was alles in der Bibel zu stehen schien und wie detailliert Gottes Pläne für uns alle waren. Mein absoluter Favorit war folgende Regel: Natürlich kommt man auch in die Hölle, wenn man Disney-Filme guckt. Warum? Weil bei Disney nur Schwule arbeiten. Jedes Kind weiß das! In den ersten Wochen suchte ich noch immer in den Gesichtern der Prediger nach einem Anzeichen, dass die Bibelstunde von heute doch nur ein Scherz gewesen wäre. Auch eine amerikanische Langzeitversion der Versteckten Kamera, bei der deutsche Austauschschüler:innen verarscht werden, hielt ich für denkbar. Und so hielt ich nach möglichen Indizien Ausschau, wurde aber bis zum Schluss nicht fündig. Ich nehme deshalb bis heute an, dass sie das doch alles ernst meinten.

Weil die Southern Baptists, denen meine Gastfamilie und ein paar Millionen andere Idiot:innen im Süden der USA angehören, die Bibeltexte ohne einen Ansatz von Interpretation verstehen wollen, ergaben sich für einen staubtrockenen Hanseaten wie mich die merkwürdigsten Zusammenhänge, die sodann mein gesamtes Weltbild gewaltig ins Wanken brachten. Plötzlich stammte ich von Adam und Eva ab, die schon ein paar Tage nach der Erschaffung der Welt vor rund 6000 Jahren auf der Erde auftauchten. Böse Theorien wie die Evolutionslehre und das Märchen vom Klimawandel wurden von ketzerischen Wissenschaftler:innen erfunden, und die wiederum wurden vom Teufel höchstpersönlich gelenkt! Nicht nur die Leidenschaft, mit der die Gegner:innen bekämpft wurden, fand ich bewundernswert. Auch die positive Grundausrichtung der Religion beeindruckte mich sehr: Hört die frohe Botschaft! Ihr seid mit der Erbsünde bestraft! Ihr seid schuldig! Deshalb wollten wir auch den Irak angreifen, meinte der Pastor.

Religiöse Argumentationsstrukturen blieben für mich bis zum Schluss ein Wunder, an das ich glauben wollte. Ich war 16, in den USA, und das Leben war schlimm. Nach drei Monaten hatten sie mich fast so weit. Ich fühlte mich wirklich schuldig, weil mir jeder Mensch in meiner Umgebung attestierte, dass ich etwas Falsches tat. Ich war kurz davor, mitten im Gottesdienst aufzuspringen, eine Erleuchtung vorzutäuschen, meine Arme nach oben zu werfen, erst zu brüllen, dann wie ein Verrückter zu heulen und Ballett tanzend zum Taufbecken zu laufen, um mich endlich retten zu lassen. Doch bis zum Schluss hatte ich stets eine stärkere Schreckensvision im Kopf – ich wollte nicht auch noch die Ewigkeit mit diesen Vollpfosten verbringen müssen. Dann lieber Hölle. Die einzige Fluchtmöglichkeit, die sich mir in den ewigen Gottesdiensten bot, lag in der Anfälligkeit meiner Nasenschleimhaut. Und so popelte ich, bis die Nase endlich wieder zu bluten anfing und ich auf die Toilette musste.

Wenn das alles nicht die Realität gewesen wäre, hätte ich das bestimmt lustig gefunden. Es gab jede Menge Verbote, aber Gewalt war erlaubt. Das Paddling ist eine ziemlich geniale Erfindung aus dem vorletzten Jahrhundert. Statt eines schäbigen Rohrstocks kam in der Schule ein breites, flaches Holzbrett zum Einsatz, das die Schamesröte in die Backen eines jeden Hintern trieb. Mindestmaß fünf Schläge. Serviert vom Schulleiter höchstpersönlich. Eine mildere Form war das Nachsitzen. Allerdings gab es einige Schüler:innen, die dafür schlicht keine Zeit hatten, weil sie nach der Schule arbeiten mussten. Sie beantragten beim Schulleiter als Alternative zum Nachsitzen einfach das Paddling. Wie genau die Umrechnung von Nachsitzen in Schläge lautete, erschloss sich mir leider nie. Das Paddling war die härteste Strafform im Schulrahmen, danach gab es als Abschreckungsstufen nur noch Gefängnis und Todesstrafe, aber da musste man schon wirklich viele Drogen gegessen haben oder schwarz sein. Mindestens verdächtig war jedenfalls die hohe Zahl von schwarzen Mitschüler:innen, die jeden Tag im Vorraum des Rektors auf ihre Tracht Prügel warteten. Es herrschte im wahrsten Sinne des Wortes ein interessantes Schwarz-Weiß-Denken. In der Cafeteria waren die Gruppen im Raum klar unterteilt. Die Weißen auf der einen, die Schwarzen, rund 30 Prozent, auf der anderen Seite. Diese Trennung zog sich durch die gesamte Gesellschaft und führte auch dazu, dass es schwarze und weiße Kirchen gab, die nie von einem Menschen mit anderer Hautfarbe betreten wurden. Das dumpfe Gefühl, dass die Schwarzen rund vierzig Jahre nach ihrer rechtlichen Gleichstellung immer noch an vielen Stellen der Gesellschaft benachteiligt wurden, blieb mein ständiger Begleiter.

Auch sonst ergaben sich viele Möglichkeiten für Momente des Staunens: So forderte mein Politiklehrer die Wiedereinführung des Prangers auf dem Marktplatz. Während meines Aufenthalts wurde in Mississippi ein Mensch mit einer geistigen Behinderung auf den elektrischen Stuhl gesetzt. Und mein stellvertretender Schulleiter, der von den Schüler:innen aufgrund seines Schnauzbartes spaßeshalber Hitler genannt wurde, fragte mich nach dem Symbol der Deutschen. Ich wusste nicht, was er meinte. Er zeichnete ein Hakenkreuz. Natürlich war das eine Standarderfahrung, die man als Deutscher im Ausland macht. Doch im Zusammenhang mit seinem fiesen, gellenden Lachen und seinem sozialen Status war mir das doch nicht ganz geheuer. Ich hatte den Eindruck, die Hölle auf Erden kennengelernt zu haben.

Aus Protest gegen die Endlospredigten für ein Leben ohne Leben versuchte ich in einem ehrgeizigen Gegenmissionierungsprojekt, meinen Schulkamerad:innen die Lehre der Aufklärung, der Vernunft, des Humanismus näherzubringen; ein Leben, in dem der Mensch das Wertvollste ist und nicht eine dämliche Ideologie. Es gelang mir nicht, im Gegenteil: Ich schien immer mehr Menschen an die Feinde zu verlieren. Im Jugendgottesdienst gab es regelmäßig Leute, die am Ende an den Altar liefen, um Jesus Christus im Herzen zu akzeptieren. Es tat mir um jeden Einzelnen leid, und ich war manchmal kurz davor, für sie zu beten. Zu meiner eigenen Überraschung konnte ich mit meiner europäischen Überheblichkeit nichts gegen die amerikanische Überheblichkeit ausrichten. Und letztlich waren beide Seiten stolz darauf, an die richtige Sache zu glauben. Sie, weil sie sich für ein Leben nach dem Tod entschieden, ich, weil ich mich für ein Leben vor dem Tod entschied. Deshalb erklärte ich das Auslandsabenteuer nach einem halben Jahr für beendet. Ich wollte die bei mir so erfolglosen Christ:innen nicht in eine tiefe Glaubenskrise stürzen. Sollten sie doch weiter doof und glücklich bleiben, Bush wählen und die ganze Welt im Auftrag Gottes zu einem schlechteren Ort machen. Als einzelner europäischer Missionar war ich da chancenlos – was sollte ich machen? Ich reiste zurück mit der Erkenntnis, dass man mit seiner Ignoranz nie allein ist, sondern Dummheit etwas ist, was alle Menschen eint, unabhängig von Hautfarbe, Religion und Nationalität. Ich bin nur anders ignorant als die anderen Ignoranten.

Zurück auf meinem katholischen Gymnasium in Hamburg freute ich mich über die liberale Haltung einer katholischen Kirche, die gegen den Irakkrieg und die Todesstrafe war. Nach einem halben Jahr in Mississippi war ich anspruchslos geworden, ich hätte fast schon CDU gewählt, im Gegensatz zu den amerikanischen Demokraten eine linksradikale Partei. Kurz nach meiner Rückkehr wurde ich dann Schulsprecher meiner katholischen Schule und engagierte mich in der Schülerzeitung. Ich war 16, wieder in Deutschland, und das Leben war immer noch schlimm. Ich zoffte mich mit meiner Schulleiterin, einer Nonne, und gab von nun an eine verbotene Schülerzeitung heraus. Aus der lieben Zeitung «Sophies Welt» wurde die böse «Sophies Unterwelt».

Ich bin nicht getauft und habe in meinem Herzen akzeptiert, dass ich Jesus doof finde. Trotzdem habe ich mein halbes Leben in Gottesdiensten und Religionsstunden verbracht. Manchmal frage ich mich, warum ich diese Überdosis Christentum abbekommen habe. Und dann fällt mir nur eine Antwort ein. Ich glaube, es war Gottes Wille.

TL;DR:
Habe als meine erste bewusste Rebellion
eine Schüler:innenzeitung gegründet,
die von der Schulleitung verboten wurde,
weil wir sie nicht zensieren ließen. Die Zeitung haben wir aus einem Dixi-Klo heraus
verkauft unter dem Motto «Schülerzeitungs-
verbot, da scheißen wir drauf». Bei der
redaktionellen Arbeit habe ich gelernt,
wie man sich kurzfasst.

Schule, mein Ende

Zurück aus der amerikanischen Hölle trieb es mich in Hamburg
in die Unterwelt. Genauer in Sophies Unterwelt. Seit 2000 gab
es an meiner Schule die Schüler:innenzeitung «Sophies Welt»,
von einem Schüler:innenzeitungslehrer betreut, der Termine
festlegte und die Redakteur:innen anleitete. Anfang des Schul-
jahres 2003/2004 hatte die Redaktion ein vierköpfiges Leitungsteam mit Schüler:innen aus den Stufen 12 und 13 gewählt, das
organisatorische Aufgaben übernehmen sollte. Ich war einer von
ihnen. Im Laufe des Jahres wurden zwei Ausgaben herausgegeben, ohne dass es regelmäßige Redaktionstreffen gab. Nach dem
ersten Heft beschwerten sich Lehrkräfte beim Schüler:innen-
zeitungslehrer; sie fühlten sich in einem Kommentar über den
Mathematikunterricht persönlich angegriffen. In der Erstellung
der zweiten Ausgabe kam es zur Auseinandersetzung zwischen
dem Schüler:innenzeitungslehrer und uns. Während wir als Leitungsteam die Aufnahme mehrerer Artikel aus Qualitätsgrün-
den (Inhalte spielten keine Rolle!) ablehnten, forderte der Lehrer deren Abdruck im Heft. Er drohte, zur Schulleitung zu gehen

und den Verkauf zu verhindern, falls wir Redakteur:innen uns seinem Willen nicht beugten. Das Leitungsteam nahm daraufhin alle Artikel auf, und «Sophies Welt» erschien. Die Schüler:innen fühlten sich verarscht. Drei von ihnen, also mein Bruder Arne, eine weitere Person und ich, gründeten deshalb eine neue Schüler:innenzeitung: «Sophies Unterwelt» (der Name stand lange Zeit nicht endgültig fest, weshalb wir zunächst als Zeitung ohne Namen auftraten), diesmal ganz ohne eine Lehrkraft, die Druck oder Zensur ausüben könnte. Wir gaben uns eine eigene Satzung und wollten uns der Schulleitung vorstellen. Zum ersten Treffen kam die Schulleitung einfach nicht, der Nachholtermin wurde kurzfristig um eine halbe Stunde verschoben. Immerhin, die Schulleiterin hörte sich unser Konzept an. Sie befand es sogar für gut, aber ohne Schüler:innenzeitungslehrkraft dürfe an ihrer Schule keine Schüler:innenzeitung existieren. Diese Diktatur wollten wir nicht hinnehmen. Die Schulleiterin erklärte, dass wir einfach an anderen Projekten arbeiten könnten, zum Beispiel am Sophie-Barat-Schulfernsehen. Darauf hatten wir keinen Bock, also trafen wir uns einfach trotzdem als Redaktion für unsere neue Schüler:innenzeitung. Wir waren top organisiert, wählten wieder ein Leitungsteam, setzten einen Arbeitsplan auf, trafen uns regelmäßig und beantragten bei der Hamburger Behörde für Schule und Berufsbildung sogar eine finanzielle Starthilfe. Wir waren also alles andere als unseriös oder chaotisch. Im September 2004 sammelten wir Unterschriften, um «Sophies Unterwelt» als unabhängige Schüler:innenzeitung anzuerkennen. 600 Unterstützer:innen hatten wir, doch die gesamte Redaktion entschied, die Unterschriftenliste nicht an die Schulleitung zu übergeben, weil wir irgendwie doch nicht glaubten, dass dies etwas verändern würde. Stattdessen versuchten wir es mit neuen Verhandlungen. Am 14. September 2004 war es so weit: Wir und die Schulleitung überlegten gemeinsam, wie man mit der Situation, dass es nun zwei parallel existierende Schüler:innenzeitungen gab, am besten umgehen könnte.

Der Kompromiss: Die beiden Zeitungen sollten abwechselnd erscheinen. Als Auflage bekam «Sophies Unterwelt», dass auch sie von einer Lehrkraft betreut werden sollte, mit der Regeln ausgehandelt werden würden, welche Artikel geschrieben und gedruckt werden könnten und welche eben nicht. Selbstverständlich wollte sich die Diktatur (so schreibt man Schulleitung doch richtig?) das Recht vorbehalten, mit dieser potenziellen Aufsichtsperson Gespräche zu führen und unserem Leitungsteam noch vor den Oktoberferien eine schriftliche Rückmeldung via E-Mail zu schicken, um sie über die entsprechenden Inhalte zu informieren. Würg. Die «Einigung» sah wie folgt aus: «Sophies Unterwelt» sollte keinen Schüler:innenzeitungsstatus bekommen, woraufhin die betreuende Lehrkraft nicht mehr mit der Redaktion zusammenarbeiten wollte und das Projekt eingestampft werden sollte. Diese Info kam nicht wie versprochen per Mail. Wir versuchten die Schulleiterin zu kontaktieren, erhielten aber keine Antwort, weswegen wir den Boomer-Weg gingen und am 17. Oktober 2004 der Schulleitung folgenden Brief schickten:

Bitte um Stellungnahme

Sehr geehrte Sr. P.,

in unserem letzten Gespräch haben Sie uns zugesichert, dass wir mit einem selbst gewählten beratenden Lehrer als Schülerzeitung an der Sophie-Barat-Schule bestehen dürften und im Wechsel mit Herrn L.s Redaktion Ausgaben herausgeben könnten. Auf diese Weise würden beide Redaktionen als Schülerzeitung existieren, ohne in direkte Konkurrenz miteinander zu treten. Überrascht nahmen wir anschließend zur Kenntnis, dass Sie im Gespräch mit «unserem Wunschkandidaten» Herrn K. äußerten, dass wir über keinen Schülerzeitungsstatus mehr verfügen würden. Da Sie uns nicht wie versprochen vor Beginn der Oktoberferien und nach Rücksprache mit Herrn ***

per E-Mail über den aktuellen Stand in Kenntnis gesetzt haben,
bitten wir Sie nun um eine schriftliche Stellungnahme.

Wir würden es begrüßen, wenn Sie uns unseren Status
schriftlich zusichern würden, um weitere Missverständnisse zu
vermeiden.

Mit freundlichem Gruß

Und seriös, wie man es in einer Diktatur eben macht, folgte daraufhin ein Vier-Augen-Gespräch zwischen Schulleiterin und Chefredakteurin. Der Brief sei in einem Umgangston geschrieben, den sie an der Schule nicht wünsche. Die Schulleiterin meinte, sie habe die Vorhaben der Redaktion anfangs grundsätzlich gutgeheißen, nun aber gäbe sie ihr Einverständnis keinesfalls mehr. Zudem hätte sie der Redaktion gar keinen Schüler:innenzeitungsstatus zugesichert. Die Chefredakteurin kündigte an, die Redaktion würde trotzdem ein Heft herausbringen. Die Schulleitung erwiderte, dies würde Konsequenzen nach sich ziehen. Dann würde die Zeitung vor der Schule verkauft werden, so die Entgegnung der Redaktionsleiterin. Dies würde ebenfalls Konsequenzen für die Redaktion mit sich bringen, so die Schulleitung.

Im November 2004 erschien die Erstausgabe von «Sophies Unterwelt» und sorgte nicht nur an unserer Schule für Aufsehen.

Die Vollversammlung des Jugendrings Hamburg fasste am 25.11.2004 einstimmig diesen Beschluss:

«Pressefreiheit an Privatschulen gefordert
Resolution der LJR-Vollversammlung

Die Hamburger Jugendverbände fordern die Fraktionen
der Hamburgischen Bürgerschaft auf, sich für eine Übernahme des § 33 Hamburgisches Schulgesetz (HmbSG) in das
Hamburgische Gesetz über Schulen in freier Trägerschaft

(HmbSfTG) einzusetzen, um Schülerzeitungen an Privat-schulen denen an öffentlichen Schulen gleichzustellen und die Zensur von Schülerzeitungen an Privatschulen abzu-schaffen.»

Danach ging es Schlag auf Schlag – was wir damals als Übersicht auf unserer Webseite www.sophiesunterwelt.de folgendermaßen festhielten:

28.01.2005
SOPHIES UNTERWELT gewinnt den 1. Platz beim Hamburger Schülerzeitungswettbewerb in der Kategorie «Gymnasien». [SUW 1] wird von der Schulleitung im Nachhinein zum Verkauf auf dem Schulgelände freigegeben. Doch [SUW 2] darf nicht auf dem Schulhof vertrieben werden, sofern die Zeitung nicht vorher kontrolliert wird.

Februar 2005
Es werden erstmals Interviews mit vier Lehrer:innen geführt.

März 2005
Der Schülerzeitungslehrer von «Sophies Welt» setzt sich mit dem Vertrauensrat des Lehrer:innenkollegiums zusammen, das daraufhin eine Pausenkonferenz zum Thema «Schülerzeitungen an der SBS» einberuft. Das SUW-Redaktionsteam wird nicht eingeladen und nicht über die Inhalte der Pausenkonferenz in Kenntnis gesetzt. In dessen Folge ziehen alle vier Lehrer:innen die bereits gegebenen Interviews zurück und verweigern eine weitere Kooperation.
[SUW 2] erscheint ohne die Lehrer:innen-Interviews.

April 2005

Der Redaktion von SOPHIES UNTERWELT werden von der Schulleitung weitere Treffen auf dem Schulgelände (auch im Büro der Schüler:innenvertretung, die der Zeitung Unterschlupf gewährt hatte) untersagt. Die Redaktion trifft sich von nun an auf der Moorweide.

Mai 2005

Der Vorsitzende des katholischen Schulamts verweigert SOPHIES UNTERWELT ein Interview. Über seine Sekretärin lässt er mitteilen: «In der derzeitigen Situation nicht möglich.» Die Chefredakteurin der «BILD Hamburg», Marion Horn, bietet der Redaktion ihre Hilfe an, sie würde «für die nötige Öffentlichkeit sorgen». SOPHIES UNTERWELT lehnt dankend ab.

Juni 2005

Die einzige Ausgabe von «Sophies Welt» im Schuljahr 2004/2005 erscheint.

Maulkorb für Architekten (zitiert aus [SUW 3]): «Eigentlich wollte er den mit uns abgemachten Interviewtermin nur über den stellvertretenden Schulleiter Herrn M. verschieben, doch dieser untersagte ihm ein Gespräch mit SOPHIES UNTERWELT. Der Architekt sprach von einem ‹Maulkorb› und entschuldigte sich beim SUW-Redakteur, er wolle sich nicht in interne Angelegenheiten einmischen. Herr M., zur Rede gestellt, meinte: ‹Die Schüler werden über ihre Schülerzeitung bereits informiert.›»

[SUW 3] erscheint. Aus Protest gegen das mittlerweile ein Jahr lang währende Verbot der Zeitung verkauft das Redaktionsteam unter dem Motto «Illegal? Scheißegal!» die Blättchen aus einem Dixi-Klo heraus.

Ein Jahr verbotene Schülerzeitung an der Sophie-Barat-Schule geht zu Ende mit einem Besuch vierer Mitglieder der Partnerzeitung KlosterSENF aus Pressbaum bei Wien.

12.07.2005

Die Rahmenschulordnung des Verbandes der römisch-katholischen Kirchengemeinden in der Freien und Hansestadt Hamburg, Erzbistum Hamburg tritt mit sofortiger Wirkung in Kraft. Die vorher gültige Fassung stammte aus dem Jahr 1971 und enthielt keine Hinweise auf den Umgang und die Rechte von Schüler:innenzeitungen. Die neue Rahmenschulordnung hingegen äußert sich in § 11 sehr eindeutig zum Thema. So sei die Schüler:innenzeitung vor dem Erscheinen stets der Schulleitung zur Kontrolle vorzulegen.

Oktober 2005

www.sophiesunterwelt.de geht mit neuem Konzept online.

November 2005

Der Schulausschuss der Hamburger Bürgerschaft berät.

Drucksache 18/1840

«Pressefreiheit auch an Hamburgs Schulen in freier Trägerschaft durchsetzen!»

Ganz oben auf der Tagesordnung steht eine Expert:innenanhörung.

Es sind Vertreter:innen folgender Parteien anwesend:

Zwei Gesandte der Jungen Presse Hamburg, zwei Vertreter:innen des katholischen Schulamtes Hamburg sowie ein Vertreter der Rudolf-Steiner-Schulen Hamburg. Die anwesenden Staats- bzw. Kirchenrechtler:innen erläutern, dass eine Gesetzesänderung in diesem Punkt eine verfassungswidrige Bevormundung der Schulen in freier Träger:innenschaft darstellen würde.

Die SPD-Fraktion zieht daraufhin ihren Antrag zurück.

Jetzt müsse man eine Lösung außerhalb der Gesetzgebung suchen, heißt es aus Fraktionskreisen. Doch solange sich das katholische Schulamt nicht gesprächsbereit zeige, wolle man auch keine weiteren Unternehmungen in diese Richtung anstrengen.

Januar 2006
SOPHIES UNTERWELT wird mit dem Bertini-Preis ausgezeichnet, und sophiesunterwelt.de startet eine Online-Petition zur Abschaffung der Schüler:innenzeitungszensur an den katholischen Gymnasien Hamburgs.

An dieser Stelle fühle ich mich gezwungen, noch mal zu betonen: Wir waren Schüler:innen, keine Terrorgruppe! Was wir mit unserer Schüler:innenzeitung erreichen wollten, war, Erfahrungen darin zu sammeln, wie man frei und selbstständig gestaltet, nicht wie man sich zensieren und unterdrücken lassen oder mit bekloppter Bürokratie befassen muss. Wir waren der Willkür einer Nonne ausgeliefert, für die Nächstenliebe ein Fremdwort zu sein schien. Wenn ich damals schon geahnt hätte, dass das die Light-Version dessen ist, was mich ab 2019 im Europäischen Parlament erwarten würde, hätte ich mich bemüht, mich mit mehr Jurist:innen anzufreunden. Ich halte nichts von Chemtrails oder dergleichen, aber in Bezug auf die Schüler:innenzeitung bis ins Europäische Parlament erkenne ich ein Muster, und ich muss sagen, es gefällt mir nicht. Die wiederkehrenden Verkettungen aus «Missverständnissen», «Irrtümern», gefolgt von Sturheit und Streit? Ist das menschlich? Ist das bürokratisch? Ich weiß es nicht, ich weiß aber, dass es scheiße ist.

TL;DR:

Ich hatte zufällig mit einem Auftritt im
Kapuzenpullover Erfolg und habe ihn
deshalb nicht mehr ausgezogen.

Die Kapuze

Januar 2008

Es war so etwas wie mein Eminem-Lose-Yourself-Moment, nur
in traurig, privilegiert und extrem uncool: «If you had one
shot, one opportunity, to seize everything you ever wanted, one
moment, would you capture it or just let it slip.» Auch wenn
es mir ein bisschen peinlich ist, ich habe das damals als ehrlich depressives Lehrerkind wirklich so empfunden und fühle
es auch immer noch. Ich hatte keine Ahnung, was ich mit meinem Leben anfangen sollte. Diese Auftritte hatten sich für mich
so ein bisschen wie eine letzte Chance angefühlt.

Plötzlich waren alle Scheinwerfer auf mich gerichtet. Applaus,
freigesetzte Endorphine, das Gefühl von Bestätigung – und das,
obwohl mich das Publikum eigentlich nicht richtig sehen konnte.
Der unscheinbare Typ, von dem keiner erwartet hatte, dass jetzt
irgendwas Besonderes kommt, war auf einmal im Mittelpunkt.

Aber ich muss mit der Erzählung früher anfangen. Drei Jahre
zuvor:

In der Schule war ich zwar als Schulsprecher und Zeitungs-
gründer «bekannt», ansonsten flog ich leistungstechnisch aber
unter dem Radar. Abischnitt 3,4. Wie in der Schule verweigerte

ich danach den Dienst, nur diesmal den an der Waffe. Bei der Musterung gab ich mir so viel Mühe damit, durchzufallen, dass ich den Test wiederholen musste, weil völlig klar war, dass ich so schlecht gar nicht sein konnte. Dann hätte ich Zivildienst machen können, aber das fand ich doof und absolvierte stattdessen ein freiwilliges soziales Jahr bei der Jungen Presse Hamburg. Eine Art Sonderform der Sonderform vom Ersatzdienst. De facto war ich dort mein eigener Chef und arbeitete in dieser Zeit hauptsächlich für mich. Ich versuchte vieles, aber es kam nicht das bei rum, was ich oder andere sich gewünscht hätten. So empfinde ich es heute auch bezogen auf meine Zeit im Europäischen Parlament. Was beide Lebensabschnitte gemeinsam haben? Ich war depressiv.

Danach glaubte ich, Soziologie und Geschichte studieren zu wollen. Meine Studienfachbewerbung wurde abgelehnt, aber ich erfuhr von einem Schlupfloch. Man müsse der Ablehnung widersprechen. Zu meiner eigenen Überraschung schaffte ich es morgens pünktlich aus dem Bett, war der Erste in der Zulassungsstelle und legte offiziell Widerspruch gegen meine Ablehnung ein. Somit brauchte ich nicht mal einen Anwalt, um mich ins Studium «einzuklagen». Ein «Erfolg» ... zumindest ein kurzer. Schon in der ersten Vorlesung war mir klar, studieren ist nichts für mich. Ältere Studierende spielten «Life's a piece of shit, when you look at it» von Monty Python, und alles, was ich dachte, war: «Ja danke, wie soll mich das denn motivieren, den ganzen Scheiß drei Jahre lang zu machen?» Ein Mensch steht vor einem Haufen anderer, die teilweise auf Treppenstufen statt richtigen Plätzen sitzen müssen, unter anderem auch, weil Senior:innenstudierende die Plätze belegen, und sabbelt ohne Punkt und Komma über irgendwas. Die ganze Veranstaltung ist alles andere als unterhaltsam, und um es in puncto Unannehmlichkeit auf die Spitze zu treiben, müssen die restlichen Anwesenden jedes Wort aufsaugen, verstehen und irgendwann in einer Prüfung wiedergeben. Bis heute erschließt sich mir nicht, wie sich dieses Konzept weltweit verbreiten konnte und warum man es mit Kompetenz gleichsetzt, wenn man darin besteht. Selbst mein Soziologie-Professor sagte zu Beginn, dass man mit diesem Studienfach ohnehin nichts werden könne und die meisten von uns abbrechen würden. Auch Geschichte war nicht besser. Ein Dozent ließ die Studierenden eine halbe Stunde lang raten, warum die Gebiete im südlichen Teil am anderen Ende der Welt Lateinamerika heißen würden. Ich zweifelte daran, ob es sein Ernst oder Spaß sei, und beschloss, dabei mache ich nicht mit. Alles an meiner Zeit an der Uni war absurd. Die Ästhetik der Gebäude zog mich runter und vor allem die Auffanggitter ums Hochhaus, damit die Leute nicht runterspringen. Nach insgesamt sechs Wochen gab ich komplett auf, erschien nicht mehr und ging ins Bett. Natürlich nicht allein, sondern mit meiner Depression. Darin war ich wenigstens mal wieder erfolgreich, und zwar so, dass ich es direkt zwei Jahre durchzog.

In dieser Phase ernährte ich mich hauptsächlich von Döner und Nudeln. Komisch, dass meine geistige Gesundheit bei diesen ausgewogenen Mahlzeiten nicht besser wurde. Mein Zimmer tapezierte ich wie ein Wahnsinniger mit Zetteln voller Ideen und Notizen. Lüften stand nicht auf der Agenda. Ich hatte mich selbst gefangen genommen oder war gefangen von meiner Depression, genau kann ich das bis heute nicht sagen. Leisten konnte ich mir das nur, weil ich noch bei meinen Eltern wohnte und sie mein Leben finanzierten. Ich sag ja, ich war und bin privilegiert. Ab und zu, nur um später mal noch den Unterschied zwischen tot und lebendig ausmachen zu können, trat ich ans Tageslicht und traf andere Menschen.

Ich gründete mit drei anderen frei & willig, eine Initiative für mehr Jugendengagement in Hamburg. Eine Art Ministiftung. Wir hatten ein Budget von 400 Euro zur Verfügung, mit dem wir andere Jugendprojekte fördern durften. Das Ganze nannte sich «Tipps, Grips und Geld». Unsere eigene «Youth Bank» stellten wir unter das Motto «Mach es dir selbst». Das war jetzt nicht so ein reifer Humor, aber damals fanden wir es lustig. Um auf unsere Förderung durch frei & willig aufmerksam zu machen, verteilten wir zum Beispiel kostenlose Postkarten mit dem Spruch: «Beende dein Leben», und dann in klein: «Fang ein neues an, mit frei & willig.» Der Spruch war eine Hommage an eine Szene des Films «Gegen die Wand» von Fatih Akin, in der ein Arzt so etwas sagt wie: «Sie können ja Ihr Leben beenden, aber dafür müssen Sie sich doch nicht gleich umbringen.» Das fand ich gut. Bei der Förderung anderer ging es für mich darum, den Gedanken der Schüler:innenzeitung weiterzuführen und es jungen Menschen zu ermöglichen, einfach ein Selbstwirksamkeitserlebnis erfahren zu können. Ganz simpel: Ich tue etwas, ich engagiere mich, und dafür bekomme ich Unterstützung und erlebe, dass sich etwas ändert. Und wenn ich in meinem Leben etwas immer wollte, dann war es Veränderung. Auch für mich selbst und die sollte auch nicht mehr allzu lange auf sich warten lassen:

Eine gute Freundin – ich wundere mich bis heute noch, wie das passiert war – begleitete mich in meiner Was-soll-ich-nur-nach-der-Schule-machen-Phase zum Poetry-Slam. Unerklärlicherweise hatte ich mir vorgenommen, an einem teilzunehmen, ohne mir diese Veranstaltungsart vorher mal anzusehen. Einerseits brauchte ich ein Ventil für meinen Frust, andererseits dringend Anerkennung. Zuvor hatte ich alle anderen Bereiche abgehakt und wusste, ich und ein «normaler» Job, das wird nichts. Auf die Bühne zu gehen, war mein letzter Ausweg. In meiner Vorstellung war ein Poetry-Slam ein Abend, an dem sich Fremde gegenseitig ihre Texte vorlesen, und eine:r, die:der den besten Text geschrieben hatte, dann dafür Applaus bekam. In meiner Logik war es so: Wie geil ist das, wenn man auf der Bühne steht und für das, was man da tut, direkt Belohnung bekommt? Sofortiges Feedback. Wenn ich bei jedem Erreichen meines Büros den Applaus und die Begeisterung des Publikums spüren könnte, wäre ich mit einer weniger ablehnenden Haltung losgegangen. In meinem Zimmer, das eher einem überdimensionierten und unförmigen Notizbuch glich, verfasste ich Texte und wollte diese nun nicht mehr für mich behalten, sondern teilen.

Mein erster Auftritt sollte im Hamburger Club Molotow stattfinden. Kurz bevor ich dran war, überkam mich Angst. Angst davor, keinen Applaus, sondern Buhrufe von 200 Menschen zu bekommen. Angst zu scheitern. Auch irre, dass ich davor noch Angst hatte, wo das Gefühl von Scheitern zu diesem Zeitpunkt für mich schon längst Dauerzustand war und ich mich damit eigentlich hätte wohl, weil heimisch fühlen sollen. Ich wollte abhauen. Ich tat es auch und verließ die Location. Meine gute Freundin ließ das aber nicht das Ende werden. Sie kam raus, sagte: «Du bleibst jetzt hier», und stellte sich mir in den Weg, sodass die einzige Richtung, in die ich noch gehen konnte, auf die Bühne war. Ich wollte am liebsten verschwinden, da ich aber keinen Ausgang nehmen konnte, improvisierte ich und zog mir die Kapuze meines schwarzen Hoodies so weit über die Stirn wie möglich. Ich stolperte auf die Bühne, stieß mir den Kopf und hielt den Zettel mit meinem vorbereiteten Text vor mein Gesicht, sodass es für das Publikum unmöglich war, die Panik in meinen Augen zu erkennen. Ich las:

Ja, guten Abend, für mich wird hier heute ein Albtraum wahr!
Wenn es mal nicht läuft.
Wenn du und dein Wecker ein Kommunikationsproblem haben.
Wenn du deshalb verschläfst.
Wenn draußen November ist.
Wenn es deshalb dunkel ist und nass und kalt.
Wenn du unter die Dusche gehen musst, um Wärme zu spüren.
Wenn du auf dem Weg zum Bahnhof auf einem Haufen Hundescheiße ausrutschst.
Wenn du dich dann noch weiter verspätest, weil sich

irgendjemand ganz dringend die S-Bahn von unten angucken musste.

Wenn du auf deine Arbeit keine Lust hast, weil sie dich unterfordert.

Wenn dein Chef das auch bemerkt und du dafür von ihm zusammengefaltet wirst.

Wenn dir dein Arbeitskollege vom Platz gegenüber stolz von seinem letzten Saufabend erzählt.

Wenn sich in der Mittagspause dieser andere Blödmann an dich dranhängt.

Wenn dein Portemonnaie ein Loch hat und du dein Kleingeld im Ausgang des Supermarkts verteilst.

Wenn du deshalb von einem Kind ausgelacht wirst.

Wenn du auf der Arbeit dann noch so eine Scheißaufgabe übernehmen musst.

Wenn du deshalb erst fünf Stunden später rauskommst.

Wenn du deinem besten Freund absagen musst, den du acht Wochen nicht mehr gesehen hast.

Wenn du auf dem Heimweg wieder in den gleichen Haufen trittst.

Wenn du in deine leere Wohnung kommst.

Wenn du dich auf deine schmutzige Matratze fallen lässt.

Wenn dir dann klar wird, dass du dein Leben verpfuscht hast.

Wenn deine Mutter dich anruft, weil du dich so lange nicht mehr gemeldet hast.

Wenn sie dir vorhält, dass du schon immer so unzuverlässig warst.

Wenn deine Freundin das Gleiche sagt und deshalb mit dir Schluss macht – per Mail!

Und wenn dir das alles an einem Tag passiert ...

... dann, ja, dann ist das noch lange keine Garantie dafür, dass es morgen nicht noch viel schlimmer wird.

Das Publikum klatschte und lachte. Die Energie im Raum lud mich wie eine Batterie auf. Ich war high, elektrisiert und in einem mir bisher unbekannten Rausch. Ich gewann bei diesem Slam, der über mehrere Runden ging, den «Dr.-Buhmann-Gedächtnispreis», der von den Moderator:innen willkürlich vergeben wurde mit dem Kommentar, dass ich ihn verdient habe, weil ich meinen «Albtraum gemeistert» hätte. Wie nett!

Ich machte einfach weiter, las Texte über meine Depression und zog die Leute runter. Leider wirklich. An einem Abend fragt mich im Anschluss ein anderer Slam-Poet: «Nimmst du Medikamente?» «Nein.» «Du solltest Medikamente nehmen!»

Meine Freunde sagen immer: «Nico, du siehst das alles viel zu negativ.» Manchmal denke ich: Vielleicht haben sie recht. Nach meinem letzten Auftritt haben sich drei Leute einliefern lassen. Einer hat auf diesen Umweg verzichtet und sich gleich umgebracht. Mal gucken, was heute noch passiert.

Willkommen zu meiner Abschiedstournee, die jetzt hier anfängt und hier gleich aufhören wird. Ich widme die nächsten 30 Minuten der alles entscheidenden Frage: «Gibt es ein Leben vor dem Tod?»
Viele werden sich jetzt fragen: Wer ist denn dieser lebensfrohe junge Mann da auf der Bühne? Für die, die mich noch nicht kennen:
Ich höre auf den Namen Nico Semsrott. Ansonsten lasse ich mir aber gar nichts sagen.
In meinen Abibuch-Kommentaren stand damals: «Ist es nicht anstrengend, immer gegen alles zu sein?» Die Antwort lautet: Es ist ein Fulltimejob.

Weil ich so furchtbar gegen alles bin, breche ich auch immer alles ab. Ich bin mittlerweile so professionell im Abbrechen,

dass ich in letzter Zeit häufiger überlege, mich selbstständig zu machen und eine Abbruchfirma zu gründen. Oder ich
werde Konditor. Für mich wäre das wahrscheinlich die einzige Möglichkeit, irgendwann in meinem Leben noch mal
was gebacken zu bekommen. Vielleicht gehe ich auch ins
bürgerschaftliche Engagement und gründe eine Brandstiftung. Mal gucken. Für mich wär das jedenfalls die zündende
Idee. Leider fehlt mir für die Brandstiftung aber das Feuer.
Klarer Fall von Burn-out. Kleines Wortspiel.

Neulich war ich bei einem Karriereberater. Er hat mir von
meiner neuesten Idee abgeraten. 'n Amoklauf würde sich in
einer Bewerbung nicht gut machen.
  Das hat mich irgendwie demotiviert. Ich habe kein Motiva-
tionsproblem, ich bin eins.
  Von wegen Attentäter. Ich bin Mattentäter.
  Wenn man bei Google «Ich Versager» eingibt, dann bin ich
der erste Treffer.
  Ich glaube, bei mir ist das der Überlebensinstinkt. Ich habe
so 'ne latente Anti-Haltung. Ich bestreite alles. Außer meinem Lebensunterhalt.
  Ich denke mir: Warum arbeiten, wenn das Leben auch so
schon scheiße ist? Bitte besuchen Sie auch meine Homepage
www.lebensqualitaeter.de.

Mein Traumberuf ist übrigens Hausfrau und Mutter. Falls
also reiche Erbinnen anwesend sind, die eine chronisch
beleidigte Leberwurst durchfüttern wollen, hier bin ich!
  Man kann's ja mal versuchen.
  Falls reiche Männer anwesend sein sollten, hier bin ich!
  Man wird mit der Zeit anspruchsloser. Es lebe der Opportu-
nismus, hui!

Ihr glaubt, dass ich hier 'ne Rolle spiele, aber ihr irrt. Ich spiele einfach keine Rolle.

Ich bin egal. Wäre ich eine Partei, hieße ich «Sonstige» und würde am Wahltag die restlichen 2,8 Prozent der Stimmen auf mich vereinigen.

Wenn ich irgendwo bei einer Katastrophe umkommen würde, hieße die Nachricht so: «Bei dem Autounfall kamen 16 Menschen ums Leben, darunter auch 3 Frauen und 7 Kinder.»
Ich fände es gut, wenn die journalistische Sorgfaltspflicht hier künftig besser zur Geltung käme: «Bei dem Autounfall kamen 16 Menschen ums Leben, darunter 3 Frauen, 7 Kinder und 6 Männer, darunter ein Sachse, zwei, die gerne Volksmusik hörten, und ein frisch vermähltes Paar auf dem Weg in die Flitterwochen. Und einer war SPD-Mitglied.»
Immerhin würde ich bei einem Flugzeugunglück im Ausland noch erwähnt werden. Es gab 237568 Tote. Okay. Darunter auch sechs Deutsche. Oh mein Gott!

Wenn ich du wäre, wäre ich nicht gern ich.

Eigentlich bin ich eine Totgeburt, es hat nur noch keiner gemerkt.

Tja, mit meinem Frust bin ich in dieser immer fröhlicher werdenden Gesellschaft natürlich eine große Ausnahme. Es gibt in Deutschland nur 4 Millionen Depressive. Ziel dieses Vortrags ist es, diese Zahl zu verdoppeln. 4 Millionen, das bedeutet, dass jeder 20. von uns depressiv ist. (Auf mich zeigen) 20. Statistisch gesehen sind wir in diesem Raum ca. 5 Miesepeter. Weil wir hier links sind und besoffen, vermute ich persönlich aber eher 100. Einen kräftigen Applaus für mich und meine befreundeten Trauerklöße!

Ich wusste, dass keiner klatschen würde, dafür seid ihr zu depressiv. Das mit der Depression ist natürlich auch eine Sache der Einstellung, aber mein Arzt sagt, ich bin ganz gut eingestellt.

Übrigens: Bis 2020 sind Depressionserkrankungen auf Platz 2 der Krankheitscharts. So gesehen bin ich sogar ein Trendsetter. Strike!

Die wahren Probleme in dieser Gesellschaft haben aber natürlich nichts mit Depressionen, Leistungsdruck und Entfremdung zu tun. Auch Bildungsmangel, Umweltverschmutzung und soziale Ungerechtigkeit sind eher marginal. Das wahre Problem unserer Zeit ist, na? Richtig. Der Terrorismus.
Wann seid ihr das letzte Mal bei einem Terroranschlag ums Leben gekommen?

In den letzten 10 Jahren sind in Deutschland ganze null Menschen bei einem Terroranschlag gestorben. Viele wissen das gar nicht.
Jedes Jahr sterben in Europa mehr Menschen an Terrorangst als an Terror.

Auch in Deutschland regiert die Angst, und die Angst regiert Wolfgang Schäuble.
Ich habe mich bis heute nicht damit abgefunden, dass man einen Anschlagsüberlebenden zum Bundesinnenminister gemacht hat. Ein traumatisiertes Attentatsopfer, das weitere Attentate verhindern soll – da kann man ja gleich einen Heroinabhängigen zum Chef der Drogenbekämpfung machen.

Zumindest die Wahnvorstellungen dürften die gleichen sein. Schäuble berichtet seinen Ärzten und den Medien immer von einer «realen abstrakten» Gefahr. Man muss sich vielleicht kurz mal in ihn hineinversetzen, egal wie unangenehm das jetzt ist. In seinem Kopf jagt ein Terroranschlag den nächsten, in vielen deutschen Landstrichen muss man schon von irakischen Verhältnissen sprechen, und die Stadtreinigungen kommen vor lauter Leichenteilen kaum noch hinterher! Der Mann ist paranoid, aufgrund seiner Erfahrungen ist das menschlich. Bitter ist, dass dieses arme verirrte Licht aus seinem Einzelschicksal ein Kollektivtrauma machen will.

Wenn man dann sagt, Schäuble will einen Big-Brother-Staat wie bei Orwell, dann hinkt der Vergleich nicht – er fährt Rollstuhl.
   Jetzt muss man sich natürlich fragen: Darf man wirklich Witze über Behinderungen machen? Ganz eindeutig ja. Man lacht ja auch über Katholiken und Moslems. Experten unterscheiden da bekanntlich auch zwischen körperlicher und geistlicher Behinderung.

Aber zum Christenterror kommen wir später noch. So Gott will. Bleiben wir beim Terror in unseren Köpfen.

Weil viele verständlicherweise gar nicht bis zum nächsten Terroranschlag warten wollen, gönnen sich in Deutschland jedes Jahr 10 000 Menschen den privaten Selbstmordanschlag. Der Spielstand lautet jedes Jahr – moderner Kapitalismus: 10 000. Al-Qaida: 0.

Ist 'ne Bombe, oder? Bumm!

Vielleicht sollte man die Zahlen mal an Herrn Schäuble wei-
terleiten. Ich kann mir vorstellen, dass es für die innere
Sicherheit von Bedeutung ist, dass jedes Jahr mehr Menschen durch Freitod umkommen als durch Verkehrsunfälle,
Tötungsdelikte und Aids zusammen. Aber vielleicht habe ich
da auch nur ein merkwürdiges Menschenbild.

Einige sagen sich jetzt vielleicht aber: 10 000 Suizide? Nur
so wenige? Na jaaa! Nicht jeder Selbstmordversuch ist ja
auch erfolgreich. Die 10 000 geglückten Suizide stehen
100 000 Selbstmordversuchen gegenüber.

Natürlich können darunter wiederum auch einige Leute für
mehrere Versuche verantwortlich sein. Also: Alles halb so
schlimm!

Nun. Bleibt noch eine wichtige Frage: Wie steht Deutschland
mit dieser Leistung im internationalen Vergleich da? Leider
schon wieder nicht auf Platz eins, weit abgeschlagen hinter den drei Erstplatzierten Litauen, Weißrussland und Russland.

Männer bringen sich übrigens weltweit viel häufiger um als
Frauen. Das liegt offenkundig daran, dass sie traurig sind,
bei Unglücken nicht extra erwähnt zu werden ...

Neulich auf der Zugfahrt nach Köln gab es an einem Morgen
zwei Selbstmörder. Bei Lehrte und bei Bielefeld, wer will es
ihnen also verübeln?

Die Antwort lautet Hartmut Mehdorn. Der Bahn-Chef soll
schon darüber nachgedacht haben, von den Hinterbliebe-
nen Schadensersatz zu fordern. Schienensuizide sind für
die Bahn ein Verlustgeschäft. Ich meine, da sterben ja auch
potenzielle Kunden.

Auch Japan kämpft gegen den Terror. Der neu gewählte japanische Ministerpräsident Tarō Asō hat bei seiner Antrittsrede vergangene Woche nochmals unterstrichen, den Kampf gegen den internationalen Terrorismus mit aller Härte fortsetzen zu wollen.

Er knüpft damit an die vorbildliche Selbstmordvorsorge seines Landes an. Wisst ihr, was in Tokio auf Autobahnbrücken steht? «Bitte springen Sie nicht während der Hauptverkehrszeiten.»

Alles, was ich dachte, war: «Geil, wenn das funktioniert, mache ich das jetzt so lange, bis ich davon leben kann.» Wieder eine radikale Entscheidung, aber wirklich nicht meine schlechteste. Heute ist mir klar: Ohne die Kapuze hätte ich nie Karriere gemacht. Ich wäre nie auf die Idee gekommen, das alles mit Absicht zu machen. Der Zufall hat mir geholfen. Meine Angst und meine vermeintliche «Schwäche».

Meine Karriere begann also auf St. Pauli und ironischerweise damit, Kleidung an-, statt auszuziehen. Der Kapuzenpullover ist mein Nicht-so-Supermann-Kostüm, die Kunstfigur mein Schutz. Mit ihr habe ich viele gute Dinge erlebt. Sie gibt mir die Freiheit, Dinge zu sagen und zu tun, die ich als Privatperson nie getan hätte. Und sie gibt mir den Mut, an Orte zu gehen, die ich sonst nie aufgesucht hätte. Sie gibt mir die nötige Distanz zu meiner Umwelt, ohne die ich sie nicht ertragen würde. Wäre ich ohne Kapuze in den Plenarsaal gegangen? Vermutlich kein einziges Mal. Ich brauche den Schutz meiner Kapuze. Ich habe ein Abgrenzungsproblem, und durch den schwarzen Pullover kann ich mir die Fähigkeit, Abstand zu nehmen, sprichwörtlich anziehen. Als Person mit Brille, Hoodie und Jeans bin ich einerseits einer von vielen und andererseits der eine, der immer gleich abgeranzt aussieht und bei dem andere wissen, was sie erwarten können. Bei einem Typen, dem man ansieht, dass er über nicht allzu viele soziale Kompetenzen verfügt, rechnet niemand damit, dass er die Welt rettet und schon gar nicht durch Diplomatie und Kompromisse. Ich habe durch das Outfit direkt den Druck aus allem rausgenommen. Wer mich sieht, stellt keine Erwartungen. Meine Stärke ist das Schwarz-Weiß-Sehen. Dinge konkret zu benennen. Zu sagen: «Das ist scheiße», und manchmal auch: «Das ist geil.»

TL;DR:
Ich erzähle so lange immer wieder dasselbe,
bis die Leute es gut finden.

Freude ist nur ein Mangel an Information – Als Demotivationstrainer auf Tortour

Tagebuch, 20.10.2013
Heute habe ich wie jeden Abend am Schluss das Publikum
gefragt: «Wollt ihr jetzt das lustige oder das traurige Ende?»
Dann hat einer gerufen: «Hauptsache, Ende!»
(Es war mit Abstand der größte Lacher des Abends.)

Wie sieht eigentlich so ein Leben als Satiriker aus? Was hast du
vor deiner Zeit im Europäischen Parlament beruflich gemacht?
Diese Fragen, die ich häufig von Besucher:innengruppen gestellt
bekomme, kann ich, anders als Fragen zu Verbrennermotoren,
beantworten. Eines meiner Hobbys: Dinge aus meinem Leben in
Zahlen zu übersetzen. Hier ein Auszug:

Mein Berufsalltag als Demotivationstrainer

541-mal vorgetragen:
Neurologen haben neulich herausgefunden, dass das
menschliche Gehirn den ersten Satz eines Vortrags gar nicht
verarbeiten kann, ihr Penner.

567-mal vorgetragen:
Ich werde häufiger gefragt, warum ich immer nur über Depressionen rede. Ganz einfach: weil man sich an dem Thema ganz gut aufhängen kann.

434-mal vorgetragen:
Es folgt ein Beitrag unter meinem Lebensmotto: No fun, no fun.

298-mal vorgetragen:
Ich kann den Text zwar auch auswendig, aber ich tu so, als ob ich ablese, weil ich nicht angeben will.

159-mal vorgetragen:
Ich improvisiere jetzt. Dazu bitte ich jetzt darum, dass ihr mir ein Wort zuwerft. Danke. Es ist das Wort Leerverkäufe gefallen.

199-Mal vorgetragen:
In meiner Heimatstadt gibt es bei Beerdigungen den Brauch, dass die Witwe 'nen Blumenstrauß hinter sich wirft. Wer den Strauß fängt, stirbt als Nächstes.

Tagebuch, Freitag, der 13.11.2015
Ein (fast) typischer Tag in meinem Job: Heute, am Freitag, den 13. trete ich beim 20. Geburtstag einer psychiatrischen Einrichtung auf. Wir haben uns aufgeteilt: Erst hält der Direktor einen Fachvortrag, und dann geb ich der Belegschaft den Rest.

Irgendwie ist da was schiefgelaufen. Mein Masterplan sah vor, in den großen Theatern deutschsprachiger Großstädte ein überwiegend intelligentes und junges Publikum anzuziehen. Ich habe meinen Beruf eigentlich nur ergriffen, um a) vor meinem schlimmen Leben wegzulaufen und b) die Chance auf menschlichen Kontakt zu erhöhen, vielleicht jemanden kennenzulernen ...

Plan B ist nicht aufgegangen. Plan A nur zur Hälfte. Zwar bin ich erfolgreich aus meinem schlimmen Leben weggelaufen, dafür bin ich aber aus Versehen in ein anderes schlimmes Leben gelaufen, fahre von einem Kaff zum nächsten und treffe dort auf etwas, das der Komiker «Baumwollfelder» nennt: viele weißhaarige Häupter. Ein Abo-Publikum, das kommt, weil es das fünf Veranstaltungen umfassende Ticket ja schon am Anfang der Saison gekauft hat und es in der Woche eh keine andere Kulturveranstaltung in einem Umkreis von 50 Kilometern gibt.

Aber was beschwere ich mich? Es ist nicht immer das Gleiche. Das Leben auf Tour ist sehr abwechslungsreich. Nicht immer komme ich abends im «Goldenen Schwan» unter. Manchmal ist es auch der «Goldene Löwe» oder der «Goldene Hirsch». (In größeren Städten ist es sogar das Ibis-Hotel. Das gibt mir immer ein wohliges Gefühl. Wenn ich diese aus einem Stück Plastik gegossene Dusche sehe, dann weiß ich: Hier bin ich zu Hause.)

Ich habe für diese Art des Tourens eine eigene Kategorie eingeführt: «Tragic Friday». Es ist die Bezeichnung für die Freitagabende, die ich auf dem Dorf verbringe, während zu Hause ganze Stadtviertel vor Feierwütigen vibrieren. Ich komme aus einer Großstadt und verbringe meinen Freitagabend in Wermelskirchen, Kressbronn oder Spaichingen – WAS MACHE ICH HIER?

Am schlimmsten sind die Tage zwischen zwei Auftritten in der Provinz. Ich kenne keinen einzigen Menschen, der auf dem Land wohnt. Alle meine Bekannten leben in Städten. Nie wird die Leere meines Seins offenkundiger als in den 22 Stunden zwischen zwei Auftritten auf dem Land, selten bin ich mir selbst so ausgeliefert wie dort. In Städten gibt es Ablenkung, es gibt wenigstens Passant:innen, die ich doof finden kann, und ich habe die Auswahl zwischen unterschiedlichen Abstufungen von architektonischer oder kulinarischer Grausamkeit.

Auf dem Dorf gibt es im Zweifelsfall nicht mal Passant:innen und wenn es schlecht läuft, auch kein einziges (geöffnetes) Café. Ich weiß, Provinz ist kein geografischer Zustand, sondern ein geistiger. Vermutlich ziehe ich in fünf Jahren selbst aufs Land. Schon allein, weil ich muss - aus wirtschaftlichen Gründen. Ohne Alkohol wäre das nicht auszuhalten gewesen. Hier sieht man meinen Alkoholkonsum: Rot gefärbt sind alle Tage, an denen ich Alkohol trinken musste. In München konnte ich nüchtern bleiben, schließlich eine Großstadt. Und von der Tour Freising-Ebersberg-Bad Windsheim habe ich mich einige Tage nicht erholt. Vom 16. 3. bis 18. 3. hatte ich einfach Lust zu saufen. Am 29. 3. habe ich einen Tag Pause eingelegt und meinen Verzicht habe ich danach zwei Tage gefeiert.

Wenn ich auf dem Land bin, mache ich mir einen Spaß daraus, die Zuschauer:innen noch bäuerlicher darzustellen, als sie es sind. «Danke, dass ihr den langen Weg mit dem Traktor auf euch genommen habt. Danke, dass ihr den Mut aufgebracht habt, eure Kühe im Stall mal für ein paar Stunden alleine zu lassen.»

Ich gebe mir nicht mal Mühe, sympathisch zu wirken. Ich bin es auch nicht. Der Masochismus vieler Menschen scheint größer zu sein, als ich es mir vorstellen konnte, zumindest kann ich mir anders nicht erklären, warum ich doch immer wieder vor Publikum und nicht vor leeren Stuhlreihen auftreten durfte.

Warum Leute an meinen Demotivationsworkshops teilnehmen?

Selbsthass?

Weil sie sich mit mir identifizieren? (Im Grunde also auch Selbsthass.)

Möglicherweise können sie doch etwas daraus ziehen. Trost. Verbundenheit. Entlastung. Es gibt so eine bestimmte Art von Lachen, so ganz laut und plötzlich und explosiv, bei dem man merkt: Hier wird gerade einfach Schmerz rausgelassen. Für manche sind meine Auftritte unabsichtliche Gruppentherapie-orte. Und da kann man sich dann mal, obwohl man einsam ist, nicht allein fühlen.

Oder manche finden es einfach interessant oder sogar lustig. Vielleicht kommen einige auch, weil sie mich missverstehen. Immer wieder werde ich gefragt, ob man denn so wie ich Witze über Depressionen machen könne oder nicht. Meine Antwort darauf: «Man kann nicht, man muss.»

Es gibt bis heute Personen, die glauben, dass ich meine Depression nur für die Bühne spiele, und ich wünschte, sie hätten recht. Meine Figur und ich waren lange Zeit identisch, irgendwann konnte ich mich für einige Zeit von ihr lösen und fühlte mich besser, dank meiner Tätigkeit im Europäischen Parlament wurden die Figur und der Mensch aber wieder zu einem. Ich hasse es.

Mittlerweile frage ich bei Auftritten das Publikum direkt, warum sie da sind. Es sind einige dabei, die die Karten geschenkt bekommen haben und nicht wirklich freiwillig da sind. Warum andere Menschen Tickets für meine Workshops an ihre Freund:innen verschenken? Keine Ahnung. Nächstenhass?

Jedenfalls kommen genug Leute, um das Reisen, welches mich wirklich fertigmacht, auf mich zu nehmen. Und wenn ich schreibe, es macht mich fertig, meine ich das wörtlich.

TL;DR:
Ich bin so ein Loser, dass mich sogar
Grundschulkinder zum Weinen bringen.
(Ich wünschte, das wäre nur erfunden.)

Touralltag in der Klassengesellschaft

Habe wieder nix Besseres zu tun. Fahre mit 'nem Regionalzug von Siegen nach Köln. Habe irgendwie den Verdacht, dass dieser Tag eine Niederlage wird. Verstehst du? Siegen - Köln - Niederlage. Traurig blicke ich in die Landschaft. Die Orte der Region haben komische Namen. Ich fahre durch Kirchen, Wissen und Herchen. In dem Kaff Au (Sieg) steigt eine Grundschulklasse ein.

Ich hasse Klassengesellschaft. Warum gerate ich ständig an Schulklassen? Auf jeder zweiten Fahrt lande ich mitten im Getümmel.

Prompt bin ich umzingelt von kleinem Menschentum. Reflexartig hole ich meinen iPod raus.

«Ist das Ihr iPod? Meine Schwester hat einen größeren iPod!»

Die Viertklässlerin gegenüber hat mich gerade gedisst.

«Wie heißen Sie?»

«Ich bin Nico, ihr könnt mich duzen.»

Der Junge mit dem Pinguinrucksack stellt fest:

«Du hast Löcher in deinem Pullover. Warum hast du einen kaputten Pullover?»

Das ist mein Stil, versuche ich mich zu rechtfertigen.

«Was machst du von Beruf?»

Ich sage, dass ich auf Bühnen vor Publikum auftrete und Witze erzähle.

«Erzähl mal einen Witz!»

«Was liegt am Strand und ist schwer zu verstehen? Ein Mann mit Sprachstörungen.»

«Du bist nicht witzig!»

«Was machst du da?»

«Ich schreibe auf, wie ihr mich beleidigt. Daraus kann ich bestimmt einen lustigen Text machen!»

«Willst du den Text jetzt auf die Metaebene heben? Metawitze sind doch kacke.»

(Die Stelle verstehe ich auch nicht.)

Ein anderes Mädchen zeigt auf meine Brille! *«Du bist bestimmt fast blind!»*

«Nein. Willst du mal meine Brille aufsetzen?» Ich reiche sie ihr.

«Ohne Brille siehst du scheiße aus. Setz sie wieder auf.»

Jetzt bin ich verletzt. Ich hole mein Handy aus der Tasche, um meinen Therapeuten anzurufen. *«Warum hast du so 'n hässliches Handy?»* «Hast du 'ne Freundin?»

Jetzt fange ich an zu weinen.

«Kinder! Nächste Station müssen wir aussteigen! Alle stehen auf und warten in einer Schlange aufs Aussteigen.»

Ein Mädel ruft mir hinterher:

«Benutzt du Clearasil? Ich kann dir das sehr empfehlen.»

Dann ist die Klasse weg. Und ich bin wieder allein. Allein.

Wie großartig es wäre, wenn dieser Text einfach nur meiner Fantasie entsprungen wäre? Dann könnte ich behaupten, wirklich witzig zu sein. Was meine Fantasie und Realität gemeinsam haben, sie tun weh.

TL;DR:
Die AfD ist scheiße und gehört verboten.

Was tun gegen rechts

Apropos wehtun. Es ist Mai 2016. Der Aufschwung der AfD ist meinem Empfinden nach enorm, und ich habe den Eindruck, das wird in dieser Gesellschaft viel zu wenig thematisiert. Und erst recht von der Politik. Das empfinde ich bis heute so: Die demokratischen Parteien versagen beim Verteidigen der Demokratie.

Es geht nicht nur darum, das «bessere» Angebot zu haben, sondern Gewalt so zu bekämpfen, dass sie keinen Erfolg hat. Und das würde funktionieren, wenn Polizei und Justiz Rechtsextreme als das bekämpfen, was sie sind: Feinde des Rechtsstaats.

Der demokratische Staat muss das Gewaltmonopol behaupten, so einfach ist das. Und wenn es in seinen Behörden Rechtsextreme gibt, dann müssen die entlassen und bestraft werden.

Auch der Opferschutz ist ein schlechter Witz.

Wer davon ausgehen kann, dass seine Anzeige bei der Polizei nicht weiterverfolgt wird, kann vom Staat beim Schutz gegenüber Rechtsextremen nichts erwarten.

Was ich daran krass finde: Es gilt nicht nur für «einfache Bürger:innen».

Gerade ehrenamtliche Abgeordnete in Kommunalparlamenten, Bürgermeister:innen usw. werden im Stich gelassen.

Stattdessen Folgenlosigkeit.

Man ist auf sich selbst angewiesen. Es gibt Organisationen wie HateAid, «die sich für Menschenrechte im digitalen Raum einsetz[en] und sich auf gesellschaftlicher wie politischer Ebene gegen digitale Gewalt und ihre Folgen engagier[en]» (Quelle: https://www.hateaid.org), aber warum machen die das und nicht der Staat?

Ich schweife ab.

Worüber ich eigentlich schreiben will, ist mein Text: «AfD-Wähler sind arm dran. Und schlechte Menschen» (sorry, dass ich damals noch nicht gegendert habe). Monate bevor dieser Text entstand, habe ich wahrgenommen, wie sich die Stimmung in der Öffentlichkeit veränderte. Ich dachte oft: «Hä? Es passiert hier ein Rechtsruck, und der wird weder ausreichend thematisiert noch kritisiert.» Er wird nicht mal richtig benannt. Ich wollte dazu etwas sagen. Ich war schon länger nicht mehr auf Poetry-Slams unterwegs, aber gerade zum Kampf der Künste eingeladen, wo ich die Chance hatte, vor 1800 Leuten aufzutreten. Ich wollte die Laeiszhalle in Hamburg als Forum nutzen. Aus alten Programmteilen und neuen Notizen baute ich meinen Text. Ich erinnere mich noch, dass ich mich an diesem Tag unfassbar schlecht gefühlt und mich selbst gehasst habe. Ich dachte: «Was für ein schlechter Text.» Den Veranstalter bat ich, meinen Auftritt nicht auf Video aufzunehmen. Was ich fabriziert habe, ist zu schlecht. Er registrierte es, hielt sich aber nicht daran. Das erfuhr ich erst später. Zu meinem Unglück wurde ich auch noch auf Startplatz eins gelost. Mit mir traten Patrick Salmen, Felix Lobrecht, Lisa Eckhart und Jan-Philipp Zymny auf, also ein megastarkes Line-up. Für mich war es immer noch wichtig, ins Finale zu kommen. Diesen Ehrgeiz hatte ich immer, aber da ich anfangen sollte, dachte ich: «Ja, dann halt nicht.» Bei dieser krassen Konkurrenz ist es quasi unmöglich, mit der Startnummer eins ins Finale zu kommen. Der Wettbewerb war so aufgebaut, dass es eine Hauptrunde aus fünf Personen gab und dann ein Finale aus zwei Leuten.

Das Leben ist ja selten «entweder oder», oft «weder noch» und fast immer «sowohl als auch». Das war jetzt ein bisschen schnell, aber es stimmt.

Was ich am menschlichen Dasein so faszinierend finde, ist, dass in mir so viel gleichzeitig stattfinden kann. Ich kann zum Beispiel ernsthaft mit meinem Besuch über ein politisches Thema diskutieren und im nächsten Moment denken: Gleich hol ich mir einen runter.
Wisst ihr, was ich meine? Ist das nur bei mir so? Es stimmt oft beides.

Es gibt Menschen, die können perfekt Geige spielen, das ist total fein, das ist das Ergebnis von jahrzehntelangem Proben, aber selbst in deren Körper melden sich irgendwann die Triebe:
Und dann geht man kacken.

Das ist das Spannungsfeld des menschlichen Seins. Richtig gut Geige spielen und kacken.
Und die wenigsten Menschen können gut Geige spielen.

Diese Spannungsfelder gibt es überall.
In Europa gibt es zwei konkurrierende Wertesysteme.
Den Kapitalismus und den Humanismus. Im Schnitt besteht Europa aus humanistischen Kapitalisten. Was bedeutet humanistischer Kapitalismus?
Humanistischer Kapitalismus bedeutet:
Wir beuten andere aus, fühlen uns aber schlecht dabei.
Wir erschießen keine Menschen an den Außengrenzen, weil das unmenschlich ist.
Wir lassen sie ertrinken.
Wir glauben, dass Mord schlecht ist, Töten durch unterlassene Hilfeleistung aber gut.

Jetzt ist die Haltung der AfD, Menschen an den Grenzen nicht nur passiv ertrinken zu lassen, wie das bereits seit Jahren gute europäische Tradition ist, sondern sie auch aktiv zu erschießen.

Und das ist dann das Spannungsfeld, in dem sich AfD-Anhänger bewegen: Einerseits sind sie arm dran, andererseits aber auch schlechte Menschen.

Die Tragik an den Rechten ist, dass sie ja recht haben mit der Aussage, dass das System ungerecht ist. Die Wut der Rechten ist angebracht.
Aber die Analyse ist falsch.

Rechte Logik geht so: Oh, mir geht's nicht gut. Hmmm. Wer könnte verantwortlich sein, dass es mir nicht gut geht? Ahh. Vermutlich die Leute, die gerade erst kommen!

Das eine ist die berechtigte Wut über Ungerechtigkeit. Das andere ist Rassismus. Die AfD vermischt einfach beides, und fertig ist die gefährliche Ideologie. Statt das eine Problem zu lösen, konstruiert die AfD einfach ein anderes. Brillant.

Ich sehe was, was du nicht siehst, und das ist die Islamisierung des Abendlands.

Die AfD erzählt, dass der Islam an allem schuld ist.
Als aufgeklärter Mensch weiß ich, dass nicht der Islam an allem schuld ist.
Sondern die katholische Kirche.
Es wäre zu schön, wenn man diese einfachen Wahrheiten glauben könnte.

Aufklärung bedeutet, sich die Fakten anzugucken und dementsprechend die Geschichte zu erzählen. Fanatismus bedeutet, sich eine Geschichte auszudenken und alle Fakten der Geschichte anzupassen. Alle Widersprüche sind als Belege für die Manipulationsmacht des Gegners zu sehen.

Dabei gibt es für die Angst ja keine Belege. Nehmen wir als extremstes Beispiel den Terrorismus: Man muss ja nur mal einen Blick in Mordstatistiken werfen, um herauszufinden, dass die meisten Menschen gar nicht von Terroristen umgebracht werden, sondern von ihren Bekannten. Die allerwenigsten Menschen werden überhaupt ermordet, aber die meisten Opfer kannten ihren Mörder schon. Fast die Hälfte aller Morde sind sogar Beziehungstaten. Einer der wenigen Vorteile am Single-Dasein.

Der Aufklärer sagt: Die Fakten sprechen dafür, dass ihr keine Angst vor Fremden haben braucht. Habt lieber Angst vor eurer eigenen Familie!
Der Fanatiker entgegnet: Diese Fakten entsprechen nicht meinem Gefühl.
(Den Rest kann ich nicht abdrucken, da der letzte Baustein auf einem Text des britischen Komikers Stewart Lee beruht. Dummerweise hatte ich ausgerechnet bei diesem Auftritt vergessen, darauf hinzuweisen, woraufhin sich Lees Management bei mir meldete. Tschuldigung noch mal an dieser Stelle.)

Skurrilerweise habe ich mit diesem Text den zweiten Platz gemacht, bin somit ins Finale gekommen und habe dann auch den ganzen Slam gewonnen. Im Publikum damals saß auch Olaf Scholz mit seiner Frau, damals noch Bürgermeister der Stadt Hamburg. Ich bin mit dem Ergebnis und der ganzen Situation überhaupt nicht klargekommen. Überwältigt von meinen Gefühlen, habe ich versucht, sie zu betäuben. Ich habe getrunken. Zu viel. Das war problematisch, weil ich am nächsten Tag für einen weiteren Auftritt nach Wien fliegen musste.

Ich gebe es nicht gerne zu: Den Flieger habe ich verpasst. Ich saß völlig verkatert vorm Hamburger Flughafen-Terminal, nachdem ich es noch geschafft hatte, mir einen Ersatzflug zu buchen. Natürlich nicht mehr direkt, sondern über Frankfurt. Im Nachhinein interpretiere ich das ein bisschen als Borderline-Verhalten. Ganz ehrlich, ich war so betrunken, dass mir am nächsten Tag ein Freund erzählte, er habe am Abend noch bei mir zu Hause Sturm geklingelt, aber ich hatte nichts mehr mitgekriegt.

Ein paar Wochen später traf ich den Veranstalter des Abends wieder, und er verriet mir, dass er meinen Auftritt doch aufgezeichnet hatte. Er wollte wissen, ob er das Video nicht doch noch veröffentlichen könne. Ich habe gezögert. Ich wollte, dass er es mir erst noch mal zuschickt, damit ich es mir ansehen kann. Das war dann schon im Sommer. Dann guckte ich es mir an und dachte: «Hm, komisch, ist ja gar nicht so schlecht, wie ich es selbst empfunden habe.» Anschließend habe ich es noch Arne gezeigt, und er meinte, dass es richtig gut sei. Ich habe dem Veranstalter also die Erlaubnis gegeben, das Video doch zu veröffentlichen. Irgendwie haben das dann Redakteur:innen der VICE gesehen und dazu geschrieben: «Dieser Poetry-Slammer zerlegt die AfD besser als Jennifer Rostock», diesen Artikel hat dann Palina Rojinski geteilt, und daraufhin ging das richtig viral. Ich weiß noch, dass das alles unfassbar intensiv für mich war. In meiner Karriere gab es, wie beim Abfeuern einer Rakete, verschiedene Zündstufen, und dieses Video war definitiv die krasseste. Einerseits bekam ich dadurch viel Lob und Anerkennung, andererseits Gewalt- und Morddrohungen.

Ich würde lügen, wenn ich sagte, dass ich keine Angst habe.

Auch deshalb ist mir meine Kapuze so wichtig. Auf der Straße sollen Nazis mich nicht erkennen können.

Laut werden gegen Nazis ja, aber dafür Gewalt erfahren, nein danke.

TL;DR:
Ich wechsle erstmals von der Bühne in die Politik, upsi.

Der falsche Weg

Zwei Tage im Oktober 2016: Ich erfahre erst, dass ich den Deutschen Kleinkunstpreis gewinne, dann erfahre ich, dass Die PARTEI mich als Berliner Spitzenkandidat zur Bundestagswahl aufstellen will. Über die Nominierung freue ich mich wahnsinnig. Endlich mal Relevanz!

Ich selbst wäre gar nicht auf die Idee gekommen, bei der Bundestagswahl mitzumachen. Ein Mitglied des Berliner Landesverbands fragte mich an. Sie hatte in ihrem Heimatort neben dem Friedhof das PARTEI-Plakat «Hupe, wenn du geil bist» aufgehängt, war also voller guter Ideen, weswegen ich sofort zusagte. Danach hielt ernsthaft der Landesvorstand dazu eine Besprechung ab, und mir wurde das positive Ergebnis mitgeteilt. Daraufhin wurde ich sofort PARTEI-Mitglied und reichte alle Formalia ein.

Durch meinen AfD-Text rückte ich in der Öffentlichkeit irgendwie stärker in die Politik. Ich war schon immer politisch, gegen Nazis und auch schon mal zum Schulsprecher gewählt worden. Warum also nicht versuchen, meine Kunst mit meinen politischen Überzeugungen zu verbinden?

Weil ich weird bin, erschien es logisch, für Die PARTEI Wahlkampf zu machen. Ein Hauptargument für mich war vor allem, dass sie mich machen ließen, was ich wollte. Anarchie in diesem Rahmen gefällt mir, ansonsten bin ich eher Demokrat. Ich entschied mich für ein Video, fünf verschiedene Plakate und dazu, Interviews zu geben, wenn sie denn jemand führen wollte.

Also nur so viel Aufwand, wie es mir Spaß macht, und ohne Druck.

Zielgruppe für meine Kampagne: Nichtwähler. (2017 war ich noch nicht so woke und habe nicht gegendert, sorry.)

«Wir geben der Krise ein Gesicht.»

«Nichtwähler wählen.»

«Die Hoffnung stirbt zuletzt. Aber sie stirbt.»

«Weil ich mir egal bin.»

«Ich weiß nicht, wen ich wählen soll.»

Wie ich auf diese Zielgruppe kam? Aus Bequemlichkeit. Personen, die sich bereits auf etwas festgelegt haben, von etwas anderem zu überzeugen, erschien mir viel zu anstrengend. Nichtwählende waren meinem Weltbild am nächsten. Noch dazu war die Gruppe mit damals circa 18 Millionen extrem groß. Lieber mache ich eine Sache für 18 Millionen als 18 Millionen Sachen für eine Person. Und wenn diese eine Sache eben richtig gut wird, braucht man auch nicht mehr machen, sondern kann sie für sich stehen lassen. Nenn es Faulheit oder Strategie, es ist mir egal, so funktioniert es für mich. Zwar bin ich selbst, seit ich wählen darf, nie Nichtwähler gewesen - zumindest nicht absichtlich -, doch fiel es mir einigermaßen leicht, mich in sie hineinzuversetzen, denke ich zumindest.

Was am Wählen nervt, ist, dass es Aktion erfordert. Man muss sich informieren, dafür also etwas lesen, hören oder Gespräche führen, und dann muss man auch noch aufstehen und ins Wahllokal gehen. Für mich als Passivisten eine absolute Horrorvorstellung. Wäre mein politisches Interesse nicht so stark, würde ich mir den Stress auch nicht geben. Deshalb ließ ich mich für den Wahlwerbespot im Bett filmen und las meinen Text von einem Blatt Papier ab:

Hallo, ich bin Nico Semsrott, und hier lieg ich richtig.
Von Beruf bin ich Demotivationstrainer, und deshalb kandidiere ich für die Partei Die PARTEI.
Deutschland wird von einer Gruppe dominiert, die von allen Parteien totgeschwiegen wird:
Den Nichtwählern.
Würden die Nichtwähler im Parlament vertreten sein, hätten sie mehr Abgeordnete als die CDU.
Fast 18 Millionen Menschen in Deutschland sind Nichtwähler.
Und doch haben sie seit dem 2. Weltkrieg jedes Mal den Einzug in den Bundestag verpasst.
Ein Skandal.
Die PARTEI ist die einzige Partei, die sich glaubhaft für die Interessen der Nichtwähler einsetzt.

Liebe Nichtwähler.
Wenn's euch egal ist, wer im Bundestag sitzt, wäre es dann nicht schön, von jemandem vertreten zu werden, dem's egal ist, dass er im Bundestag sitzt?
Je mehr Nichtwähler für Die PARTEI stimmen, desto höher ist die Wahlbeteiligung und desto wahrscheinlicher ist es, dass AfD und FDP den Einzug in den Bundestag verpassen.
Und mit ein bisschen Glück sogar die SPD.
Falls wir dieses Ziel nicht erreichen sollten, trete ich zurück.
Selbst, wenn ich dafür aufstehen muss.
Ich hatte auch überlegt, noch 'ne Bewegung zu gründen, aber ich bin gegen Bewegung.

Ich wollte signalisieren, dass es auch mit minimalem Aufwand geht. Mir erscheint das bis heute logisch. Den Einzug in den Bundestag haben wir verpasst. Hätten wir alle Stimmen der Nichtwählenden bekommen, wäre die Fraktion von Die PARTEI größer gewesen als die der CDU / CSU. Ein Traum - ein geplatzter.

Die PARTEI ist nicht die Lösung für irgendetwas, ich habe nur gedacht, wenn man Nichtwähler:in ist, sollte man lieber Die PARTEI wählen als gar keine Partei, weil es wichtig ist, die Wahlbeteiligung zu erhöhen, damit dann entsprechend Parteien wie die AfD, FDP oder SPD weniger Stimmenanteile bekommen und dadurch weniger Sitze und somit auch weniger Parteifinanzierung. Das Satireprojekt Die PARTEI von Martin Sonneborn erschien mir da unterstützenswerter. Hier weiß man wenigstens, dass das Geld in Bier investiert wird. Martin hatte ich, bevor ich Mitglied wurde, schon mal während eines Praktikums beim Zeitzünder interviewt. Den Text habe ich nicht mehr. Ich fand Martin gut. Irgendwann sah ich ihn in Berlin noch mal am Savignyplatz. Ich trug eine Titanic-Uhr, auf der die Ziffern völlig falsch angeordnet waren und deren Zeiger gegen den Uhrzeigersinn liefen. Die Uhr fand ich auch megagut. Also bin ich zu Martin und sprach ihn an: «Entschuldigung, Herr Sonneborn.» Ich zeigte auf meine Uhr und fragte ihn, wie spät es ist. Seine Antwort: «Ich habe nie behauptet, dass ich die Uhr lesen kann.» Meine dritte Begegnung mit ihm war in Hamburg. Da war ich mit Arne im Kino, um einen Film von Martin zu sehen, in dem er einmal um Berlin rumläuft und Fragen entgegennimmt. Ich habe ihm auch eine Frage gestellt, und er hat damals immer typisch geantwortet: «Ich bedanke mich für diese Frage und werde eine andere beantworten.» Ich glaube, dass er meine Frage somit nicht beantwortet hatte.

Als PARTEI-Mitglied sah ich ihn erst irgendwann während des Bundestagswahlkampfes wieder. Es war im PARTEI-Büro in Kreuzberg. Ich ging da öfter vorbei, weil ich zu diesem Zeitpunkt auf dem Kiez untergebracht war. Skurrilerweise verpasste ich damals die Hauptpressekonferenz, die sie damals im Bundestagswahlkampf mit Serdar Somuncu, Shahak Shapira und anderen Nasen gegeben haben. Ich war im Urlaub.

Der Wahlkampf hatte mir mehr Spaß bereitet, als ich es hätte ahnen können. Spaß zu haben, passt ohnehin nicht in mein Konzept, dementsprechend war die Überraschung groß. Im Nachhinein war es für mich wahrscheinlich schön, aus dem Touralltag ausbrechen zu können und trotzdem positives Feedback zu erhalten. Statt Applaus gab es in der Zeit Kommentare und Direktnachrichten. Mein Methadon für den echten Rausch nach einem Live-Auftritt. Gerne wieder, deshalb ging ich auch am Abend der Bundestagswahl im September 2017 auf Martin zu und fragte, ob es für die Europawahl 2019 schon einen zweiten Listenplatz gäbe. Er meinte «Nö» und dass wir dann ja noch mal sprechen könnten. Im Nachhinein echt peinlich. Eine männliche Doppelspitze. Das würde ich nie wieder machen.

TL;DR:

Ich will immer weg, musste aber feststellen, dass nicht die Orte, sondern ich das Problem bin und ich leider nicht vor mir selbst wegrennen kann.

Bloß weg hier

Mit der Aussicht, 2018/19 noch mal Wahlkampf machen zu können und so möglicherweise erneut aus meinem Leben abzuhauen, ging ich nach der verlorenen Bundestagswahl wieder auf Tour, brachte den «Kalender des Scheiterns 1» heraus und machte eine zweite Auflage meiner Unglückskekse mit Sprüchen wie «Beginne den Tag mit einem Lächeln, dann hast du's hinter dir». Ich beschäftigte mich. Hauptsache, kein Stillstand. Hauptsache, weg. Hauptsache, neu. Ich glaubte: Irgendwo muss es schön sein. Irgendwo muss es besser sein. Irgendwo muss es interessanter sein. Irgendwo muss es Sinn geben. Wie kann ich die Leere füllen? Lange kam ich nicht auf die Idee, mich selbst zu fragen, woher eigentlich diese Leere kam, und beschäftigte mich nur damit, wohin sie endlich verschwinden würde.

Im Prinzip war Flucht seit meiner Kindheit mein Herzenswunsch, eine meiner Haupttriebfedern. Elternhaus? Bloß weg hier. Schule? Bloß weg hier! Tourort XY? Bloß weg hier. Ich blieb nirgendwo, wollte immer bloß woandershin. Nur wohin? Es ist die Geschichte meines Lebens: Ich will hier nicht sein. Ich bin noch immer dabei, mithilfe von Therapie herauszufinden, warum das so ist und was ich dagegen tun kann. Es ist nicht angenehm, immer wieder irgendwo hinzugehen und dann da nicht sein zu wollen. Es ergibt keinen Sinn, und es nervt. Vielleicht ist es weniger ein «Ich will hier nicht sein» als mehr ein

«Ich will nicht sein». Doch zum damaligen Zeitpunkt war ich noch nicht so reflektiert und bereit, dieses Problem anzugehen. Ich wusste nur: Auf jeden Fall wollte ich weg. Weg aus meinem alten Leben, rein in ein neues.

Natürlich wollte ich auch nach kürzester Zeit aus dem EU-Parlament einfach wieder weg, aber so weit dachte ich vor der Wahl noch gar nicht. Dazu muss ich erwähnen, dass ich in Brüssel erstmals nicht wegrannte. Ich blieb, einerseits, weil ich keine Kraft mehr hatte für ein erneutes Weglaufen, und andererseits, weil meine Therapeutin meinte, ich solle lernen, Konflikte dort zu lösen, wo sie entstünden. Brüssel ist somit für mich ein einziges Konfliktfeld. Vorher dachte ich, als Abgeordneter würde ich einfach nur einen Bühnenwechsel vollziehen. Von Theaterhäusern ins eigene Büro und in den Plenarsaal, um im Internet zu senden. Ich glaubte, im Europäischen Parlament könnte ich eine größere Reichweite erlangen, um das zu zeigen, wovor andere für meinen Geschmack viel zu oft die Augen verschließen.

Doch um das zu erreichen, musste ich erst mal in Deutschland senden, und wenn das klappte, dann immerhin erst mal wieder weg davon. Weg von der Bühne, weg aus Deutschland, weg vom Tourleben, weg vom Jetzt.

Ich war bereit für etwas Neues.

TL;DR:
Der zweite Anfang meines politischen Endes.

Der Tragödie erster Teil

Als Martin und ich uns Anfang des Jahres 2019 zum ersten Mal trafen, um den Europawahlkampf zu skizzieren, gab es noch keine Corona-Pandemie, keinen Ukraine-Krieg und keine nennenswerte Inflation. Alles, was die Leute bedrückte, waren Klimakrise, Rechtsruck, das Sterben im Mittelmeer und der Brexit. Es waren leichtere Zeiten. Wir trafen uns ein, zwei Mal in größerer Runde, um ein paar Grundsatzentscheidungen zu treffen, den Europawahlkampf selbst wollten wir aber in Mini-Teams ausführen.

Martin Sonneborn machte sein Ding, ich meines und die Ortsverbände ihres. Nur in der Außenwahrnehmung mag es so ausgesehen haben, als sei das, was wir da taten, (halbwegs) koordiniert gewesen. Ich selbst weiß nicht, ob es eine zentrale Steuerung des Wahlkampfs gab, wenn ja, blieb sie mir verborgen. Die Absprachen waren eher lose und selten. Ich erfuhr zum Beispiel erst einen Tag nach der Deadline, dass ich meine Plakatvorschläge hätte einreichen müssen. Ich war zwar einer der wenigen bekannten Kandidat:innen im gesamten Bewerber:innenfeld zur Europawahl, dafür aber durch diese interne Kommunikationspanne einer ohne Plakate. Auch egal. Online first!

Ich verglich Die PARTEI in dem Zeitraum spaßeshalber mit einer lasch geführten Terrororganisation. Jede Terrorzelle machte ihren eigenen Kram. Im Gegensatz zu einer herkömmlichen Organisation waren wir dabei aber ziemlich unideologisch, und was das Ziel sein sollte, definierte, seien wir mal ehrlich, jede:r für sich. Es war und ist nur zum Teil professionell und sonst ziemlich anarchisch. Natürlich gab es so eine Art Wahlprogramm, aber es ist nicht ausführlich, und wer was entschieden hat, war mir am Ende auch egal. Es war ein Spiel. Und das machte es so schön.

Vermutlich ist das für viele Engagierte innerhalb von Die PARTEI anders, aber für mich ist Die PARTEI einfach eine Plattform, eine Bühne gewesen, die ich nutzte. Diese Organisation hält sich an alle Formalia, die nach dem deutschen Parteiengesetz einzuhalten sind, aber im restlichen Teil tut sie nur so, als wäre sie eine Partei.

Das, was wir da verbreiteten, passte oft überhaupt nicht zusammen, aber das ist für eine kleine Satirepartei egal. Hauptsache, der Joke ist gut. (Wobei selbst das bei Die PARTEI oft egal ist.)

Meine Idee war es, mich als Vizekandidaten zu etablieren und den US-amerikanischen Wahlkampf ein bisschen zu imitieren, indem wir deutlich erkennbar als Doppelspitze antreten würden. Nicht Die PARTEI wird gewählt. Sondern Martin Sonneborn und Nico Semsrott. Auf dem PARTEI-Tag stellte ich mich entsprechend vor:

Hiermit bewerbe ich mich kurz bei Die PARTEI um den Vorsitz der Europäischen Kommission.

Als Demotivationstrainer tue ich dies höchstens aus halber Überzeugung, und ich möchte auch sagen, warum.

Überall in Europa wird über innere Sicherheit geredet und innere Sicherheit vorgelebt.

Ich möchte hier meinen Gegenentwurf der inneren Unsicherheit vorlegen ... weiß aber auch nicht, ob das so gut ist.

Das Leben ist ambivalent. Viele Haltungen können stimmen, aber Nazis sind immer scheiße.

Wir müssen immer bedenken: Wenn wir nicht antreten, spielt das alles denen in die Hände. Wenn wir es tun, auch! Wenn man genau überlegt: Alles spielt denen in die Hände.

Man weiß es nicht. Sicher ist:

Europa steckt in einer tiefen Krise. Ich auch.

Deswegen identifiziere ich mich mit Europa.

Im letzten Bundestagswahlkampf hieß es auf ein paar Groß-plakaten in Berlin:

Wir geben der Krise ein Gesicht. Die PARTEI.

Das Gesicht war meins.

Eine Journalistin fragte mich damals: Welche Krise? Und ich antwortete: Welche Krise denn nicht?

Die Europäische Union, die Parteien, die ganze Demokratie befindet sich in einer Krise.

Die PARTEI ist eventuell die Antwort darauf, wahrscheinlich aber nicht.

Und trotzdem: Wenn es Die PARTEI nicht gäbe, gäbe es niemanden in der Mitte, denn alle Parteien sind rechts. Die PARTEI kann als die Partei der radikalen Mitte das schwarze Loch der Leere füllen, das die anderen hinterlassen haben.

Wenn Europa scheitert, will ich live dabei sein.

Als Kommissionspräsident werde ich zusammen mit Martin Europa regieren. ·

Vielen Dank.

Es war Martins Idee, die ersten zehn Listenplätze von Die PARTEI nach Nachnamen mit Kriegsbezug auszusuchen. Passt nicht zusammen, wird aber trotzdem zusammengewürfelt. Mir war und ist das zum Teil peinlich, es ist auch nicht mein Humor, aber ich bekam dafür wenigstens die Freiheit, meinen Kram autonom zu machen. War das mein erster politischer Deal?

Meiner Meinung nach funktioniert Die PARTEI überhaupt nur so. Auch für alle anderen, die irgendwie irgendwo bei Die PARTEI mitmachen. Man kann sich als Kleingruppe so einbringen, wie man will. Oder eben nicht.

Die künstlerische Freiheit steht über den Inhalten.

Um überhaupt eine Chance auf Stimmen zu bekommen, musste ich erst mal, und das weiß jede:r mit BWL-Background, meine Zielgruppe bestimmen. Mein improvisiertes Mini-Team und ich stellten uns die Frage, wer überhaupt die Wähler:innen von Die PARTEI waren. Die Datenlage war sehr dünn, bei so einer kleinen Wähler:innenschaft gab es wenig Forschung. Wir tappten im Dunkeln und rieten einfach. Wir tippten in erster Linie auf die jüngere Zielgruppe, auf die Erstwähler:innen, Student:innen und setzten ganz auf Online. Meinen einzigen TV-Auftritt in der heißen Wahlkampfphase einen Monat vor der Wahl absolvierte ich in der Schweizer Late-Night-Sendung «Deville», ein bewusster Fehler, um zu zeigen, dass das Fernsehen für uns keine Relevanz hatte. Na ja, fast.

Unser Plan war es, den besten Wahlkampf aller deutschen Parteien zu machen. Die Herausforderung war nicht so groß, denn eigentlich findet ein Wahlkampf bei Europawahlen kaum statt. In einer Runde diskutierten wir, wer als Gegner:in herhalten könnte. Wir waren uns einig: Manfred Weber von der CSU, den Spitzenkandidaten der Europäischen Volkspartei, kennt niemand. Keine Angriffsfläche. Selbst Jörg Meuthen als damaliger AfD-Sprecher war zu unbekannt. Weil das politische Personal so eine gesichtslose Massenware war, noch immer ist und man nix mit ihnen verbindet, mussten wir uns als Satirepartei stärker auf Inhalte konzentrieren. Was für eine Ironie.

Das Antreten für eine Satirepartei war für mich vor allem Freiheit zum Experiment. Also zum Spielen: Was, wenn wir es so ernst nehmen würden wie niemand anderes? Was, wenn wir im Europawahlkampf einfach einen Wahlwerbespot an Sea-Watch verschenken und ein Kind beim Ertrinken zeigen würden? Das ist das Gegenteil von lustig. Es ist die Realität. Und das ist eben dann die Kunst: Unabhängig von eigenen Karrierezielen kompromisslos und radikal für bestimmte Ideen werben. Hier zum Beispiel: Menschen nicht mit Absicht ertrinken lassen.

Insgesamt produzierten Martin und ich drei Wahlwerbespots. Jeder einen für sich und eben den Sea-Watch-Clip. Die Idee meines Kurzfilms war, radikal zu zeigen, was passiert, wenn man nicht zur Wahl geht.

Hallo. Ich bin Nico Semsrott, und das ist ein Letztwähler.
Dieser alte, weiße Mann ist so gut wie tot, aber immer noch wahlberechtigt.
Wie fast fünf Millionen andere Letztwähler in Deutschland entscheidet er über eine Zukunft, die er selbst nicht mehr erleben wird.
Mit einem Durchschnittsalter von 44 ist Europa das Altenheim der Welt.
Jeder dritte Wahlberechtigte in Deutschland ist über 60.
– Die sollen lieber zur Schule gehen und nicht auf der Straße rumlungern!
– Ab ins Gefängnis mit denen!
Viele dieser Menschen sind für die Abschottung Europas, sexistische Rollenbilder und veraltete Werte.
Oder kurz: für das Wahlprogramm der CDU.
Herr Hansen hat gerade gewählt. Die Konsequenzen tragen junge, dynamische Menschen wie wir.
Darum fordern wir von der Partei «Die PARTEI» die Einführung des Höchstwahlalters.
Wenn die Menschen in den ersten 18 Lebensjahren nicht wählen dürfen, sollten sie auch in den letzten 18 Lebensjahren nicht wählen.
Darum wählt bis zum 26. Mai «Die PARTEI».
Solange es noch geht.

Ich hatte keine Lust, eine Leichtigkeit vorzugaukeln, die einfach nicht da ist.

Es gibt so viel Verwirrung, da braucht es nicht mit Satire noch mehr Verwirrung. Es braucht Klarheit. Satire arbeitet oft mit dem Mittel der Übertreibung. Vieles ist hier so absurd und krass, dass es einfach nur genau so gezeigt werden muss. Und dann kann man es trotzdem kaum glauben. Warum sollte ich da also noch übertreiben?

Allerdings: Bei Die PARTEI gab und gibt es keine Strategie für die Zukunft (meiner Meinung nach). Will man das nur einmal spielen wie der ehemalige Bürgermeister von Reykjavík Jón Gnarr oder verliert man sich in seinem eigenen Gag? Martins ursprünglicher Plan bei seinem ersten Einzug ins Parlament war ja auch nicht, zehn Jahre als Abgeordneter zu fungieren, sondern das Mandat immer weiterzugeben, was die Verwaltung des Europäischen Parlaments letztlich verhindert hat.

Die Wahlwerbespots waren jedenfalls ein voller Erfolg. Unter anderem, weil wir den Überraschungseffekt auf die Spitze getrieben hatten. Erwartungen zu enttäuschen, darin war ich schon immer gut, und diese Erfahrung darin kam mir hier zugute. Genauso wie meine Bühnenerfahrung. Ein weiterer Plan war es, wieder nach US-amerikanischem Vorbild eine Show zu produzieren. Dafür mieteten wir die Volksbühne in Berlin und ließen unsere Reden von einer professionellen Produktionsfirma aufnehmen. Wir bezogen das Publikum mit ein und gaben ihnen Schilder mit unseren Namen und unseren Wahlsprüchen «Besser als nix» und «Für Europa reicht's», ließen uns bejubeln und feiern. Ich verkündete direkt zu Beginn der Show:

Mein Name ist Nico Semsrott, und ich will der nächste europäische Kommissionspräsident werden.
Die Europäische Union steckt in einer tiefen Krise. Ich auch.
Nennt mir einen Politiker, der die Stimmung auf diesem Kontinent glaubhafter verkörpert als ich!
Ins nächste Europaparlament werden wohl mehr als 100 Rechtsextreme einziehen.

Nazis im Europaparlament:

Also Menschen, die zusammenarbeiten, damit sie gegen-
einander sein können. Bescheuert.

Viele sagen, die Zeiten sind zu ernst, um Die PARTEI zu
wählen. Meine Meinung ist eher, sie sind zu ernst, um Leute
zu wählen, denen Rechtsextremismus entweder egal ist (SPD)
oder denen Rechtsextremismus sogar ganz gut in den Kram
passt (CDU / CSU, FDP).

Die CDU / CSU sitzt im EU-Parlament mit der überzeugten
Faschistin Mussolini in einer Fraktion (ja, sie ist die Enkelin),
deckt Orbán beim Demokratieabbau, und die österreichischen
Konservativen regieren mit Rechtsextremen zusammen.

Ich persönlich glaube, das Leben ist ambivalent, viele Hal-
tungen können stimmen, aber Nazis sind immer scheiße.

Mein Motto: Selbsthass statt Fremdenhass.

Ich weiß jetzt nicht, warum ihr an Europa glaubt, ob ihr
jetzt ganz persönlich Anhänger des europäischen Binnen-
markts seid, Fans der Agrarsubventionen oder des Lissabonner
Vertrags, aber ich bin mir sicher, ihr glaubt an Europa.

Ich behaupte: Wir alle in diesem Raum glauben an die Exis-
tenz Europas, denn wenn wir auf unserem Smartphone aus
Asien den Kartenanbieter aus Amerika befragen, wird uns als
Standort Europa angezeigt!

Und das ist doch in einer orientierungslosen Zeit schon mal
recht viel. Wir kennen unseren Standort, und der heißt Europa!

Abgesehen davon ist es schwer, die Orientierung zu behal-
ten. Was ist Realität? Was ist Fiktion? Was ist Politik? Was ist
Satire?

In einem Monat ist Europawahl. Laut einer aktuellen
Umfrage kennen 74 Prozent aller Deutschen den Spitzenkan-
didaten der Union nicht. Da frage ich mich auch, soll das ein
Witz sein, oder ...? Jede Klassensprecherwahl elektrisiert mehr
Menschen als die Europawahl.

In einer schöneren Parallelwelt bräuchte es keine Partei wie unsere. Wir hätten Politiker, die sich mit etwas auskennen, die sich mit den klügsten Köpfen unserer Gesellschaft umgeben, die sich von besseren Argumenten überzeugen ließen, wir hätten Politiker, die begeistern, die uns Geschichten erzählen und Hoffnung machen.

Stattdessen haben wir Christian Lindner.

Wenn Leute wie Christian Lindner Politiker sind, was soll man da als Satiriker noch oben drauflegen? Wir werden oft gefragt: «Was darf Satire?», und ich finde, das ist eine wichtige Frage! Die Frage, die zu wenig gestellt wird, lautet aber: Was darf Politik? Ich jedenfalls finde es falsch, dass Politiker immer häufiger Satire machen. An Christian Lindner: Satire sollte man den Profis überlassen!

Leider hält sich die Politik nicht dran. Vieles von dem, was Die PARTEI in den letzten Jahren versprochen hat, haben die anderen Parteien bereits umgesetzt: «Inhalte überwinden» zum Beispiel wurde von Parteien wie CDU und SPD bis zur Perfektion betrieben. Die sehr alte Forderung von Die PARTEI, eine Mauer zu bauen, wird mittlerweile von Rechtsextremen und Konservativen bis hin zur SPD vertreten. Und selbst das Motto «Ja zu Europa, nein zu Europa» wurde von Großbritannien beim Brexit in wirklich beeindruckender Form umgesetzt.

Daraus ergibt sich für Die PARTEI also eine große Verantwortung. Wir müssen uns gut überlegen, was wir versprechen, weil das erfahrungsgemäß in 10 Jahren Realität sein wird.

Mein ehrgeiziger 2-Punkte-Plan umfasst deshalb:

1. Wir müssen in Europa die Demokratie einführen. Notfalls gegen den Willen der Bürgerinnen und Bürger. Das beinhaltet nicht nur ein Initiativrecht für das Europäische Parlament und die Möglichkeit, eine europäische Regierung zu wählen, sondern das bedeutet auch Austrittsverhandlungen mit den beiden Ländern Österreich-Ungarn. Und Polen. Und Italien. Und Sachsen.

Punkt 2. Klimawandelleugnung unter Strafe stellen. Wer

den Klimawandel leugnet, sollte mit der Höchststrafe belegt werden: Führerscheinentzug!

Ich weiß, dass es eher unwahrscheinlich ist, dass sich die 28 Regierungschefs für mich als Kommissionspräsidenten entscheiden werden. Aber wer hätte vor fünf Jahren gesagt, dass Trump es ins Weiße Haus schafft? Nichts ist in diesen Zeiten garantiert, und nur für den Fall, dass sie sich nicht auf einen anderen Kandidaten einigen können, liege ich bereit!

Falls das wider Erwarten nicht klappen sollte, bleibe ich im Parlament sitzen als Mahnmal für die vergessene Jugend Europas. Das werde ich übrigens auch weiterhin in diesem Kapuzenpulli tun. Das Europaparlament hat mir auf Nachfrage bestätigt, dass es dort keine Kleiderordnung gibt. Das ist also alles schon geklärt.

So möchte ich auch zum Abschluss meiner Bewerbungsrede kommen:

Alle sagten, das geht nicht, dann kam einer, der wusste das nicht, hat's probiert. Und es ging nicht.

Vielen Dank.

Die Produktion der Show war krass. Ich muss zugeben, irgendwann während des Wahlkampfes befand ich mich doch recht nah am Burn-out. Dazu möchte ich anmerken, dass ich aber auch manchmal sehr sensibel bin.

Natürlich fanden nicht alle potenziellen Wähler:innen gut, was ich machte. Irgendwer kritisierte meinen letzten Auftritt bei der heute-show im ZDF als Wahlkampfhilfe.

Die immer gleichen Fragen «Was darf Satire?», «Ist eine Satirepartei wählbar?», «Meinst du das ernst?» langweilten mich schnell. Ganz anders als die Frage: «Komme ich am Ende wirklich rein?» Ich begann, eine Liste zu führen. Täglich trug ich ein, was mein Bauchgefühl mir sagte. Manchmal war ich mir sicher, ein anderes Mal hatte ich Zweifel - alles andere hätte mich auch gewundert – aber vor allem in den letzten Wochen vor der Wahl trug ich immer wieder ein, dass ich glaubte, es wirklich schaffen zu können. Mitverantwortlich für dieses Gefühl war auch die Aufmerksamkeit, die ich bekam, als ich die Urheberrechtspartei CDU auf (damals) Twitter (heute X – fick dich, Elon Musk!) bei den Öffentlich-Rechtlichen verpetzte.

Die CDU / CSU musste ihre Videos entfernen. Das war das Selbstwirksamkeitsgefühl, auf das ich die ganze Zeit Bock hatte und von dem ich glaubte, dass ich es als Europaabgeordneter ständig haben könnte. Was war ich naiv. Trotzdem, es herrschte Anfangseuphorie bei mir und auf allen Seiten. Zu Beginn lief vieles richtig gut, ich durfte sogar bei meinem Beruf auf dem Wahlzettel «Demotivationstrainer» angeben. LOL.

Am 26. Mai 2019 war Wahltag. Die PARTEI hatte den Berliner Club SO36 angemietet, der am Abend aus allen Nähten platzte. Es waren überall Menschen, und mir war das zu viel, weswegen ich mich einen Großteil der Zeit im Backstageraum versteckte. Dann kamen langsam die ersten Hochrechnungen, und für Die PARTEI sah es nicht schlecht aus. Eher zu gut. Zwischendurch ergaben die Rechnungen, dass wir drei Plätze bekommen würden. Sollte das der Fall sein, war klar, hatten wir den Witz zu weit getrieben. Meines Wissens hatte die Kandidatin auf Platz drei nicht wirklich vor, Job und Leben aufzugeben, um eine Politikkarriere in Brüssel zu verfolgen. Wir alle atmeten auf, als das Ergebnis final feststand. 2,4 Prozent – rund 900 000 Wählende hatten Martin und mir ihre Stimme gegeben. Ich war damit drin.

Meine Reaktion: Natürlich abhauen. Ich nahm den ersten Zug nach Brüssel und erreichte das Parlament als Erster. Ich war so früh dran, dass die Mitarbeitenden noch gar nichts vorbereiten konnten. Ich konnte mich noch nicht eintragen, anmelden oder was auch immer und musste als erste Amtshandlung erst mal warten.

TL;DR:
Was war eigentlich die Idee? Eine Erklärung,
damit alle auf dem gleichen Stand sind.

Was mache ich hier?

Ich bin seit dem 26. Mai 2019 Europaabgeordneter – aber warum eigentlich? Mein persönliches Experiment war, Folgendes herauszufinden: Was passiert, wenn ich als Satiriker den Politikbetrieb ernst nehme?

Wenn Künstler:innen ihre Kunst erklären (müssen), ist es im Normalfall vorbei. Aber ich glaube, es macht Sinn, zuerst die Verpackung zu erklären, damit man sich im Anschluss den Inhalten zuwenden kann.

In erster Linie unterscheidet sich ein:e Satirepolitiker:in in der Kommunikation und Darstellung. Fernab der Öffentlichkeit können Satirepolitiker:innen sich genauso verhalten wie «normale» Politiker:innen auch. Sie können in Fraktionssitzungen gehen, in Ausschüsse. Oder eben gar nicht. Hier sind sie in der Wahl ihrer Mittel definitiv freier, es wird von den Wähler:innen ja auch genauso erwartet.

Wäre ich ein herkömmlicher Abgeordneter, wäre ich ein Totalausfall: keine Treffen mit Interessenvertreter:innen, keine Teilnahme an Fraktionssitzungen, wenig Anwesenheit im Büro. Wären alle wie ich, das Parlament würde nicht funktionieren. Und man braucht definitiv kein Dutzend Satiriker, um Kritik zu äußern. Ein oder zwei Leute reichen.

Glücklicherweise bin ich kein herkömmlicher Abgeordneter, und ich wurde auch nicht als solcher ins Parlament gewählt. Wie merkwürdig wäre es gewesen, wenn ich mich in eine Ausschussarbeit hineingekniet hätte und plötzlich in Interviews regelmäßig über die Fangquote des Dorschs in der Ostsee oder die Zukunft der Batterie gepostet hätte?

Meine Aufgabe ist eine andere, und ich darf sie natürlich so definieren, wie ich will. Das ist nun mal die Freiheit des Mandats.

Ich bin in die Politik gegangen, weil Demokratie und Kontrolle nur mit Öffentlichkeit funktionieren. Und in der EU funktioniert Öffentlichkeit ausschließlich über Satire. Man muss dabei aber zwischen freiwilliger und unfreiwilliger Satire unterscheiden. Außerdem will ich, dass sich Menschen freiwillig mit dem auseinandersetzen, was ich tue. Sie reintricksen. Was, wenn ich es so ernst nehme, dass gar nicht mehr klar ist, ob es sich wirklich um Satire handelt? Ich bin ja nicht mal als ich reingewählt worden, sondern als Kunstfigur. Später stellte ich fest, dass mich niemand erkennt, wenn ich ohne Kapuzenpulli durch das Parlament laufe. Selbst meine Fraktionskolleg:innen nicht. Ich lächle ihnen zu und sehe in ihren Gesichtern, wie es dahinter rattert: Hä, wer ist der Weirdo, und warum grüßt er nett? Dazu muss man wissen, dass man sich im Parlament nicht allzu oft grüßt, wenn man sich nicht kennt, denn man weiß nie, ob die andere Person Freund:in oder Feind:in ist.

Ziehe ich meine Kapuze auf, werde ich dagegen um Selfies gebeten. Das ist schon absurd. Ich bin näher dran an Atze Schröder oder Cindy aus Marzahn als an Kevin Kühnert. Trotzdem bin ich, wie die anderen drei auch, ein Außenseiter. Ich habe natürlich eh nie den Eindruck gehabt, dass ich irgendwo reinpasse, und jetzt ist es so: für Politik zu satirisch und für Satire zu politisch.

Ich mag es aber, damit zu spielen. Wenn ich lüge, ist allen klar, dass es gespielt ist. Wenn ein:e CDU-Politiker:in lügt, tut er:sie so, als wäre das die Wahrheit, und viele fallen darauf rein. Das ist schon ein eklatanter Unterschied.

Die Kritik am Andersartigen ist dagegen oft völlig überzogen. Nicht alles, was ihre eigene Macht infrage stellt, ist gleich Demokratieverachtung. Es darf natürlich im Meinungswettbewerb viele unterschiedliche Formen geben. Und nur, weil jemand nicht einer Partei als Organisationsform huldigt, ist er:sie nicht gleich Antidemokrat:in. Es darf Streiks geben, es darf Straßenblockaden geben, es darf Satire als Mittel geben. Warum denn nicht?

Ist Satire schädlich? Ich glaube nicht. Wenn Menschen Satiriker:innen wählen, ist vorher an anderer Stelle etwas kaputtgegangen. Nicht Satiriker:innen sind ursächlich verantwortlich, sondern die Parteien, die an der Macht sind. Ich glaube jedenfalls, dass meine Satire nicht abwertet, sondern eher öffnend wirkt, also ein Thema überhaupt erst behandelbar macht. Ich habe kein Vertrauen in die Politik, deshalb bin ich in eine Satirepartei gegangen und musste dann feststellen: «Krass, ich hab nicht mal Vertrauen in eine Satirepartei.»

Bin ich jetzt der einzige Clown im Parlamentarismus? Nein, schließlich gab es zuvor Martin Sonneborn, aber auch er war nicht der erste. Weltweit gibt es einige Satiriker:innen, die nicht nur Satire und Politik gemacht haben.

1979 gründete der dänische Komiker Jacob Haugaard mit Freund:innen die Partei Sammenslutning af Bedvist Arbeiddssky Elementer, also die Vereinigung der bewusst arbeitsscheuen Elemente. 1994 zog er für den Bezirk Aarhus ins sogenannte Folketing, also das dänische Parlament, ein. Seine Wahlversprechen waren unter anderem besseres Wetter, das Recht auf Impotenz und mehr Brot für Enten in Parks. Bodenständig.

Außerdem gab es noch Marco Pogo in Österreich, Jón Gnarr in Island, Beppe Grillo mit den 5 Sternen in Italien und dann auch noch Wolodymyr Selenskyj in der Ukraine. Irgendwie zu viele Männer. Neben dem XY-Chromosomensatz haben sie alle gemeinsam, dass sie nach einer Runde als Politiker wieder raus waren (noch).

Und jetzt stell dir mal vor, du bist erst Komiker, wirst dann zum Präsidenten gewählt, eh schon absurd genug, und dann kommt Putin, nimmt dein Land ein und du kannst nix für deine Bevölkerung tun, niemand von außen hilft adäquat und du wirst vermutlich sterben. Wenn es einen Platz gibt, an dem ich noch weniger gern wäre als im Europäischen Parlament, dann wäre es an Selenskyjs.

Der Unterschied zwischen Satiriker:innen und Politiker:innen ist, dass es ihnen nicht um Macht oder Geld oder Karriere geht - zumindest ist das meine Unterstellung -, denn all das hatten sie auch vorher. Sobald es aber doch passiert, und Satiriker:innen zum zweiten Mal antreten, wird es unglaubwürdig. Oder eben so, dass sie sich kaum noch vom Rest unterscheiden.

TL;DR:
Die Europäische Union ist ein Staatenbund aus 27 Mitgliedsländern, die versuchen, sich auf eine gemeinsame Gesetzgebung zu einigen.

Was ist die EU?

Hast du schon mal versucht, mit 26 anderen Personen einen Kompromiss zu finden? Das ist der Kern der EU, wenn man es aufs Wesentliche runterbricht. 27 Länder wollen in Bezug auf ihre Gesetze irgendwie zusammenarbeiten. Um das zu steuern, gibt es eine Reihe an Institutionen, darunter den Europäischen Rat, die Europäische Kommission und das Europäische Parlament. Falls du es genau erklärt brauchst und dir das Internet zu weitläufig ist, hier die Erklärungen zu den Institutionen. Einmal in allgemein verständlich und einmal im Vergleich dazu in die Zeit übersetzt, in der sich die Institutionen befinden – dem Mittelalter.

Der Europäische Rat

Eine schöne Gelegenheit für Regierungs- und Staatschef:innen, sich zu einer kleinen Ausflucht aus dem Alltag demokratischer Verantwortlichkeit zu treffen.

Er besteht aus den 27 Staatsoberhäuptern aller Mitgliedsländer und hat bei allen Entscheidungen so ziemlich das letzte Wort. Er tagt unter Ausschluss der Öffentlichkeit, sodass es schwer ist zu sagen, wie und was dort besprochen wird. Er ist eine einzige Blackbox.

Der Hochadel

Die Reichen und Mächtigen (Rat), die sich völlig zu Recht als die «Auserwählten» bezeichnen können. Zusammen entscheiden sie über das Schicksal der Ländereien, die unter ihrer Kontrolle stehen, und über ihre Nachbarn.

Die Europäische Kommission

Die Exekutive der EU. Wobei ihr Oberhaupt nicht wirklich gewählt wird. Und für die Legislative ist sie auch zuständig. Aber keine Sorge, sie wird kontrolliert: vom anderen Teil der Exekutive, dem Europäischen Rat.

Jeder der 27 Mitgliedsstaaten entsendet eine:n Politiker:in, die die Verantwortung für verschiedene Themenbereiche übernehmen. Die Kommissar:innen werden nicht demokratisch gewählt, sondern von ihren Ländern vorgeschlagen. Die Kommission ist die einzige Institution mit einem Initiativrecht und kann somit als einzige Gesetze vorschlagen.

Der Klerus

Der Klerus (Kommission) behauptet, Zugang zu esoterischem Wissen und Heilkräften zu haben, mit denen er Normalsterbliche beeinflusst. Für gewöhnlich ist der Klerus eng verbunden mit und völlig abhängig vom Hochadel.

Das Europäische Parlament

Kulisse für meine Videos mit Drehorten in Brüssel und Straßburg. Auch in Luxemburg befindet sich ein Studio, dort wird aber in der Regel nicht gedreht. Auch andere Hosts (Abgeordnete) benutzen das Parlament für ihre Shows, haben aber meistens deutlich geringere Einschaltquoten.

Das Bauernparlament

Obwohl Bauernparlamente (Europäisches Parlament) nur die Normalsterblichen repräsentieren, von Klerus und Hochadel permanent erniedrigt werden und eher symbolische Macht haben, versuchen sie, die Macht der anderen unter Kontrolle zu halten und sogar Macht für sich selbst zu beanspruchen. Mit friedlichen Methoden hat das so gut wie noch nie geklappt.

Ich selbst bin von 2019 bis 2024 Mitglied des Europäischen Parlaments und kann damit sagen: Das Europäische Parlament ist im Grunde genommen ein einziger Skandal. Es ist kein richtiges Parlament wie der Bundestag. Weil es kein Initiativrecht hat. Das heißt, es darf sich nicht einmal selbst Gesetze ausdenken und wirklich bestimmen. Es muss die Kommission immer fragen: «Wollt ihr nicht dazu vielleicht etwas auf den Weg bringen?» Wenn die Kommission keine Lust hat, war es das.

Es ist eher ein symbolischer Ort: «Guckt mal, wir sitzen hier alle zusammen, und statt Krieg zu führen, haben wir uns auf einen megakomplizierten und unerträglich langweiligen Prozess geeinigt.»

Es gibt Momente, in denen ich in einem stickigen Raum sitze und denke: «Dann lieber Krieg.»

Das Europäische Parlament ist so schwach designt worden, es darf sich nicht einmal seinen eigenen Sitzungsort aussuchen. Die 705 Abgeordneten sind dafür, nur einen Sitz zu haben. Der Rat, in dem zu diesem Zeitpunkt der französische Präsident Macron Mitglied ist, bekommt nicht die notwendige Einstimmigkeit. Die Gründe dafür sind: Wir (Frankreich) sind dadurch wichtiger für Europa, und es kommt unserer Wirtschaft zugute. Übrigens: Wer Urlaub in Straßburg machen möchte, sollte das nicht während einer Plenarwoche tun. Zu dieser Zeit kommen unzählige Personen aus Brüssel in die Stadt und treiben insbesondere die Hotelkosten in die Höhe.

Die Kontrollfunktion des Europäischen Parlaments ist lachhaft. Beispielsweise kann es potenzielle Kommissar:innen befragen, sie sich aber selbst nicht aussuchen. Die Kommissars-Anwärter:innen können antworten, müssen aber nicht konkret werden. Es ist eine Art kleiner Show, die aber keine Auswirkungen hat. Die Abgeordneten des Parlaments können keine richtige Prüfung der Personen übernehmen, nur kurz mit ihnen sprechen und sie dann abnicken. Das Parlament kann die Regierung somit nicht selbst bestimmen. Es kann keine Kommissars-Anwärter:innen vorschlagen und aus einer Vielzahl die kompetentesten Personen wählen. Einzelne Kommissar:innen können auch nicht ihres Amtes enthoben werden. Entweder die gesamte Kommission tritt zurück oder niemand. Alles viel zu aufwendig und kompliziert, also kommt es nicht vor. Demokratie?

Die Funktion des Europäischen Parlaments ist eher die von einem AStA (Allgemeiner Studierendenausschuss) oder einer Schüler:innenvertretung. Klar, es darf irgendwie mit zu den Großen an den Tisch, noch ein paar Kommata und Absätze hin und her schieben, aber es darf eben nicht die großen Linien der Politik mitgestalten. Im Gegensatz zum Deutschen Bundestag ist das Europäische Parlament so gesehen kein richtiges Parlament. Es kann Untersuchungsausschüsse bilden und beispielsweise Ursula von der Leyen einladen, um sie zu via SMS geschlossenen Verträgen zu befragen, Frau von der Leyen kann jedoch einfach nicht erscheinen. Es hat für sie keinerlei Konsequenzen. Was also soll damit bewirkt werden? Natürlich gibt es daran Kritik vonseiten der Abgeordneten, die Politik und das Verfahren ändert das jedoch nicht.

Im Parc Léopold direkt am Parlament in Brüssel ist dazu ein schönes Sinnbild entstanden, das zeigt, was passiert, wenn man sich jedwedem Feedback verweigert. In diesem Park gibt es einen kleinen kreisförmigen Abschnitt, auf dem neuer Rasen gepflanzt wurde. Zwei Wege führen in Bögen um ihn herum, aber der direkte Weg, um weiter voranzukommen, wäre eine gerade Linie direkt durch die begrünte Fläche. Und was passiert? Die Menschen laufen über das Gras und sich selbst nach und nach den Weg frei. Es entsteht ein kahler Trampelpfad. Anstatt diesen Weg mit Bodenplatten zu fixieren, wird die Grünfläche abgesperrt, sodass sich das Gras regenerieren kann. Sobald die Absperrung entfernt wird, beginnt das Freitrampeln des Weges erneut. Es ist ein dummes, nicht lernendes System. Ein System, das nicht weiß, wie Menschen funktionieren, und dem es auch egal ist - oder das versteht, wie Menschen funktionieren, und dem es trotzdem egal ist.

Wegen des nicht vorhandenen Initiativrechts können das Parlament und dessen Mitglieder keine Gesetze selbst auf den Weg bringen. Wir als Abgeordnete können nur bei Vertreter:innen der Kommission für unsere Ideen lobbyieren und sie immer wieder darum bitten, sich des Themas XY anzunehmen. Wenn die Kommission darauf aber keinen Bock hat, passiert auch nichts. Da helfen keine Unterschriften von anderen Abgeordneten, keine von Bürger:innen, nichts. Es ist hoffnungslos. Trotzdem hält es die Abgeordneten natürlich nicht davon ab, so zu tun, als wären sie bedeutend und ihre Message wäre wichtig. Aber wer kennt die Abgeordneten des Europäischen Parlaments? Wer weiß, was sie sagen? Und wer weiß, welchen Einfluss sie wirklich haben? Die Antwort darauf spare ich mir.

Fast die gesamten Donnerstagsabstimmungen der Straßburger Plenarwochen wenden wir für nicht bindende Resolutionen als Entschließungsanträge auf. Da sagt das Parlament dann einfach mal, was es hält von:

- Einwand gemäß Artikel 112 Absätze 2 und 3 GO: genetisch veränderter Mais der Sorte Bt11 x MIR 162 x MIR 604 x MON 89034 × 5307 x GA21 sowie dreißig Unterkombinationen
- Einwand gemäß Artikel 112 Absätze 2 und 3 GO: genetisch veränderter Raps der Sorten Ms8, Rf3 und Ms8 x Rf3
- Ungewissheit über den Verbleib von Mikalaj Statkewitsch und die jüngsten Übergriffe gegen Familienangehörige von belarussischen Politiker:innen und Aktivist:innen
- Massai-Gemeinschaften in Tansania
- Entführung tibetischer Kinder und Praktiken der Zwangsassimilation in chinesischen Internaten in Tibet
Auszug aus der Abstimmungsliste vom 14. Dezember 2023

Oder von:

- Myanmar, insbesondere die Auflösung demokratischer politischer Parteien, gemeinsamer Entschließungsantrag B9-0240/2023, B9-0241/2023, B9-0246/2023, B9-0247/2023, B9-0249/2023 [2023/2694(RSP)]
Auszug aus der Abstimmungsliste vom 10. Mai 2023

Da wird die Militärjunta in Myanmar aber staunen! Und ja, ich gebe es zu, es ist besser, dass es passiert, als dass es nicht passiert. Aber das 60-mal in 5 Jahren zu tun, macht mich traurig. Es macht mich traurig, weil sich dadurch nichts ändert und ich mir so alles noch mal vor Augen führen muss: Folgenlosigkeit.

Das EU-Parlament ist höchst passiv. Ein Reaktionsparlament. Es ist ein visionsloser Ort. Dabei müsste es eigentlich der Ort sein, in dem lebendig gestritten wird. Aber selbst das macht es sich selbst kaputt. Es gibt klare Regeln: kurze Redezeiten, ein bis zwei Minuten, kaum Optionen, Rückfragen zu stellen oder sich spontan zu Wort zu melden. Im Prinzip sind die Abgeordneten des Europäischen Parlaments 705 kleine Bundespräsident:innen, die Sonntagsreden halten und hoffen, dass das irgendjemand mitbekommt und irgendwen berührt.

Das Europäische Parlament wird völlig zu Recht ignoriert (zumindest in der Art, in der es aktuell existiert), es ist einfach überflüssig. Aus Nettigkeit wird berichtet, und vielleicht aus dem Missverständnis heraus, dass Parlamente ja eben der einzige halbwegs lebendige Ort im Staatenbund unter lauter Bürokrat:innen ist, die sich für ihr Handeln so gut wie nie öffentlich rechtfertigen müssen.

Ich finde das, was die anderen machen, nicht gut. Ich finde auch das, was ich da mache, nicht gut. Ich bin mit uns allen sehr unzufrieden.

Wie anders wäre das alles mit Initiativrecht? Es würde alles ändern.

TL;DR:
Auf gar keinen Fall möchte ich irgendeinen
Preis gewinnen, den die EU vergibt.

Was kostet die Auszeichnung?

Ich habe in meiner Laufbahn als Satiriker schon mal einen Preis bekommen. Ich habe auch mal einen abgelehnt, weil ich der Meinung war, ihn nicht zu verdienen. Wenn ich mir in Bezug auf Preise etwas wünschen kann, dann dass ich niemals den Sacharow-Preis für geistige Freiheit der EU verliehen bekomme. Alle bisherigen Preisträger:innen haben nämlich eine Sache gemeinsam: Sie sind entweder im Gefängnis, verschollen oder definitiv tot. Das möchte ich nicht.

In der Regel kann die:der Preisträger:in aus den oben genannten Gründen nicht selbst erscheinen, der Preis wird deshalb stellvertretend von Verwandten oder Freund:innen entgegengenommen.

Es ist grundsätzlich lustig, dass so ein Preis von einem Staatenbund vergeben wird, der selbst für Menschenrechtsverletzungen verantwortlich ist, wobei man gleichzeitig einräumen muss, dass es jetzt wenig Weltregionen gibt, wo es besser läuft.

Symbolisch ist der Preis eine tolle Sache, und weil das Parlament im Wesentlichen symbolische Aufgaben hat, ist die feierliche Preisverleihung auch eine der wichtigsten Veranstaltungen im Jahr. Ungeschickterweise ist das EU-Parlament im Vergleich zu den nationalen Regierungen machtlos. Deswegen macht es ja so viel Symbolpolitik. Das Problem: Symbolpolitik macht nur Sinn, wenn jemand zuguckt. Die Preisverleihung wird live im Internet übertragen, schon mal gesehen? Genau.

Neben dem Sacharow-Preis vergibt die EU auch den Europäischen Bürgerpreis, den Europäischen Karlspreis für die Jugend und den LUX-Publikumspreis. Letzterer ist ein Filmpreis, der gemeinsam mit der European Film Academy, der Europäischen Kommission und Europa Cinemas präsentiert wird. Laut Webseite «[Soll] mit dem Preis das europäische Kino gefeiert und das Bewusstsein für soziale, politische und kulturelle Fragen in Europa geschärft werden». Die fünf nominierten Filme erhalten Untertitel in allen 24 EU-Sprachen. Geil. Da lohnt sich doch das Mitmachen.

TL;DR:
Die Unterstützung durch die Verwaltung
ist ein schlechter Witz.

Kommt ein Komiker in einen Verwaltungsapparat ...

Ich finde im zivilisierten Luxusleben wenig grausamer als den Kampf als Individuum gegen einen großen Konzern oder eine Behörde. Im Europäischen Parlament erlebe ich zum ersten Mal in einem mir unbekannten Ausmaß, wie zermürbend so was werden kann. Ich bin Teil einer Institution mit einer Verwaltung, die es nur gibt, weil ich und 704 andere Abgeordnete gewählt wurden. Ohne mich und die anderen kann es diese Verwaltung nicht geben. Das Verrückte daran ist, dass die Behörde nicht nach den Bedürfnissen der Abgeordneten aufgebaut ist, sondern nach den Bedürfnissen der Bürokratie. Die Verwaltung ist meine Feindin. Sie soll dazu da sein, Abgeordnete bei ihrer Arbeit zu unterstützen. Mir macht sie das Leben schwer. Wenn ich eine Frage stelle, beispielsweise über ein Formular, kann ich dort anrufen, bekomme gesagt, wie ich es auszufüllen habe, und wenn ich das dann so mache und einreiche, erhalte ich in einer Vielzahl von Fällen eine Antwort mit dem Hinweis, dass ein Anhang fehlt, ein Kreuz falsch gesetzt wurde oder das Datum anders eingetragen werden müsse. Man kann zu den Mitarbeitenden gehen, wie und wann man will: Die Wahrscheinlichkeit, dass Mitarbeiter:in 1 die gleichen Informationen preisgibt wie Mitarbeiter:in 2, geht gegen null.

Den Rekord an Fehlinformationen hält eine einzelne Ansprechpartnerin, die mir zu Vertragsverlängerungen von Teammitgliedern innerhalb einer Woche zweimal falsche Informationen gab und selbst meinte: «Ich habe beim letzten Mal eine Fehlinformation mit einer anderen ersetzt.» Erst die dritte Information war korrekt. Glaube ich. Jedenfalls hat sie die dann einfach nicht mehr korrigiert. Ein Teil des Problems ist auch für die Mitarbeitenden des Apparats, dass die Infos nie alle an einem Ort zu finden sind, Leute in der Abteilung beziehungsweise dem ganzen Parlament jobmäßig rotieren und nicht unbedingt wissen, wie es läuft, und schnell gebrieft werden müssten.

Auch im Intranet sind die Regeln und Informationen oft nicht vollständig oder überhaupt einsehbar.

Als ich das Gehalt einer Mitarbeiterin erhöhe, bleibt in einem Portal ihre alte Gehaltsstufe eingetragen, in einem weiteren Portal steht die neue. Um zu verstehen, was da los ist und welche Info nun die korrekte ist, schreiben wir eine Mail. Als Antwort kommt eine Mail, man müsse in dieser Angelegenheit persönlich vorbeikommen. Vor Ort bittet der Mitarbeiter, man solle eine Mail schreiben.

Kennst du «Asterix erobert Rom»? Auch ich befinde mich im Haus, das Verrückte macht, und ich habe fünf Jahre Zeit, um Passierschein A38 zu erhalten. Erobern kann ich dadurch nichts.

Das Schlimmste: Auch die Verwaltung ist politisch. Für die EU-Beamt:innen gilt, je höher ihr Rang, desto höher die Wahrscheinlichkeit, dass sie aufgrund ihrer Parteiangehörigkeit und persönlichen Beziehungen ihre Position bekommen haben, zumindest ist das meine Wahrnehmung. Anfang 2023 erhält das EU-Parlament einen neuen Generalsekretär (natürlich ist es ein Mann). Zuvor war Klaus Welle (huch, noch ein Mann), Mitglied der CDU, 13 Jahre lang der ranghöchste EU-Beamte im Europäischen Parlament. Auf ihn folgt Alessandro Chiocchetti. Ehemaliger akkreditierter parlamentarischer Assistent des früheren italienischen EU-Abgeordneten Marcello Dell'Utri, der wegen Mafia-Verbindungen zu sieben Jahren Gefängnis verurteilt wurde. Wie Chiocchetti den Posten bekommen hat? Keine Ahnung. Es gibt nämlich auch hier keine öffentliche Wahl. Die

Präsidentin des Europäischen Parlaments, ihre 14 Vizepräsident:innen und fünf Quästoren, streng genommen also 20 europäische Abgeordnete (von 705, das macht 2,8 Prozent), haben in einer nicht öffentlichen Sitzung die Entscheidung getroffen, wer der Vorgesetzte von rund 8000 Mitarbeitenden werden wird. Wer alles zur Wahl angetreten ist? Auch keine Ahnung. Die Kommunikation dazu hat nicht stattgefunden. Nur durch Medienberichte erfahre ich, dass es wohl insgesamt vier Personen waren, die alle zehn Minuten Zeit bekamen, um sich den anwesenden Wahlberechtigten vorzustellen. Zehn Minuten. Jedes Bewerbungsgespräch für einen Werkstudierenden-Job dauert länger.

Die Brüsseler Korrespondent:innen machen einen guten Job. Sie veröffentlichen Artikel über den neuen Generalsekretär, also den Mann, der nun auf Seite der Verwaltung über allen steht. Die meisten Hintergrundrecherchen kommen zu denselben Schlüssen, nämlich, dass die Ernennung Chiocchettis über einen Deal abgelaufen sei, bei dem die Linken einen Spitzenposten im Parlament erhalten sollten. Wie der Deal aussieht, wer daran beteiligt war und wie es überhaupt ablief, ließe sich nur rausfinden, wenn eine involvierte Person Beweise öffentlich machen würde. So aber ist alles Hörensagen. Durch Chiocchettis Lebenslauf lässt sich nachvollziehen, dass er nah an seinem Vorgänger Klaus Welle war und auch gute Verbindungen zum ehemaligen Parlamentspräsidenten Antonio Tajani haben muss. Darf sich jede:r selbst etwas dazu denken.

Die Berichterstattung findet statt. Konsequenzen hat es keine. Das Europäische Parlament ist zu weit weg. Der Ablauf von Chiocchettis Einstellung zieht sich durch alle Spitzenpositionen. Die Beamt:innen sind selbst stark in Parteien eingebunden, und die Posten werden entsprechend verteilt. Der Witz daran ist, dass die Verwaltung des Europäischen Parlaments politisch neutral handeln muss. Immer. Deshalb sind beispielsweise bei Veranstaltungen der Kommunikationsabteilung immer Repräsentant:innen aller Fraktionen eingeladen. Rechts, Mitte, links.

Wie neutral aber kann es ablaufen, wenn die EU-Beamt:innen selbst Parteimitglieder sind? Insbesondere bei Personen, die eine hohe Entscheidungsgewalt haben, ist ein Interessenkonflikt naheliegend. Wir alle sind gleich, aber die EPP, in der die deutsche Union sitzt, ist einfach etwas gleicher. Es ist, als wäre ein Schiedsrichter im gleichen Verein wie das gegnerische Team.

In meinen letzten eineinhalb Jahren im Parlament treffe ich mich mit einigen meiner Kolleg:innen. Darunter auch einer aus der Renew-Fraktion, also dem liberalen Kreis. Ich mache das, weil ich wissen will, wie sie die letzten Jahre empfunden haben, und hoffe, dass sie kurz vor Ende der Legislatur frustriert genug sind, um mir ein paar Einblicke zu gewähren. Im Gespräch mit meinem Renew-Leidensgenossen erfahre ich, dass die Verwaltung ihn und die anderen Abgeordneten der Fraktion in Ruhe lässt, keine fragwürdigen Überprüfungen stattfinden oder es generell Probleme gäbe. Ich und andere Abgeordnete der Grünen-Fraktion haben andere Erfahrungen gesammelt. Ein Mitglied einer Oppositionsfraktion, das während der Legislaturperiode die Fraktion gewechselt hat, also von Koalition in die Opposition, erzählt mir, dass es während seiner Zeit bei der Koalitionsfraktion nie großen Kontakt zur Verwaltung hatte, Kontrollen seiner Ausgaben und Fragen bezüglich seiner Arbeit gibt es erst, seit es kein Teil der Fraktion mehr ist.

Einmal, als ich im MEPs-Portal bin, dem Ort, an dem Mitarbeitende des Parlaments sitzen, um uns Fragen zu beantworten und generell mit allem weiterzuhelfen, bekomme ich eine Besprechung mit. Die Leiterin der Gruppe sagt: «Wir machen das anders, nämlich so und so.» Einer ihrer Mitarbeiter fragt, wo diese Änderung stehen würde. Ihre Antwort: «Das wurde gestern entschieden. Das müsste im Laufe der kommenden Woche verkündet werden.»

Je nachdem, wo und wer man gerade ist, herrschen unterschiedliche Regeln. Die Dame im MEPs-Portal hat Informationen, auf die sonst noch niemand Zugriff hat. So können die Prozesse nicht richtig ablaufen. Meine Assistentin versendet eine Liste mit Besucher:innendaten an die entsprechende Abteilung und erhält als Antwort, sie solle ein anderes Formular nutzen. Das Formular bekommt sie als Anhang mitgeschickt. Es ist zu diesem Zeitpunkt noch nicht zum Download im Intranet verfügbar. Genauso wenig gibt es eine Information darüber, dass sich das Formular ändern wird. Sie hatte also gar keine Chance, es richtig zu machen.

Bei Besucher:innengruppen werden vorher die Personalien ans Parlament geschickt. Eine Sicherheitsmaßnahme. Die Daten werden eingetragen und überprüft, sodass am Tag des Besuchs keine Überprüfung der Daten mehr stattfinden muss. Eigentlich. Einmal wird eine Gruppe komplett kontrolliert, alle müssen ihren Ausweis zeigen. Wir fragen, seit wann das so gehandhabt würde. Die Antwort: Wir machen das manchmal stichprobenartig. Is klar.

Ein Sicherheitsmann am Eingang des Parlaments weist mich darauf hin, dass man mich auf meinem Foto schlecht erkennen könne und ich ein neues machen müsse. Er ist der Einzige, der mir das je sagt.

Die Höhe meiner Diäten, die ich monatlich überwiesen bekomme, variiert im Betrag. Ich frage nach, was der Grund dafür ist. Die Antwort: Wissen wir nicht, das versteht keine:r. Ich bekomme eine Telefonnummer der entsprechenden Finanzabteilung in Luxemburg, die es vielleicht erklären könnte. Ich rufe dort nicht an. Ich könnte noch X Beispiele aufschreiben, aber kurz gesagt: Ich fühle mich verarscht.

Von meinem Umfeld erfahre ich, dass es sich in Unternehmen der freien Marktwirtschaft, aber auch in anderen Firmen nicht anders abspielt. Sobald ein Unternehmen, egal welcher Art, groß genug wird, entwickeln sich ähnliche Strukturen. An der Spitze entscheiden Personen, die selten wegen ihrer außerordentlichen Kompetenz dort oben stehen, sondern eher wegen ihrer Fähigkeiten, Absprachen zu treffen, sich selbst in den Mittelpunkt zu stellen und herauszufinden, was man wem versprechen muss, um die entsprechende Gegenleistung zu bekommen. Durch meinen beruflichen Werdegang habe ich diesen Vergleich nicht, aber es ist beunruhigend, dass es letztlich überall so läuft. Ekelhaft. Macht zeichnet sich dadurch aus, dass die:der Andere sich der Verantwortung entzieht. Wenn ich die Verwaltung kontaktiere, eine Rechnung einreiche, erhalte ich eine standardisierte und automatisierte Antwort mit dem Hinweis, dass meine Mail angekommen ist. Es herrscht Anonymität – und wie will man mit etwas interagieren, was nicht greifbar ist? Die Anonymität ist die größte Macht des Parlaments, sie kann ignorieren. Wer unbekannt ist, kann nicht angegriffen werden. Ich erlebe die Verwaltung des Parlaments abwechselnd als inkompetent, herzlos, überflüssig und manchmal auch alles auf einmal. Konkret fällt es mir auf, wenn ich mich beispielsweise mit meinen Mitarbeitenden vergleiche. Einige haben im ersten Monat ihrer Anstellung das Gehalt erst später bekommen. Wie sie ihre Miete zahlen, ist dem Parlament egal. Wenn ein:e Abgeordnete:r während der Amtszeit verstirbt, läuft der Vertrag der Assistent:innen, zum aktuellen Zeitpunkt, noch bis zum Ende des laufenden Monats. Verstirbt jemand am 2. März, haben die Angestellten noch 29 Tage einen Job, verstirbt ein:e Abgeordnete am 29. März, enden die Verträge automatisch in zwei Tagen. Es ist also eine mittlere Katastrophe, wenn Abgeordnete gegen Ende des Monats sterben. Das Ganze ist nicht hypothetisch, sondern genau so während meiner Zeit im Parlament passiert. Immerhin haben sich andere Abgeordneten an die Verwaltung gewandt und die Assistent:innen schnell bei sich angestellt. Da wird ziemlich deutlich, wie viel Menschlichkeit vonseiten der Verwaltung kommt und wie viel durch andere.

Die Verwaltung – der kleine Kurort für meine geistige Gesundheit, an dem man sich völlig verlieren darf und am Ende dem Wahnsinn verfällt. Und wer bezahlt diese Dummheit? Die Steuerzahler:innen.

TL;DR:

Ich frage mich, was ich hier mache, warum und wieso.

Hä?

Meine Tätigkeit als Abgeordneter des Europäischen Parlaments wirft viele Fragen auf. Bei mir und bei Außenstehenden. Eine sehr häufige Frage: Warum ist der Plenarsaal immer leer? Weil wir ein Arbeitsparlament haben. Eine ebenso häufige Frage: Was macht eigentlich ein:e EU-Abgeordnete:r? Ist das nicht verrückt? Nicht mal die Basics sind klar. Deshalb hier als kurze Erklärung. Dass der Plenarsaal meistens leer ist, ist ein gutes Zeichen. Denn während der Plenarwochen passiert alles parallel: Im Plenum gibt es die Aussprachen, die eigentliche Arbeit findet gleichzeitig in den Arbeitsgruppen, Ausschüssen und Fraktionssitzungen statt. Während also ein paar Dutzend Leute im Plenarsaal sitzen, um zu ihrem Fachthema zu reden, arbeiten mehrere Hundert Abgeordnete in anderen Sitzungen. Einzige Ausnahme: Bei Abstimmungen, die in Sitzungswochen in der Regel einmal am Tag stattfinden, ist der Plenarsaal voll. Aus PR-Sicht ist es allerdings extrem dämlich, dass das Parlament den leeren Sitzungssaal zeigt, ohne vernünftig zu erklären, warum das so ist.

Die Frage, was ein:e Europaabgeordnete:r macht, ist etwas länger zu beantworten. Zuallererst: Das Mandat ist frei. Eigentlich ist es komplett irre. Wenn man wollte, könnte man fünf Jahre absolut nichts tun, für dieses Nichtstun viele Hunderttausend Euro einstreichen, und es wäre legal. Man ist unkündbar, und natürlich kann man sich als Europaabgeordnete:r die eigene Arbeitsaufteilung selbst gestalten. Das Verrückte ist: Man kann sogar im Gefängnis sitzen und bleibt trotzdem Abgeordnete:r.

Woher ich das weiß? Weil der griechische Rechtsextreme Ioannis Lagos das genau so macht. Auch er tut im Grunde nichts anderes als die anderen Abgeordneten: Er sitzt und wartet. Na ja, er ist noch einen Schritt weiter gegangen und sitzt EIN und wartet. Schon während der Europawahl 2019 liefen Ermittlungen gegen ihn wegen der Beteiligung an der Gründung einer kriminellen Vereinigung, der Goldenen Morgenröte. Jahre zuvor wurde er wegen der Beteiligung an der Ermordung des linken Rappers Pavlos Fyssas schon einmal verhaftet. Trotz des laufenden Verfahrens konnte Lagos ins Europäische Parlament gewählt werden.

Er tritt sein Amt mit mir an. Nachdem das Urteil gesprochen wird, dauert es etwas mehr als ein halbes Jahr, bis das Parlament Lagos die politische Immunität aberkennt. In dieser Zeit nimmt er weiterhin an Abstimmungen teil und bekommt seine Abgeordnetendiäten. Nach der Aufhebung der Immunität bringen belgische Behörden den Verurteilten nach Griechenland, wo er seine Haft antritt. Sein Glück: Durch die Corona-Pandemie wird im Parlament gerade remote abgestimmt. So kann auch er vom Gefängnis aus mit abstimmen. In Brüssel beschäftigt Lagos weiterhin Assistent:innen, erhält auch jetzt noch seine Diäten (lustig, denn während seiner Haft tritt er mehrmals in Hungerstreik) und kann sogar bei der kommenden Europawahl wiedergewählt werden.

«In the case that, by the time that next European elections will take place in 2024, Mr Lagos has not been irrevocably convicted, he can still run as candidate.»

«Für den Fall, dass Her Lagos bis zu den nächsten Europawahlen im Jahr 2024 nicht unwiderruflich verurteilt wurde, kann er immer noch als Kandidat antreten.»

Warum? Weil das griechische Gesetz dies zulässt. Die Entscheidungsgewalt darüber, wer wann wie zur Wahl antreten darf und wer wählen darf, liegt bei den einzelnen EU-Staaten und wird nicht zentral von der EU gesteuert. Deshalb können in Österreich Personen schon seit Langem ab 16 Jahren wählen, während das in Deutschland erst ab 2024 der Fall ist. Bei der Wahl 2019 mussten Wähler:innen ein Mindestalter von 18 Jahren erreicht haben.

Ich glaube, der Alltag von allen 705 europäischen Abgeordneten lässt sich nicht wirklich verallgemeinern. Es gibt unter ihnen Personen, die ihr ganzes Privatleben aufgeben und von einem politischen Termin zum nächsten hetzen. Natürlich gibt es auch welche, die es ruhiger angehen lassen, aber ich behaupte, es ist niemand dabei, dem alles komplett am Arsch vorbeigeht und die:der gar nichts macht. Grob kann man sagen, dass sich das Leben der Abgeordneten nach dem Sitzungskalender des Europäischen Parlaments richtet. Dieser unterteilt die verschiedenen Wochen. In Ausschusswochen sind die meisten Abgeordneten in Brüssel und treffen sich in ihren Ausschüssen, um ihre Zuständigkeiten zu besprechen, Themen einzubringen und auch, um die Standpunkte des Parlaments zu neuen Gesetzgebungsvorschlägen vorzubereiten. Außerdem ist in diesen Wochen Zeit für Fraktionssitzungen, in denen die Abgeordneten aktuelle Themen besprechen, Zuständigkeiten untereinander verteilen und neue Erkenntnisse miteinander austauschen. In Plenarwochen reisen die Abgeordneten nach Straßburg, um dort über die Gesetzesvorschläge der Europäischen Kommission abzustimmen; ihre Mitarbeitenden und Teile der Verwaltung kommen mit nach Frankreich. Auch hier gibt es Fraktionssitzungen und Treffen weiterer Gruppen wie den Delegationen, die dazu da sind, die Verbindungen mit Nicht-EU-Staaten zu stärken. In «grünen» Wochen, die so heißen, weil sie im Parlamentskalender grün eingefärbt sind, befinden sich die meisten Abgeordneten in ihren Wahlkreisen in ihrem Land oder nehmen andere Termine außerhalb von Brüssel wahr, unternehmen zum Beispiel Delegationsreisen. Als Mitglied der Delegation für Japan würde ich so beispielsweise für Termine auch nach Tokio reisen können. Das heißt, in dieser Zeit ist es in den Brüsseler Gebäuden recht ruhig. Grüne Wochen bedeuten weniger Arschlöcher auf dem Flur. Wochen, die im Kalender keine Markierung haben, zeigen Pausen an. Das bedeutet nicht, dass in dieser Zeit gar nichts passiert, es finden aber keine Sitzungen, Tagungen oder Ähnliches statt. An diesen Tagen gibt es übrigens auch kein Tagegeld für die Abgeordneten, weil sie nicht in Brüssel vor Ort sein müssten und das Tagegeld für die Unterkunft in einem Hotel sowie Verpflegungskosten gedacht ist.

Auf der Webseite einer konservativen Abgeordneten habe ich nachlesen können, wie sie einen Tag in ihrem Leben als Mitglied des Europäischen Parlaments beschreibt. Zusammengefasst: 7 Uhr klingelt der Wecker, beim Frühstück werden Mails gecheckt, dann geht es ins Parlament, um 8 Uhr findet ein erstes Meeting statt, danach Mails und Post, Teambesprechung, noch ein Meeting, Treffen einer Besucher:innengruppe, noch ein Meeting, noch mal Mails, Fraktionssitzung, Feierabend gegen 21 Uhr.

Ich kann meinen Alltag nicht auf einen bestimmten Ablauf herunterbrechen.

Zu Beginn meiner Zeit in Brüssel bin ich hochmotiviert und teilweise vor 8 Uhr im Büro. Auch ich bespreche mich mit meinem Team, gemeinsam planen wir Videos, verfassen Texte und organisieren alles. Manchmal gehe ich sogar in Fraktionssitzungen oder stimme in einem Ausschuss ab. Es gibt Tage, da bin ich, genauso wie die Kollegin von der CDU/CSU, von morgens früh bis abends spät im Parlament. 2020, als meine Depression zurückkehrt, weil Corona viele meiner Pläne zunichtemacht, gibt es Tage, an denen ich gar nicht ins Büro gehe. Ich liege im Bett und will mit niemandem sprechen. Ich bin lethargisch, niedergeschlagen, hoffnungslos. Mein Team arbeitet in dieser Zeit, so gut es kann, ohne mich. Sie produzieren sogar Videos mit mir, indem sie Pappaufsteller verwenden, und werden ziemlich kreativ darin, mich im Fokus zu behalten, ohne dass ich gerade greifbar bin. Bis zum Ende meiner Amtszeit kriege ich die Depression zwar nicht los, aber ich komme wieder ins Büro. Ich spreche feste Zeiten mit meinem Team ab, an denen wir uns austauschen können. Ich nehme Interviews wahr und lade sehr viele Besucher:innengruppen ins Parlament ein. Weil die Nachfrage von Einzelpersonen, die mal vorbeikommen wollen, so hoch ist, stelle ich aus völlig Fremden eine Gruppe zusammen, um auch ihnen einen Besuch anbieten zu können. Gruppen können nämlich, laut Parlamentsregeln, erst ab zehn Personen einen Termin mit Abgeordneten beziehungsweise einen Raum für das Treffen bekommen. Am Tag kann ich neun private Besucher:innen im Parlament empfangen, meine Mitarbeiterin zwei, sodass wir oft auch elf Personen durch das Parlament führen. Für mich ist das der schönste Teil an meiner Arbeit. Kontakt zu Menschen, denen ich mich zugehörig fühle. Die sich auch wundern, was das hier eigentlich soll, und die keine Millionär:innen sind. Mir helfen diese Termine, um immer wieder einen Realitätsabgleich zu bekommen.

Die Welt, in der Abgeordnete, ihre Mitarbeitenden und die EU-Angestellten arbeiten, ist eine künstliche. Wir sitzen in einer Art Raumschiff. Wir können die Gebäude wechseln, ohne dafür an die frische Luft zu gehen. Ich kann mich sogar von Brüssel nach Straßburg fahren lassen, ohne Kontakt mit Menschen haben zu müssen, die nicht Teil der EU-Blase sind. Der Graben zwischen drinnen und draußen ist enorm. Wir sprechen eine andere Sprache, benutzen Vokabeln, die niemand kennt. Außerdem gibt es im Parlament alles, was man so braucht: einen Kiosk mit Zeitschriften aus allen Ländern, einen kleinen Supermarkt, mehrere Restaurants und Cafés, eine Poststelle, Ärzt:innen, ein eigenes Fitnessstudio und sogar einen Friseur. Leben, wo man arbeitet. So möchte ich das nicht. Ich fühle mich darin falsch. Die Besucher:innengruppen sind für mich eine Art Zuflucht, ich kann sie nach ihrer Meinung fragen, sie fragen mich nach meiner. Wir tauschen uns aus. Wahnsinn. Ansonsten lese ich viel, ich schreibe viel, ich denke viel, ich erarbeite Ideen für neue Videos. Wir haben zehn unveröffentlichte Videos, die ich auch nicht mehr online stellen werde. Wir haben einen Berg an Ideen für Aktionen, Videos oder auch Reden, die niemals das Tageslicht erblicken werden. Uns fehlt Zeit, die Kooperation anderer, Durchhaltevermögen, die Kraft, immer wieder etwas zu versuchen und dann doch wieder zu scheitern. Parlamentarische Arbeit, wie die Mehrheit der anderen Abgeordneten, verrichte ich nicht. Ich denke nicht, dass jemand Die PARTEI gewählt hat mit dem Gedanken «Die werden sicher richtig geile Gesetzgebung machen».

Es steht von Anfang an fest, dass ich Öffentlichkeit und Transparenz schaffen will. Was meine Kolleg:innen beruflich machen, bekomme ich vor allem über die sozialen Medien mit.

Generell sind soziale Medien für mich und meine psychische Gesundheit belastend. Ich denke, das sind sie für viele. Doch wenig ist erschütternder, niederschmetternder, als den eigenen Kolleg:innen auf Instagram zu folgen: Alle sitzen irgendwo rum und fahren dann woandershin, um auch dort irgendwo rumzusitzen. Überall wird gelabert. Was soll man auch tun, wenn labern das Einzige ist, was man tun kann? Der Job eines Standard-Politikers, der klassischen parlamentarischen Tätigkeiten nachgeht, besteht ja leider nicht daraus, ständig Entscheidungen mit Auswirkungen zu treffen. Die Hauptarbeit liegt darin, zu sitzen und zu warten. Zu warten, dass es vorbeigeht. Dass da ein Trottel unoriginelles Zeug von sich gibt. Dass die Mehrheit dem Trottel zustimmt, dass alle selbstzufrieden mit der Nichtveränderung nach Hause gehen.

Ich denke, Trottel darf man schon sagen, denn klug ist es ja nicht gerade, seine eigene Lebensgrundlage und die seiner Nachfahren zu zerstören und alles darauf auszurichten, dass die große Mehrheit ärmer wird und die gesellschaftlichen Konflikte schärfer werden.

Sitzen und warten stimmt natürlich nicht nur. Inhaltlich geht es schon darum, die Position von anderen zu beeinflussen und umgekehrt von anderen beeinflusst zu werden, man muss schließlich in allen Gremien immer 50+1 erreichen.

Oft frage ich mich: Welches Nichtstun ist ehrlicher? Das, wo man gar nicht hingeht, oder das, wo man so tut, als würde man etwas ändern, aber es tut sich gar nix?

Mich hat es immer wieder in kleine Existenzkrisen gestürzt. Denn was kommt am Ende dabei raus?

TL;DR:
Einige Abgeordnete wollen Regeln, die anderen wollen keine Regeln – man einigt sich auf Regeln, die niemand kontrolliert.

Ausnahmen bestätigen die Regeln

Nichts in diesem Parlament ist eindeutig oder verständlich. Es gibt sehr viele Regeln und dann noch viel mehr Ausnahmen von Regeln.

Die Regeln lauten nicht «Bei Grün gehen, bei Rot stehen!», sondern eher so was wie: «Wenn es grün ist, der Vollmond gerade drei Tage vorbei und heute das Sams zu Besuch kommt, dann gibt es beim Überqueren der Straße eine 50-prozentige Überlebenswahrscheinlichkeit, viel Glück!»

Es gibt Regeln, die ernst gemeint sind und angewendet werden, dann gibt es noch Regeln, die eigentlich schon ernst gemeint sind, aber von niemandem kontrolliert werden, und dann noch viel mehr Regeln, die nur dafür da sind, nach außen den Eindruck zu vermitteln, die Abgeordneten hielten sich an irgendwelche Regeln, obwohl diese einfach freiwillig sind.

Beispiele gefällig? Gerne! Wenn man Geschenke erhält, darf man sie annehmen, aber nur, wenn sie einem Wert von unter 150 Euro entsprechen. Wenn sie teurer sind, muss man sie der Präsidentin übergeben. Offiziell auf der Webseite melden muss man Geschenke natürlich auch. Allerdings nur, wenn man in offiziellem Amt unterwegs ist, zum Beispiel als Delegationsleiter oder als Vizepräsident:in. Theoretisch kann man sich als einfache:r Abgeordnete:r zum Beispiel mit Dingen schmieren lassen, die 149 Euro kosten.

Das Beste: In einer Schulung für Assistent:innen kommt die Frage auf, woher man denn wisse, ob ein Geschenk mehr als 150 Euro wert sei. Der Dozent meint, das müsse man einfach selbst einschätzen. Somit kann ich mir selbst überlegen, ob ein Geschenk 150 Euro wert war oder die Rolex an meinem Arm vielleicht nur sieben Euro gekostet hat. Wer bestimmt die Kosten des Geschenks? Vielleicht gibt es Gebrauchsspuren und ich würde für diese Uhr nicht mehr als 20 Euro hinlegen?

Geschenke sind übrigens nicht das Gleiche wie Einladungen auf Lobby-Events. Wenn man sich auf einem Wirtschaftsempfang in Brüssel kostenlos durchfuttert und für über 150 Euro trinkt, muss man gar nichts angeben, weil man ja nicht die:der Einzige ist, die:der bestochen (ich meine natürlich bewirtet) wird, sondern viele gleichzeitig. Wenn man aber eine Rede hält oder einer Gala beiwohnt und dafür Fahrtkosten bekommt, muss man es anmelden.

Wenn man als Rechtsanwalt:Rechtsanwältin Geld aus der Wirtschaft bekommt, muss man das zwar angeben, aber nicht, von wem, weil es das Anwaltsgeheimnis gibt. Und man muss es nur dann angeben, wenn man das Geld direkt bekommt. Wenn man das Geld erst nach der Abgeordnetentätigkeit erhält, muss man nichts angeben.

Immerhin, manchmal lerne ich auch Regeln kennen, die ich mir merken kann. Im Mai 2023 geht zur Abwechslung mal eine Abstimmung genau mit 303 zu 303 aus. Eine Abgeordnete fragt, ob der Änderungsantrag damit nun angenommen oder abgelehnt sei. Gute Frage: Ist etwas, das unentschieden ist, abgelehnt oder angenommen? (Ich bin ehrlich, spontan wusste ich es auch nicht.) Die Antwort: abgelehnt. Denn es gab keine Mehrheit für den Änderungsantrag. Logisch.

Übrigens, keine Garantie, dass ich die Regeln richtig angegeben habe. Aber irgendwie ist das auch egal, oder?

TL;DR:
Ich finde Regeln eigentlich okay, müsste aber deshalb zumindest wissen, wo ich sie finden kann.

Die machen sich die Welt, wie sie ihnen gefällt

Wer macht eigentlich die Regeln des Europäischen Parlaments?

Es macht sie sich selbst. Das ist vergleichbar mit der FIFA oder der katholischen Kirche, zwei Institutionen, mit denen man nicht gern allzu viele Gemeinsamkeiten haben möchte. Wer sich selbst die Regeln macht, kann nicht von außen kontrolliert werden, und selbst von innen ist es meist schwer mitzukommen, da nicht alle an der Regelaufstellung beteiligt sind. Die Durchführungsbestimmungen des Abgeordnetenstatuts (DBAS) wurden zum Beispiel am 1. Juli (am letzten Tag der vorigen Legislaturperiode, was ist da eigentlich passiert?) und 16. Dezember 2019, 16. Dezember 2020, 13. Dezember 2021 sowie 6. Juni, 17. Oktober und 12. Dezember 2022 aktualisiert. 7 Mal in dreieinhalb Jahren! Was soll der Scheiß? Gut möglich, dass es danach noch häufiger geändert wurde, aber danach hatte ich keine Lust mehr nachzugucken.

Mich regt es so auf, dass es keinen Verlass gibt. Dass ich mich an nichts halten kann. Dass ich immer Gefahr laufe, etwas falsch zu machen, einfach weil ich es nicht besser weiß. Es wird nicht begründet anhand von Recht, sondern immer larifari, ist halt so.

Warum muss ich Belege aufbewahren, aber es darf sie niemand angucken?

Warum kann ich für 0 Euro nach Berlin und zurück fahren, bekomme aber 529 Euro, wenn ich das einreiche?

Warum ist die eine Korruption erlaubt, die andere aber nicht? Warum darf ich Geschenke für 149 Euro annehmen, für 151 Euro aber nicht? Warum darf ich nach dem Mandat erst mal ein halbes Jahr nicht lobbyieren, während meines Mandats aber schon? Die ständige Konfrontation mit diesen Unsinnigkeiten macht mich mürbe.

Ich möchte meine Besucher:innengruppe auf die Tribüne des Plenarsaals begleiten. Der EU-Angestellte, der dort Aufsicht hat, sagt mir vor dem Betreten der Tribüne, ich solle die Kapuze abziehen, es sei nicht erlaubt, eine zu tragen. Ich frage ihn: «Wo steht das?» «Das ist einfach eine Sache des Respekts gegenüber Ihren Kolleg:innen.» Ich zeige auf mein Bild auf meinem Abgeordneten-Ausweis: «Ich wurde aber hier so reingewählt.» Er bleibt dabei. «Nö, dann bleibe ich draußen», antworte ich und bleibe stehen. Das ist ihm wohl zu heikel. Er sagt, ich solle der Gruppe folgen. Also gehe ich mit Kapuze auf die Tribüne. Meine Mitarbeiter:in spricht eine andere Zuständige für die Tribüne an. Sie fragt explizit, wo die Regeln seien, dass keine Kopfbedeckungen getragen werden dürften. Vor der Tribüne liegt ein vierseitiges Infoblatt. Gemeinsam suchen sie nach einer Regel, dass Kopfbedeckungen abzunehmen seien. Sie finden keine. Die Angestellte des Parlaments wundert sich und betont, sie sei sich sicher, dass es dort stehen müsse. Es müsse irgendwo stehen. Auf der Tür zur Tribüne befindet sich ein runder Aufkleber mit roter Umrandung, in der Mitte ein schwarzer Hut, der durchgestrichen ist. Das ist zwar ein Zeichen, aber sicher keine Regel.

Es ist innerhalb des Europäischen Parlaments wahnsinnig schwer, die Regeln zu finden, sie richtig zu verstehen und auch anzuwenden. Ein Abgeordnetenkollege, der selbst ausgebildeter Jurist ist, sagt mir, dass er die Regeln schlicht nicht verstehen würde und auch nicht wisse, wo er sie einsehen könne. Es gibt einige Jurist:innen unter den Abgeordneten, aber auch von außerhalb. Von allen bekomme ich die Aussage, dass Dinge uneindeutig seien. Ich glaube, nach und nach verstehe ich die Logik des Parlaments. Sie ist nur einfach Bullshit. Ich muss also gar nichts verstehen. Außerdem muss ich mich von dem Gedanken verabschieden, dass all diese Regeln fair sind.

Wenn Abgeordnete eine Dienstreise von weniger als 800 Kilometern von Brüssel aus oder wieder nach Brüssel hin unternehmen, müssen sie keine Belege einreichen. Sie müssen nicht nachweisen, dass sie diese Reise unternommen haben. Sind es 801 Kilometer, verlangt das Parlament für die Dienstreisekostenerstattung Tank- und Mautquittungen. Dass die Strecke von Brüssel nach Berlin knapp unter 800 Kilometer fällt, ist bestimmt reiner Zufall.

Ich glaube, ein Problem, weswegen solche Ungerechtigkeiten bestehen bleiben, ist, dass es in einer Verwaltung keine Belohnung für Veränderung gibt. Die Verwaltung ist zum Verwalten da. Wenn sie zum Verändern da wäre, hieße sie Veränderung. Mal drüber nachgedacht? Ist mir neulich mal aufgefallen.

Einmal bin ich für die Unterschrift zum Tagegeld im MEPs-Portal, dem Ort, an dem uns generell mit allem weitergeholfen werden soll, als eine Assistentin hereinkommt mit einem Geschenk für ihren Abgeordneten und die Mitarbeitenden fragt, was sie nun tun solle. Der EU-Beamte lacht: «Wir haben auch keine Möglichkeit, das richtig einzuschätzen», und winkt ab. Die Assistentin verlässt die Abteilung mit dem Geschenk, es ist ihr Problem und ihre Verantwortung einzuschätzen, was mit dem Präsent nun geschehen soll. Niemand kann irgendwas einschätzen, es zeigt den ganzen Schwachsinn der Regelung. Und ganz ehrlich: Alle Regeln sind irgendwie Bockmist. Ich darf keine Geschenke annehmen, aber als Jurist:in Geld von Dritten? Die Ausnahmen ergeben keinen Sinn. Und wenn ich mir aus Jux und Dollerei bei einem Lobby-Event Essen und Getränke für mehr als 150 Euro reinpfeife, dann muss das auch nirgendwo stehen. Warum? Wollte man es korrekt machen, müsste man einfach alles dokumentieren. Dann könnten auch andere sehen, wie gut man im Schätzen ist. Haha.

Oder man übergäbe es am Ende einem Ethik-Gremium, das dann in einer geheimen Sitzung Entscheidungen trifft. Zumindest, wenn man die aktuelle Logik des Parlaments simulieren will.

Es gibt so viele Beispiele, anhand derer ich verdeutlichen kann, warum ich so verwirrt bin. Hier ein weiteres: Wenn ich eine:n Mitarbeiter:in einstelle, kann ich der Person einfach eine der 19 vorhandenen Gehaltsstufen zuweisen. Möchte ich diese Gehaltsstufe im Laufe der Anstellung verändern, muss ich eine Begründung schreiben. Diese muss hinreichend sein. «Sie:er macht einen guten Job» reicht also nicht aus. Es muss erklärt werden, ob die:der Mitarbeiter:in nun mehr Verantwortung übernimmt, neue Aufgaben bekommt, sich fortgebildet hat oder sonst was. Erst kommt die Willkür, dann die Bürokratie.

Ich glaube, es ist keine gute Idee, gar nichts zu kontrollieren. Es ist die Möglichkeit, in jeder Hinsicht zu betrügen, sich Gelder in die eigene Tasche zu wirtschaften, versteckte Parteienfinanzierungen zu tätigen. Großzügige Budgets sind ja okay, aber warum sollte die Kontrolle komplett fehlen? Warum sollte es finanziell belohnt werden, wenn man wenig macht? Sie sollten einen klaren Bezug zum Mandat haben.

Mit der Zeit unterscheide ich zwischen sichtbaren und unsichtbaren Regeln, nach denen Politik funktioniert. Es gibt das, was aufgeschrieben wurde, und das, was umgesetzt wird. Es gibt die formellen Wege. Das sind die, die man nachlesen kann. Und es gibt die informellen Wege, die findet man unfreiwillig selbst heraus. Für mich ist es insbesondere deshalb so problematisch, weil ich auf die Verwaltung angewiesen bin. Ich will mit ihr zusammenarbeiten, empfinde sie in meiner Zeit im Amt aber zunehmend als Gegnerin. Selbst wenn ich mich an alle Regeln halte, unterlaufen Fehler. Einfach, weil nicht alle Regeln einsehbar sind. Nach Regeln, von denen ich nicht weiß, dass sie existieren, kann ich nicht fragen. Ich bekomme Rückmeldung, wenn ich etwas falsch gemacht habe, vorab aber keine ausreichenden Hilfestellungen. Ich glaube mittlerweile, dass die Menschen, die die Regeln auslegen, mächtiger sind als Menschen, die die Regeln machen. Weil sie mehr sind, weil sie niemand richtig kontrolliert, weil sie ein Eigenleben haben. Die Exekutive wird von der Legislative unzureichend korrigiert.

TL;DR:
Ich bin kein Netzwerker und will nicht
gegenüber Scheißideen loyal sein. In Brüssel
scheint das ein Problem zu sein.

BadFellas

Aus Spaß frage ich einen erfahrenen Politiker: «Was ist der Unterschied zwischen dem Europäischen Parlament und der Mafia?» Er überlegt nicht lang: «Hier versuchen wenigstens noch ein paar Leute, etwas zu verändern.» Okay, wow. Er hat die Frage ernster genommen, als ich sie gemeint hatte.

Letztlich geht es im Europäischen Parlament, wie in jeder politischen Institution, um Macht. Denn Macht hat kein:e Einzelne:r. Wie ist Macht organisiert? In Organisationen. Dafür braucht es ein Druckmittel. Nur wenn ich etwas besitze, das du besitzen willst, haben wir eine Verhandlungsbasis. Politik besteht immer aus Verhandlungen: Du gibst was, dafür bekommst du was. Niemand muss bei der Mafia mitmachen, aber wenn man bei der Mafia mitmacht, geht man einen Deal ein: Macht gegen Gefolgschaft / Loyalität.

Mein Motto war immer schon: Keine Loyalität für Scheiße. Ich kann Ideen gegenüber treu sein, aber nicht gegenüber Gruppen. Ich verstehe nicht, wie man Organisationen gegenüber loyal sein kann. Gegenüber Ideen und Menschen – ja. Aber warum soll ich loyal gegenüber einer Organisation sein, wenn bestimmte Ideen scheiße sind? Ich verstehe es nicht, und ich werde es nie verstehen.

Entsprechend isoliert bin ich im Parlament. Auch innerhalb meiner Fraktion. Ich bin von Anfang an skeptisch. Meine Weigerung, Nähe zu Leuten zu suchen, ist ein Problem. Ich denke, ich sollte Dinge bekommen, weil sie mein Recht sind, nicht, weil ich nett zu Personen bin oder weil ich ihnen irgendwas «gebe». Mit diesem Gedanken bin ich am völlig falschen Ort. Also nicht nur in der Politik, sondern überhaupt unter Menschen. Das ist problematisch, denn jede:r von uns ist von anderen Menschen abhängig. Ob wir wollen oder nicht, sind wir zusätzlich auch immer noch in irgendeinem Team, einem sozialen Gefüge, in das man sich integrieren muss, wenn man nicht ständig gegen etwas ankämpfen oder alles mit sich machen lassen will.

Zu Beginn 2022 stehen die Wahlen für die Position der:des Parlamentspräsident:in an. Im Normalfall wählen die Abgeordneten nach der Hälfte der Legislaturperiode eine neue Person für diesen Posten oder bestätigen die:den Amtierende:n. Seit 2019 ist der italienische Sozialdemokrat David Maria Sassoli im Amt, verstirbt aber am 11. Januar 2022. Wieder mal nur vom Hörensagen weiß ich von dem ungeschriebenen Gesetz, dass nach einer:m Präsident:in der Sozialdemokrat:innen eine:r der Konservativen folgt. Danach wieder umgekehrt. Wie das geht, wenn die 705 Abgeordneten doch demokratisch abstimmen? Mit Deals. Die European People's Party / Europäische Volkspartei, also die Fraktion von CDU und CSU, ist mit 178 Mitgliedern die größte Fraktion, darauf folgen die Socialists & Democrats, also SPD, mit 141 Mitgliedern. Die Fraktionen haben vereinbart, die Stelle der:s Präsident:in abwechselnd zu besetzen. Wie genau sie das ausgehandelt haben sollen? Keine Ahnung.

Als für 2022 wieder Wahlen anstehen, ist die EPP mit S&D sowie Renew in Gesprächen. Wenn diese drei Fraktionen sich einig werden, haben sie die notwendige Mehrheit, und die Kandidatin der EPP bekommt das Amt. Und genau so läuft es. Am 18. Januar 2022 wird die Malteserin Roberta Metsola, die das Amt der Präsidentin schon seit Beginn von Sassolis Erkrankung ersatzweise übernommen hat, mit 458 von 690 abgegebenen Stimmen im ersten Wahlgang gewählt. Ihre zwei Gegenkandidatinnen Alice Bah Kuhnke von den Grünen und Aubry Manon der Linken-Fraktion erhalten dagegen nur einen Bruchteil an Stimmen. Die Linken-Fraktion und die Grünen haben offenbar keine Deals angeboten.

Das ist auch mein größtes Problem: Ich bin kein Netzwerker. Ich will so wenige «Deals» machen wie nötig. Alles ist ein Netzwerk, noch dazu ein undurchsichtiges. Menschen wechseln zwischen den Institutionen hin und her, Mitarbeiter:innen kennen sich privat. Wer 20 Jahre in Brüssel mit Parteibuch Karriere gemacht hat, ist ganz anders aufgestellt als ich. Das kann ich unmöglich aufholen.

TL;DR:
Manche haben ein Verständnisproblem,
anderen mangelt es einfach am Verstand.

Es ist alles so kompliziert

Es ist leider nicht so, dass wir Abgeordneten selbst alles verstehen, was wir da tun. Natürlich gibt es die Möglichkeit, sich in alle Themen reinzuknien, aber der Umfang ist so pervers groß, dass wir es aus Effizienzgründen lassen müssen. Ich bin außerdem selbst schon glücklich, wenn ich ungefähr verstehe, was in einem Gesetzespaket steht oder mir bewusst ist, was ungefähr auf den Weg gebracht werden soll.

Das Ausmaß unserer Dauerverwirrung als EU-Abgeordnete ist vielleicht am besten im Plenarsaal selbst zu sehen:

Zur Abwechslung hat unsere Fraktion gerade eine Abstimmung gewonnen. Ein junger Abgeordneter in der Reihe vor mir will den Erfolg twittern und wird von seiner Sitznachbarin zurückgepfiffen. Das sei noch lange nicht entschieden. Er ist irritiert. Offenbar versteht er auch nach zweieinhalb Jahren noch nicht vollumfänglich, wie das Gesetzgebungsverfahren der EU funktioniert. Ich verstehe wiederum ihn. Es ist ja auch ein Widerspruch in sich (eine kognitive Dissonanz). Da arbeitet man jahrelang auf eine Machtposition hin, gewinnt bei einer Wahl ein Mandat, und dann hat man doch kaum Macht, weil der ganze Laden, dem man angehört, vor allem eine symbolische Funktion hat. Wie soll man das auch verstehen?

2020 sitze ich nach den Abstimmungen im Plenarsaal und blicke verwundert in die ersten Reihen: Die Sozialdemokrat:innen freuen sich mit ihrer Berichterstatterin über einen Erfolg. Sie jubeln, machen Selfies, sogar ein Blumenstrauß wird überreicht. Sie haben einen Etappensieg errungen. Das Europaparlament hat seine Verhandlungsposition für den weiteren Gesetzgebungsprozess festgelegt: Lieferdienstmitarbeiter:innen sollen jetzt europaweit mehr Rechte gegenüber Plattformbetreiber:innen wie Uber und Lieferando bekommen. Ein Fraktionskollege von mir kommt vorbei und sagt nüchtern: «Die ist wohl noch nicht lange dabei. Die weiß noch nicht, dass das alles noch vom Rat zerpflückt werden wird.» Der Rat, noch mal zur Erinnerung, besteht aus den Mitgliedsstaaten, die grundsätzlich viel weiter rechts stehen, also für die Reichen und gegen die arbeitende Bevölkerung Politik machen. Sie SIND die EU. Wir als Parlament tun nur so.

An einem anderen Abstimmungstag gibt es nach einem verabschiedeten Bericht Applaus. Beim Thema Nahrungsmittelsicherheit haben die Linken einen knappen Erfolg erzielt. Hinter mir fragt jemand: «Worum geht's?» Jemand anderes antwortet: «Keine Ahnung, aber muss wichtig gewesen sein.» Kurz darauf stellt in meiner Nachbarschaft jemand die Nachfrage: «Warum stimmen wir so ab?»

Wer verstehen will, worüber wir gerade im Einzelnen wirklich abstimmen, muss extrem gut vorbereitet sein. Und wer seine Arbeit gut macht, sich also in sein eigenes Thema tief einarbeitet, kann es auf Dauer nicht leisten, auch bei allen anderen Themen top informiert zu sein. Parlamentarismus ist Arbeitsteilung. Zum enormen Volumen kommt hinzu, dass unser Handeln selbst so abstrakt ist, dass es schwer ist, immer konzentriert zu bleiben. Ich selbst gucke bei Abstimmungen in der Regel bei meiner eigenen Fraktion ab. Diese Entscheidung habe ich bewusst getroffen, denn ich wurde meiner Meinung nach nicht gewählt, um mich mit den Details von Gesetzen auseinanderzusetzen, sondern um Öffentlichkeit und Transparenz herzustellen. Dazu stehe ich (selbst, wenn ich am Boden liege).

In der Praxis laufen Abstimmungen so ab: Es gibt zu allen

Fachthemen Expert:innen in der Fraktion, die sich intensiv mit bestimmten Inhalten beschäftigen. Einzelnen Abgeordneten ist es nicht möglich, beim Umfang aller Abstimmungen alles im Blick zu haben, geschweige denn vollumfänglich zu verstehen. Dementsprechend muss ich an dieser Stelle desillusionieren. Wir Abgeordnete wissen im Detail nicht, worüber wir abstimmen. Die Abstimmungen in den Plenarwochen absolvieren wir im Akkord, oft im Zehn-Sekunden-Takt über eine Stunde lang. Ohne die von der Fraktion vorbereitete Voting List würde niemand richtig abstimmen können, weil wir alle mit dem Lesen der ganzen Details beschäftigt wären. Allein jede einzelne unverbindliche Resolution besteht aus mehreren Seiten, zu denen wiederum viele Seiten Änderungsanträge vorliegen. Insgesamt ist alles so komplex und facettenreich, dass jede:r Abgeordnete für die Prüfung aller Gesetze das ganze Personal einer Fraktion brauchen würde, also mehrere Dutzend Leute.

Oft denke ich mir, dass ich manchmal nichts gegen eine repräsentative Demokratie hätte. Dann würde ich mich von Volksvertreter:innen vertreten lassen und nur dann meine Stimme selbst abgeben, wenn sich ein knappes Ergebnis abzeichnet. Ich bin einer von 705 Abgeordneten des Parlaments. Ich habe die Macht über 0,14 Prozent der Stimmen. Man kann es drehen und wenden, wie man will: Viel Macht ist das nicht. Deswegen sind die meisten meiner Stimmabgaben rein symbolisch. Ich bin als Stimme im Plenum bei den aktuellen (vorwiegend neoliberalen) Mehrheitsverhältnissen nicht ausschlaggebend. Ist nun mal so. Um eine Abstimmung mal genau zu beschreiben, hier ein Ausschnitt:

Wir stimmen hintereinander über Absatz §1 Teil 12ap ab, dann geht es weiter mit Änderungsantrag §7 in vier Teilen, alle namentlich (bedeutet, ich drücke ein rotes, grünes oder weißes Knöpfchen, das digital festhält, dass ich als Nico Semsrott dagegen oder dafür bin oder mich enthalte, statt einfach nur kurz die Hand zu heben, um dem:r leitenden Parlamentspräsident:in meine Entscheidung grob anzuzeigen). In der Abstimmungsliste, die uns von der Fraktion vorgelegt wird, wird nur in sehr wenigen Worten erklärt, worum es jeweils genau geht, aber ohne Briefing nur, ob wir mit plus / grün, minus / rot oder 0 / weiß abstimmen. Für mich ist der Vorgang an sich absurd.

Da sitzen über 600 erwachsene Menschen in einem Raum, Professor:innen, ehemalige Regierungschef:innen und Minister:innen und gucken auf ihrer Spickliste nach, welchen der drei Knöpfe sie drücken sollen. Im Extremfall kann diese Übung schon mal 90 Minuten am Stück dauern. Der Vorgang ist unwahrscheinlich monoton. Um nicht zu sagen: richtig dumm.

Selbst der größte Parlaments-Nerd wird wohl kaum widersprechen können, wenn ich sage: Demokratie in ihrer parlamentarischen Form macht keinen Spaß.

Als Hinterbänkler in der vorletzten Reihe kann ich das Verhalten vieler Abgeordneter beim Abstimmen beobachten. Ab und zu sieht man ein Zucken, weil sich jemand verwählt hat. Dann ein Umgucken, ob es irgendjemand bemerkt hat. Ja, habe ich, aber ist doch auch egal. Es passiert immer wieder, dass die:der leitende Parlamentspräsident:in, die:der der Sitzung vorsitzt, gerade bei Abstimmungen mit Handzeichen nicht eindeutig sehen kann, ob die Mehrheit dafür oder dagegen ist.

Wenn die Abgeordneten im Plenum den Eindruck haben, dass die:der Parlamentspräsident:in nicht korrekt entschieden hat, dürfen sie laut «check» rufen, und die Abstimmung wird namentlich, also mit Knöpfchendrücken, wiederholt. Wenn dann die Vizepräsidentin Evelyn Regner (Sozialdemokratische Partei Österreichs) wie in einer Sitzung 2023 auf ein «check» mit folgenden Worten reagiert: «Ich mach Ihnen gern den Gefallen und eröffne damit die Überprüfung», impliziert sie, dass sie die Überprüfung aus Kulanz zulässt, und damit hat sie recht. In meinen Augen reiner Wahnsinn.

Egal, wohin man blickt, kaum etwas ist intuitiv verständlich. Selbst die grundsätzlichsten Fragen wie das Wahlrecht sind nicht unbedingt logisch konzipiert. Eine Abgeordnete sagt in einem Fernsehinterview für eine Kindersendung, eines der wichtigsten von ihr mit verabschiedeten «Gesetze» für sie wäre gewesen, dass das EU-Parlament sich für ein Wahlalter ab 16 ausgesprochen hätte. Die jugendlichen Interviewer haben natürlich keine Ahnung vom Sachverhalt und loben die Entscheidung.

Ich denke: «Hä? Ist das wirklich so?», und gucke nach: In den allermeisten Ländern dürfen die Bürger:innen weiterhin erst ab 18 Jahren wählen. Denn das Wahlrecht ist Sache der Mitgliedsstaaten. Dass also in Deutschland künftig bei Europawahlen ab 16 gewählt wird, hat der Bundestag entschieden, nicht das EU-Parlament. Das EU-Parlament hat nur gesagt, dass es das auch gut fände. Tja.

Die Außenwahrnehmung des Europäischen Parlaments ist ein einziges Missverständnis. Das sieht man auch sehr gut in der medialen Berichterstattung.

Ein Online-Artikel kündigt an: «EU-Parlament stimmt für Sanierungspflicht alter Gebäude».

Was ist damit gemeint? Was glaubst du?

Stimme jetzt ab:

( ) Beschluss
( ) Meinung
( ) weiß nicht

Erst am Ende des Artikels gibt es die so notwendige Einordnung:

«Mit der Abstimmung im EU-Parlament sind die Pläne noch nicht beschlossen. Die EU-Staaten und das Europaparlament müssen noch einen Kompromiss finden, bevor die Vorgaben in Kraft treten können. Diese Verhandlungen ziehen sich in der Regel mindestens über mehrere Monate. Änderungen sind also weiterhin möglich und gelten als sehr wahrscheinlich.»

(SPIEGEL Online, 14. 03. 2023, 15:40 Uhr, apr / dpa)

Selten passen Versprechen und Realität zusammen, und das ist das Grundproblem des Europäischen Parlaments. Häufig stimmen wir über Resolutionen ab, die nichts weiter sind als eine Art empörter Kommentar zum Weltgeschehen. Immer wieder wird in ihnen auch die EU-Kommission zum Handeln aufgefordert, zum Beispiel zum Verschärfen von Sanktionen gegen Russland. Ganz richtig steht dann aber am Ende des Artikels:

«Für die EU-Kommission und den Rat, die die Sanktionen umsetzen müssten, hat sie keinerlei bindende Wirkung.»

Nur weil etwas entschieden ist, ist es noch lange nicht entschieden. Wie absurd das ist: Da arbeitet eine ganze Maschinerie regelmäßig direkt für den Mülleimer. Und das, obwohl sie im Gegensatz zu den anderen beiden Institutionen am ehesten die demokratische Legitimation besitzt. Wir Abgeordneten wurden von allen Bürger:innen der EU direkt in einer freien Wahl bestimmt.

Warum das Europäische Parlament kein richtiges Parlament ist

GEHT NICHT
→ Gesetze vorschlagen
→ Sitz bestimmen
→ Wahlrecht bestimmen
→ Sinnvolle U-Ausschüsse machen

GEHT
→ Symbolische Sachen
→ Bisschen am EU-Haushalt rumschrauben
→ Kleinigkeiten ändern, die grundsätzlich vorbestimmt sind

Außerdem ist es überraschend, wie wenig man versteht. Und das liegt nicht daran, dass ich keine Parteikarriere hinter mir habe. Alle bestätigen, dass man auf EU-Ebene mindestens ein Jahr braucht, um die Prozesse ungefähr nachvollziehen zu können. Jüngere Abgeordnete erzählen mir, dass sie noch einmal antreten wollen, weil sie nach vier Jahren ungefähr verstanden hätten, wie der Hase läuft. Wenn es so lange braucht, bis diejenigen, die die wichtigsten Akteur:innen im System darstellen, das System ansatzweise verstehen – wie sollen Menschen, die nichts damit zu tun haben, da mitkommen?

TL;DR:

Dieser Abschnitt enthält sehr viel Ironie.
Dieser Satz nicht: Ich verachte Nazis,
Neonazis und alles, was rechtsextrem ist.

Nazis raus!

Deutschland rückt immer weiter nach rechts. Die AfD erreicht bei der Bundestagswahl 2021 in Sachsen und Thüringen die meisten Stimmen. Neun Abgeordnete der AfD sind Mitglieder des Europäischen Parlaments. Es waren mal zehn. Jörg Meuthen ist inzwischen partei- und fraktionslos. Ich schätze, die Rechten vertrauen nicht nur anderen nicht, sondern sich auch untereinander nicht. Die Fraktionslosen bezeichne ich als soziales Experiment: Was passiert, wenn man faschistische Schläger:innen, Kommunist:innen, Separatist:innen und Satiriker:innen direkt nebeneinander setzt? Schalten Sie ein, wenn es wieder heißt: Plenarwoche im Europäischen Parlament!

Alle Länder der Europäischen Union rücken nach rechts, es ist nicht nur Deutschland. Ich hasse es, immer wieder in einem Gebäude oder einem Raum mit Nazis zu sein. Immerhin, auch sie bekommen durch die Regeln des Europäischen Parlaments immer wieder Steine in den Weg gelegt. Sie müssen versuchen, zusammenzuarbeiten, damit sie gegeneinander sein können. Wie tragisch ist aus rechtsextremer Logik, dass sie ihren Hass aufeinander sogar übersetzen lassen müssen, damit die:der andere sie versteht?

Rassist:innen steht der eigene Rassismus im Weg. Aber nicht nur der Rassismus, auch der Nationalismus erschwert den Nazis aus verschiedenen Ländern auf EU-Ebene die Kooperation. So versuchen die Rechten schon seit langer Zeit, eine große rechte

Fraktion zu bilden. Aber es gibt unter ihnen «reiche Rechtsextreme» aus den Nordländern, die den «armen Rechtsextremen» im Süden kein Geld geben wollen.

2004 hatten die nationalen Parteien, die Freiheitliche Partei
Österreichs, Vlaams Belang, Front National und zwei Abgeordnete der neofaschistischen italienischen Parteien Fammia Tri-
colore und Alternativa Sociale versucht, eine rechte Fraktion zu
bilden. Um die vorgeschriebenen Bestimmungen für die Gründung einer Fraktion zu erfüllen, sind zu dieser Zeit 20 Abgeordnete aus sechs Ländern nötig. Bis 2007 schließen sich Abgeordnete der bulgarischen Koalizija Ataka und die Partidul
România Mare, ein weiterer rumänischer Abgeordneter sowie
ein Brite der Independence Party an, und die Fraktion Identität, Tradition, Souveränität wird gegründet. Sie wollen unter
anderem einen Einwanderungsstopp in alle Staaten der Europäischen Union, auch Familiennachzug soll nicht mehr stattfinden. Bereits nach kurzer Zeit kommt es zu Konflikten zwischen
den Abgeordneten. FPÖ und Alternativa Sociale sind sich bezüglich der Autonomie Südtirols uneinig. Es kommt nach wenigen
Monaten zum Zerfall durch eine Rede von Alessandra Mussolini.
Wegen des Mordes an einer Frau in Rom durch einen aus Rumä-
nien stammenden Mann findet in Italien eine große öffentliche
Diskussion über rumänische Roma in Italien statt. Es kommt zu
Ausschreitungen, und Mussolini beleidigt in ihrer Rede rumänische Personen pauschal, sodass die rumänischen Abgeordneten
der ITS aus der Fraktion austreten, die Fraktion nun nicht mehr
die erforderlichen Bestimmungen erfüllt und am 14.11.2007
mit sofortiger Wirkung aufgelöst wird.

Aktuell ist die rechteste Fraktion im Europäischen Parlament
die ID (Identität und Demokratie), doch auch unter den Fraktionslosen gibt es Abgeordnete, die sogar zu verrückt für diese
Fraktion sind, wie zum Beispiel alle Fidesz-Parteimitglieder oder

Ioannis Lagos. In der Fraktion EKR (Europäische Konformisten und Reformer oder auch die Fraktion für Menschen, die offen zugeben, dass Neoliberalismus auch ganz wunderbar ohne Menschenrechte und Rechtsstaat funktioniert) befinden sich Abgeordnete der polnischen PiS-Partei.

Für mich sind die Mitglieder der EKR die liberalen Nazis. Entsprechend würde ich sagen, dass sich die Rechtsextremen in drei «Gruppen» aufhalten. Mit Nazis macht man keine gemeinsame Sache. Manfred Weber hat diesen Satz wohl noch nicht gehört, oder es ist ihm scheißegal. Er trifft inzwischen Absprachen mit der ID-Fraktion.

Auf ihrer Webseite stellt sich die EVP mit folgenden Worten vor:

*«Die EVP-Fraktion ist die größte und älteste Fraktion im Europäischen Parlament. Als Mitte-**Rechts**-Fraktion engagieren wir uns, ein stärkeres und selbstbewusstes Europa zu schaffen, das seinen Bürgern dient. Unser Ziel ist es, ein wettbewerbsfähigeres und demokratischeres Europa zu schaffen, in dem die Menschen so leben können, wie sie wollen.»* (https://www.eppgroup.eu/de)

Sie streiten weder ab rechts noch alt zu sein. Scheiß auf die Generation, die mit den Folgen unserer Entscheidungen klarkommen muss. Alte Rechte zuerst.

Selbst rechtsextreme Parteien wie die Fratelli d'Italia von Giorgia Meloni profitieren also in der EU.

Das Beispiel zeigt aus meiner Sicht zwei Dinge: Die EU wird von innen erst mal nicht mehr in ihrer Existenz bedroht. Und schrecklich, aber ebenfalls wahr: Es braucht keine Demokrat:innen, um die EU fortzuführen. Das Gerüst funktioniert - erst einmal - auch mit Nicht-Demokrat:innen.

In Bezug auf die Europawahl 2024 bin ich mehr als nur besorgt. Ich glaube, ich habe Angst. Ich befürchte, dass das kommende Parlament eine große Mehrheit an rechten und rechtskonservativen Parteien bekommen wird. Auch ein Grund, warum ich nicht noch mal antreten möchte. Ich halte diesen Rechtspopu-lismus so nah an mir dran einfach nicht aus. Und ich bin nicht radikal genug.

Einmal, in der Tiefgarage in Straßburg, hätte ich die Chance gehabt, Jörg Meuthen zu überfahren. Er lief einfach zwischen zwei Autos vor meines. Ich habe ihn nicht erwischt.

TL;DR:
Am Anfang dachte ich, als Abgeordneter
könnte man was verändern.

Mögen die Verhandlungen beginnen

Um offiziell Mitglied des Europäischen Parlaments zu werden, brauche ich natürlich einen eigenen Ausweis. Wie sonst soll man die vielen Menschen im Parlament hierarchisch unterscheiden können? Der Badge von Abgeordneten ist dunkelblau, der von Assistent:innen mittelblau und der von Fraktionsmitarbeitenden oder auch Mitarbeitenden des Parlaments hellblau. Ich bin also auf der dunklen Seite der Macht. Selbstverständlich sind die Badges mit Passfotos ausgestattet, damit sie nicht einfach an eine andere Person weitergegeben werden können. Wir Abgeordneten haben dafür einen ganz offiziellen Fotografentermin. Als ich vor die Linse soll, bittet mich der Fotograf, meine Kapuze abzunehmen. Ich weigere mich. Ich bin als die Figur Nico Semsrott mit schwarzer Kapuze, Brille und ganz sicher ohne ein Lächeln gewählt worden. Dem Fotografen beginnt der Schweiß auf der Stirn zu perlen. Er fürchtet, wenn er mich so ablichtet, wird er keine Folgeaufträge mehr vom Parlament bekommen. Er sieht seine Existenz auf dem Spiel. Es hätte mir eine erste Warnung sein können, aber in dem Moment denke ich mir nicht allzu viel dabei. Ich versichere ihm, dass es meine Verantwortung ist und ich mein Aussehen auf keinen Fall für ihn verändern werde. Mal abgesehen davon habe ich vor meiner Wahl auf Twitter beim Europäischen Parlament nachgefragt, ob es eine Kleiderordnung gibt.

Weil ich Abgeordneter bin und er «nur» Dienstleister, gibt er nach. Emotionslos starre ich in seine Linse, er drückt ab, das Bild ist im Kasten, ich gehe. Meinen Badge bekomme ich mit Kapuzenbild und ohne Kommentar. Optimist:innen würden es so sehen: Kaum ein paar Stunden im Amt, schon ein erster Sieg. Ich sehe es so: Kaum ein paar Stunden im Amt, schon der erste Widerstand.

Das Parlament gibt die Anweisung, dass alle in ihm ihren Badge für andere sichtbar tragen sollen. Immerhin werden uns die Badges nicht wie Kühen an die Ohren getackert, wobei ich mir im Nachhinein lieber das Ohr gepiert und auf einer grünen Wiese gelebt hätte, als die kommenden fünf Jahre so zu erleben, wie ich es habe.

Die Atmosphäre im Parlament ist ziemlich eigen. Jede:r ist wichtiger als alle anderen.

Schon vor meiner Wahl habe ich mir Gedanken gemacht, was genau ich eigentlich mit dem Amt will. Ich betone das, obwohl es logisch sein sollte, weil ich im Nachhinein oft das Gefühl hatte, dass sich andere keine Gedanken gemacht haben. Für mich ist dieser Schritt ein Bühnenwechsel. Raus aus meinem Tourleben. Ich will Öffentlichkeit schaffen. Für Dinge, die falsch laufen. Vielleicht etwas leaken. Anders als Martin Sonneborn möchte ich Teil einer Fraktion werden. Als große Gruppe, glaubte ich, kann man mehr erreichen als allein. Ich schwanke zwischen den europäischen Grünen und den Linken. Als Heranwachsender hatte ich mal ein Praktikum bei jemandem von der SPD machen wollen. Ich wurde nicht genommen, für mich deren erster Strike. Es folgten viele weitere, weswegen ich mich mit dieser Partei und der entsprechenden europäischen S&D-Fraktion niemals identifizieren könnte. Rückblickend bin ich mir außerdem sicher: Wäre ich bei den Liberalen und Sozialdemokrat:innen eingetreten, ich wäre noch viel schneller vom Glauben abgefallen. In meinen Augen ist die Fraktion der Grünen die linkste funktionsfähige Fraktion im Europäischen Parlament. Die Linken sind sich auf europäischer Ebene so uneins, dass sie oft nichts bewirken können.

Durch meine Zusammenarbeit mit der Fraktion Greens European Free Alliance waren die Nazis nicht die viertgrößte, sondern nur die fünftgrößte Gruppe im EU-Parlament. Das bedeutet im Vergleich weniger Rederechte und weniger Ausschusssitze. Leider ist die ID-Fraktion nach dem Brexit größer geworden. Ein weiterer Beweggrund war die Infrastruktur. Es hat logistische, politische und weitere Vorteile, mit Mitarbeiter:innen der Fraktion zusammenarbeiten zu können. Noch dazu wollte ich, anders als Martin, nicht bei den Nazis sitzen. Bei den Fraktionslosen sitzen Personen, die sogar den ID-Nazis zu krass waren, unter anderem Ioannis Lagos oder Nazis, die zwischen verschiedenen Naziparteien wechseln wie Nicolas Bay, das würde ich psychisch nicht aushalten.

Die Verhandlungen mit den Grünen verlaufen so, dass ich ihnen von vornerein transparent sage, dass ich nicht inhaltlich mitarbeiten will. Das bedeutet, dass ich in keinem Ausschuss Rollen wie Berichterstatter übernehmen möchte, um Triloge mit dem Rat und der Kommission zu führen. Ich möchte Videos produzieren und Aufmerksamkeit für Themen in Europa schaffen. Was die Fraktion unter sich bespricht, weiß ich nicht. Was ich im Nachhinein erfahre: Die neu gewählten deutschen Grünen holen sich für meinen Beitritt das Okay von Vizekanzler Robert Habeck. Meines Wissens steht das in keinem Schulbuch, dass der Parteivorsitzende in Deutschland mitentscheidet, wer auf europäischer Ebene Fraktionsmitglied werden darf. Und vielleicht ist das nur hier so, wahrscheinlich ist es aber auch bei allen anderen so. Wer mit wem redet und etwas entscheidet, ist immer intransparent. Eine Er-sagt-sie-sagt-Geschichte, alles nur Hörensagen, und am Ende gibt es eine Entscheidung. Am Tag der Entscheidung, ob mir die Grünen beitreten wollen, muss ich vor dem Sitzungssaal der Fraktion warten. Weird. Nach einiger Zeit holt mich jemand rein, ich betrete den Raum, und es gibt Applaus. Cool. So kenne ich das von meinen Auftritten. Eine Person umarmt mich sogar, ich habe sie noch nie zuvor gesehen. Es ist irgendwie herzlich.

Letztlich ist die Abmachung mit der Generalsekretärin folgende: Ich bekomme zwei Teilzeitstellen für Grafik und Video aus Fraktionsmitteln. Die Fraktion erhält mit meinem Beitritt eine weitere Stimme in Plenarabstimmungen und zusätzliche Steuermittel. Dass ich zwei Extra-Angestellte bekomme, solle ich bitte für mich behalten. Ich bin irritiert, weil ich in meiner anfänglichen Naivität denke, dass die Grünen doch Transparenz befürworten. Wo soll also das Problem sein? Erst nach einiger Zeit im Parlament werde ich verstehen, dass Wissen eben Macht ist und die meisten Informationen von den Mächtigen extra nicht verbreitet werden. Wenn alle meine Fraktionskolleg:innen über diesen Deal Bescheid wüssten, gäbe es eventuell Neid und Ärger, gleichzeitig würde auch für andere sichtbar werden, dass ich einen bestimmten Wert für die Fraktion habe und dafür «mehr» bekomme. Und man muss ja nicht mehr Unruhe in die Gruppe bringen, als aufgrund unterschiedlicher Überzeugungen ohnehin schon da ist.

TL;DR:

Der Sinn von Talkshows erschließt sich mir nicht.

(Bitte trotzdem noch einladen, ich brauche das für die Buchpromo!)

Was mache ich hier?

Drei Tage nach meiner Wahl erhalte ich eine Einladung in die Sendung Maischberger in der ARD. Skurrilerweise habe ich nach dem Wahlsieg erst mal gedacht: «Ja, das ist schon angemessen, dass ich eingeladen werde», und gleichzeitig auch «irgendwie absurd». Es gab eine Gleichzeitigkeit aus «Ja, ich bin relevant» und «Was? Nein! Ich bin ein Satiriker. Ich gehöre da nicht hin.» Andererseits habe ich in den Jahren zuvor schon gesehen, dass immer häufiger irgendwelche Satiriker:innen oder Kabarettist:innen in diese politischen Talkshows eingeladen wurden, was ich problematisch fand, aber auch folgerichtig, weil das ganze Format an sich problematisch ist.

Am Tag der Aufzeichnung habe ich in Brüssel einen sehr vollen Vormittag und soll in irgendeinem Nachmittagsflieger nach Berlin sitzen, weil die Aufzeichnung am frühen Abend, also zwischen 18 und 20 Uhr stattfinden soll. Natürlich fällt mein Flug aus. Also warte ich auf den nächsten. Selbstverständlich hat der Verspätung. Mit der Produktionsleitung der Sendung stehe ich die ganze Zeit via SMS in Kontakt. Ich glaube, sie bekommen langsam Panik, dass ich nicht auftauchen werde. Im Normalfall werden Personen dann eben ersetzt. Für mich ist das offenbar nicht vorgesehen, denn ich erhalte keine Absage.

Zu den weiteren Talkshowgästen an diesem Abend gehört auch der Ministerpräsident von Sachsen-Anhalt. Er muss wegen mir bis spät in die Nacht warten. Genauso Kevin Kühnert. Als ich dann endlich am Set ankomme, verkündet die Produktion, dass die Sendung live stattfinden wird. Für eine Aufzeichnung reicht die Zeit nicht mehr aus. Ich muss vor mir selbst und allen anderen zugeben, dass ich der Grund bin, dass alle anderen so lange warten mussten, aber es war ein Versehen. Die Stimmung vor Ort erscheint mir etwas genervter, als sie wohl im Normalfall sein dürfte, einfach weil dieser Komiker aus Brüssel zu spät kommt. Dr. Reiner Haseloff erzählt mir, dass er mit seiner Frau noch in einem seiner Stammrestaurants zu Abend gegessen hat und das ganz nett fand. Kevin Kühnert kommt mit den Worten «Wir kennen uns ja noch nicht» zu mir und stellt sich vor. Mit dem Welt-«Journalisten» Robin Alexander beginne ich direkt eine verbale Kabbelei, weil ich ihm unterstelle: «Ah, Sie sind ja quasi CDU-Mitglied.» Ich bin wirklich null diplomatisch. Strategisches Vorgehen ist nicht meins. Ich habe gerade Lust zu provozieren und halte mich auch nicht zurück. Haseloff wirft noch ein, er glaube, die kommenden Zeiten würden schlimm und wir müssten alle zusammenhalten. Er sieht das Erstarken der AfD, benennt es und behält damit für die nächsten Jahre auch leider recht. Die Zeit für Small Talk ist vorbei. Wir werden alle fertig gemacht, verkabelt, auf unsere Plätze gesetzt. Es ist meine zweite Live-Sendung überhaupt, nur einmal zuvor habe ich das bei Die Anstalt miterlebt. Die Übertragung beginnt. Jemand zählt runter - drei, zwei eins. Ich höre meinen Puls unter der Kapuze extralaut, er steigt mit jedem Runterzählen. Ich finde das brutal. Mein Redeanteil bleibt sehr klein:

«Ich wollte einfach grundsätzlich mal sagen, dass ich in so eine Sendung eingeladen werde, das halte ich für ein Alarmsignal. Ich denke, es ist wirklich problematisch, sowohl für die Politik als auch für die Medienlandschaft. Andererseits finde ich diese Talkshows auch problematisch, als Format, weil sie suggerieren, dass politische Inhalte verhandelt werden, und eigentlich geht es nur um Unterhaltung. Und ich habe hier nur zugesagt, weil ich diesen Satz einmal in einer Talk-

show sagen wollte und auch, damit hier auf diesem Platz heute kein AfD-Politiker sitzt.»

Weil es live ist, können sie das im Nachhinein nicht rausschneiden. Das finde ich gut. Dafür haben alle stundenlang auf mich gewartet. Nicht meine Schuld, was haben sie denn auch erwartet? Ich gebe zu, ich bin mit dem Format an sich auch einfach überfordert. Trotzdem – die zwei, drei Punkte, die ich setzen wollte, habe ich gemacht. Ansonsten bin ich für ein solches Unterhaltungsformat einfach zu seriös.

Die ganze Sendung ist in meinen Augen extrem unstrukturiert. Es ist albern, eine Sendung unter dem Titel «Der Wahlschock: Haben sich Volksparteien überlebt?» so zu gestalten. Immer wieder drifte ich in meinen Gedanken ab und frage mich ernsthaft: «Was mache ich hier?» und «Warum werden ich und meine Rolle hier zu einem Hauptthema gemacht?». Wir haben bei der Europawahl 2019 2,4 Prozent erreicht. Das ist irrelevant. Aber so sind halt diese Sendungen. Es geht dabei nicht um eine Erkenntnis, es geht nicht um einen Informationszugewinn und auch nicht um eine demokratische Debatte oder Auseinandersetzung, sondern einfach um Unterhaltung und darum, dass viele Leute einschalten. Es soll krachen. Und damit ist diese Sendung genauso wie Social Media ein Ort, an dem die Debatte stirbt. Sendungen wie Maischberger tragen für mich eine Mitschuld am Erstarken der AfD. Sie nutzen das Narrativ der «Überfremdung». Sie haben sich dafür entschieden, Nazis eine Bühne zu geben. Man hätte sich auch dazu entscheiden können, dass Rassismus ein No-Go ist. Lieber spreche ich mit jemandem wie Tilo Jung, weil er sich interessiert und auch teilweise gefährliche Nachfragen stellt. Ich habe so das Gefühl: Wenn es ins Fernsehen geht, wird es oberflächlicher. Das Fernsehen produziert schon eher für den kleinsten gemeinsamen Nenner, und ein YouTube-Format erlaubt sich eine Spleenigkeit. Finde ich besser.

Nach der Sendung sehe ich, dass es wohl doch ein paar Zuschauer:innen gab.

Hazel Brugger @hazelbrugger 29/05/2019:
Ich esse gerade ein Ü-Ei und schaue Frau #Maischberger zu, wie sie nicht mit @nicosemsrott klarkommt. Das Leben kann so schön sein.

Nico Semsrott @nicosemsrott 30/05/2019:
ok, mensch, hier auf twitter war ja gestern zu #maischberger mehr los als im studio!

Hazel Brugger @hazelbrugger 29/05/2019:
Einziges Szenario, wie Frau #Maischberger @nicosemsrott noch ernst nehmen wird: Plot-Twist. Nico zieht seine Kapuze aus, dreht sich um und in einem Harry-Potter-Voldemort-Moment erfahren alle, dass auf seinem Hinterkopf das Gesicht von AKK ist.

Aus meinem privaten Umfeld bekomme ich hauptsächlich die Rückmeldung, dass sie den Eindruck hatten, Maischberger sei mit mir überfordert gewesen. Sie hätte mit mir als Satiriker in diesem Kontext schlecht umgehen können und habe meine Rolle nicht verstanden.

Was soll ich da sagen? Ich bin jeden Tag mit mir selbst überfordert.

TL;DR:
These five years could have been an e-mail.

London Calling

Es ist meine erste (und wie sich später rausstellt: letzte) Fraktionsklausur meines Lebens. Sinn dieser Zusammenkunft aller Mitarbeitenden der Fraktion, ihrer Abgeordneten und Assistent:innen ist es, gemeinsame Ziele zu definieren, sich abzusprechen, wer woran arbeitet, sich gegenseitig zu motivieren - kurz: die Welt zu verbessern. Na, wenn es weiter nichts ist.

Was ich daran so verwirrend finde, ist, dass es keine vernünftige Kennenlernphase, nichts Schönes, nichts Zwischenmenschliches gibt. Es geht sofort los mit der Arbeit. Ich stelle mir das anders vor. Wenn man fünf Jahre gut zusammenarbeiten muss, dann muss man doch erst mal irgendwie einen gemeinsamen Vibe haben oder entwickeln, sich annähern. Die menschliche Ebene muss stimmen. Stattdessen schreit ein Abgeordneter (im Dezember 2021 aus dem Europäischen Parlament ausgeschieden) quasi alle an, er wolle mehr Mitarbeitende für seine Kampagne. Was ist das für eine Absurdität, mit der hier gleich am ersten Abend um irgendwelche Ressourcen, die gar keine Auswirkungen auf irgendwas haben, gestritten wird? Ich bin von Politik schon jetzt so was von abgeturnt. Laut sage ich: «Wow, ist das dumm.» Einige Leute hören mich, Praktikant:innen und Abgeordnete. Niemand antwortet. Ich finde das Verfahren so dämlich, schon jetzt miteinander zu streiten und gegeneinander zu arbeiten, statt gemeinsam zu überlegen, wie wir etwas machen wollen und wie es aufgeteilt werden soll. Ich sehe überhaupt gar keinen Sinn darin, an dieser Stelle die Ellenbogen auszufahren. So funktioniert Politik aber nicht, das ist mir zu diesem Zeitpunkt nur noch nicht bewusst. Überspitzt ausgedrückt: Es wird einfach gnadenlos um jede kleinste Scheiße gestritten. Das checke ich in der Zeit in London zum ersten Mal und erlebe und fühle es doll. Es ist nicht schön, es ist nicht nett. Eher giftig. Und ich weiß auch gar nicht, wozu. Nichts hier hat Auswirkungen auf irgendwas draußen. Ich denke: «Ich will mit diesen destruktiven Prozessen nichts zu tun haben.» Da ist kein Gefühl von: «In dieser Form würde ich gerne enger mit allen zusammenarbeiten.» Mein Verweigerungsmodus ist bereits aktiviert. Ich nehme an keinem der angebotenen Workshops teil. Es war sowieso von vornerein nicht meine Idee, in eine Fraktion zu gehen, um dort inhaltlich mitzuarbeiten. Ich wollte in eine Fraktion, um angedockt zu sein an ein politisches Gewicht, sodass ich dann im Zweifelsfall meine Kunst machen kann, mit ein bisschen Power im Hintergrund. Dementsprechend war mir klar, dass ich sowieso dort nicht in die Inhalte gehe, sondern mir das einfach angucke und versuche zu schauen, ob ich mit irgendjemandem dort ganz gut kann.

Absurderweise ist auf dieser Klausur ein Partyabend geplant. Von der Generalsekretärin wünsche ich mir, dass ich da zu Beginn eine PowerPoint-Präsentation halten kann, um mich vorzustellen. Ich bekomme zehn Minuten, halte meinen Vortrag erstmals auf Englisch und bekomme viel positives Feedback. Sogar mein «Wollt ihr mehr se(h)en?»-Witz klappt. Ich formuliere ihn um in «Is there anything else you would like to see?» und zeige als nächste Folie ein Meer. Krass, ich habe schon seit Monaten nicht mehr gefühlt, dass ich etwas gut kann. Es fühlt sich so an, als hätten die Menschen, die gerade da sind, auch wirklich Bock drauf. Ich realisiere, dass auftreten eigentlich doch das ist, was ich mache, und das auch gut. Der Rahmen, in den ich mich politisch begeben habe, ist eine andauernde Herausforderung. Einfach, weil ich immer über einen großen Graben gehen muss, um zu versuchen, meine Ideen und Gedanken nach außen zu bringen.

Nach meinem Vortrag geht die Party los, es gibt Alkohol und laute Musik. Menschen tanzen. Ich bin angetrunken und mache mit. Mein Abgeordnetendasein verändert mich. Zu diesem Zeitpunkt bin ich für meine Fraktionskolleg:innen noch interessanter als schon ein paar Monate später. Noch gibt es Hoffnung auf gemeinsame Projekte und mehr Aufmerksamkeit. Allerdings wird mir schnell klar – da habe ich keinen Bock drauf. Die Ideen der anderen Abgeordneten, wie Öffentlichkeit funktioniert und was sie erzählen, unterscheidet sich stark von meinen. Ich habe Lust auf Spaßmachen, und die haben Bock auf: «Hier, wir müssen diese Petition unterschreiben. Wir brauchen noch 5000 Unterschriften, und dann ändert sich auch nichts.» Da kann man klar sagen: Das sind unterschiedliche Ziele. Wenn ich mir die Instagram-Kanäle aller 705 Abgeordneten anschaue, sehe ich häufig beliebige Bilder von einer Scheißkonferenz mit langweiligen Leuten. «Wir waren 20 Stunden in einem sauerstofflosen Raum, und das sind unsere Ergebnisse. Ach nee, erzählen wir ja gar nicht. Es war jedenfalls superspannend.» Das ist eine völlig andere Form als das, was ich mache.

Den Rest der insgesamt drei Tage in London verbringen mein Team und ich eher intern. Besprechen und planen Kram für uns. Dazu gibt es Freizeit, wir fahren Doppeldeckerbus, besuchen Museen und schreiben Ideen auf, die wir gemeinsam verwirklichen wollen.

Im Laufe der fünf Jahre meiner Legislatur lädt die Fraktion zu weiteren Gruppenveranstaltungen ein, ich tauche nicht mehr auf. Wozu? Für mich hat das keinen Mehrwert. Meine Teilnahme für die Kolleg:innen ebenso nicht. Der gleiche Grund, weswegen ich auch nur zu Beginn zu Fraktionssitzungen gehe. Ich erkenne, dass ich da nichts verloren habe, also lasse ich es sein. Die anderen Abgeordneten meiner Fraktion können viel besser einschätzen, in welche Richtung man verhandelt, und mir persönlich ist es egal, ob man 0,1 Prozent mehr oder weniger rausholt. Mich interessiert das große Ganze, und ich muss nicht über Details diskutieren. Ich glaube nicht, dass die Grünen-Fraktion ein Ort ist, an dem ich irgendwie was bewegen kann oder wo meine Meinung einen Unterschied macht.

Ich denke, für mich persönlich ist es extrem schmerzhaft, dem Ganzen beizuwohnen, weil gelabert wird ohne Ende. Es ist alles unfassbar unlustig und uninteressant, und es geht hauptsächlich um Machtdemonstration, darum, wer am meisten redet. Das ist ein Wettbewerb, in den ich mich gar nicht begeben will. Ich weiß nicht, was das Ziel für mich dabei sein sollte.

Das alles liest sich ziemlich negativ, deshalb möchte ich noch kurz Folgendes anfügen: Es gibt viele Menschen in der Grünen-Fraktion die ich gut finde. Ich bin davon überzeugt, dass sie wirklich versuchen, vieles zu ändern, und ihre politischen Ansichten finde ich unterstützenswert und ihren Idealismus bewundernswert. Vor allem, dass sie in dieser Scheißumgebung nicht aufgeben. Das finde ich richtig krass. Es ist wirklich vorbildlich, Leute zu haben, die nicht den Drang haben, alles zu verscherbeln und den Reichen alles in den Rachen zu werfen, sondern nur das meiste. Diesen Hang zum Kompromiss finde ich gut! Es gibt sehr viele, die sich wirklich den Arsch aufreißen für ihre Überzeugungen und ihre Wahlversprechen.

Die Grünen sind mit der Linken die am wenigsten Schlechten. Sie sind auf europäischer Ebene am weitesten weg von der Macht und lassen sich dadurch am schwierigsten korrumpieren. Außerdem führen sie ehrliche Diskussionen darüber, ob man Nebentätigkeiten haben sollte oder nicht. Und das ist total entscheidend für die Käuflichkeit von Abgeordneten und dementsprechend für das Grundprinzip von Demokratie. Unabhängigkeit versus Käuflichkeit. Sie haben als Priorität Nummer eins auch nicht, dass es der Wirtschaft gut geht. Das allein schon ist hervorragend. Die Grünen und Linken auf EU-Ebene wollen auch Milliardär:innen stärker besteuern. Ich finde, wie Politik funktioniert, ist falsch. Das System stimmt nicht und macht alles schlechter. Es lässt eben nicht mal Idealismus unberührt. Machtkämpfe und all das, und es ist so, dass es in allen

Parteien welche gibt, weil das System so funktioniert. Das ist, was mich stört. Politik widert mich an. Man muss durch so viel Bullshit waten, um zu irgendeinem Ziel zu kommen. Und es ist eben nicht mal oft ein gutes Ziel, zu dem man dann gelangt. Es wird gestritten um, aus meiner Sicht, völlig sinnlose, egale Dinge. Dass ich mir so früh am Anfang schon die Frage gestellt habe, «Was machen wir hier denn?», war für mich wirklich nicht absehbar. Das ist doch irre.

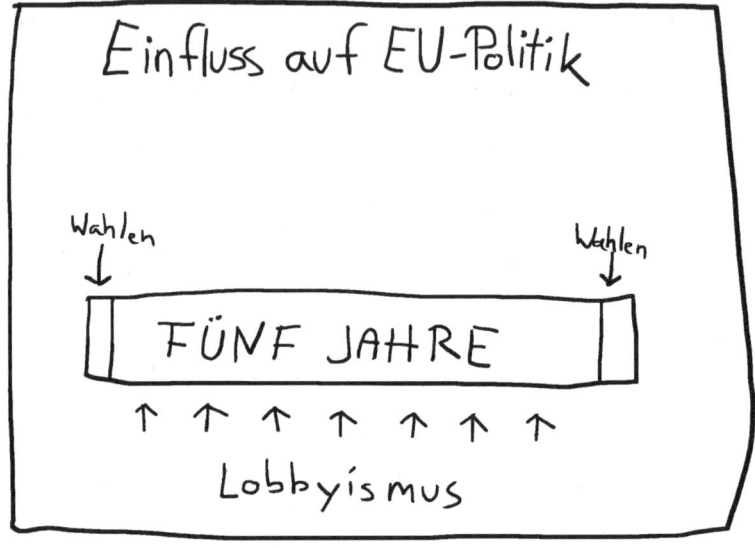

TL;DR:
Ich stelle einem Kommissaranwärter ein paar Fragen und mir danach die, warum ich das eigentlich gemacht habe.

Wie steht es um unsere Zukunft?

Ich habe die Möglichkeit, dem Kommissaranwärter für Interinstitutionelle Beziehungen und VORAUSSCHAU Maroš Šefčovič ein paar Fragen zu stellen. Einfach, weil das irgendwie so abläuft. Wenn die Kommission neu besetzt wird, dürfen EU-Abgeordnete die potenziellen Bewerber:innen befragen. Einfach nur, weil es geht, will ich das mal machen, und meine Fraktion lässt mich sogar. Dass ich überhaupt weiß, dass das geht, liegt nur daran, dass ich zu Beginn im Amt noch an Sitzungen des Petitionsausschusses teilnehme, in dem ich einige Zeit lang stellvertretendes Mitglied bin. Mir geht es dabei darum, möglichst lustige Fragen zu stellen. Wenn man mit dieser Befragung eh schon nichts erreichen kann, warum sie dann nicht wenigstens unterhaltsam machen? Ich will am Anfang die Menschen in die Politik hineintricksen, indem ich was Lustiges mache, sie es angucken und sich so dann mit Politik beschäftigen. Meine Fraktion aber will, dass ich so viele Inhalte wie möglich in meine Rede- beziehungsweise Fragezeit einbringe. Wir haben völlig unterschiedliche Interessen. Mir geht es um den Effekt und ihnen um Strebsamkeit. Insgesamt habe ich nur zwei Minuten Zeit, um überhaupt was zu sagen. Meine Ziele sind mit der meiner Fraktion gerade nicht vereinbar. Ich will Kunst machen, sie Langeweile. Bei alldem erkenne ich, dass mein Satireanspruch und der langweilige Politikanspruch nicht zusammenpassen, weil ich auf eine Zuspitzung hinarbeiten möchte und die anderen den ganzen Strauß an möglichen Punkten abhaken wollen. Irgendwas von ihnen nehme ich in meine Fragezeit mit auf und lasse den Rest weg:

Herr Vizepräsident, als Experte für Vorausschau wissen Sie bereits, was ich sagen werde.
Da nichts Sie überraschen kann, haben Sie ein entspanntes Leben.
Ich beneide Sie.
Ich weiß noch nicht einmal, was ich zum Abendessen haben werde.
Was werde ich haben? Die Spannung bringt mich um.
Vorausschau: Können Sie uns bitte einfach sagen, was Sie bis 2024 erreicht haben werden bezüglich der ungesunden Beziehung zwischen dem Bürger:innenausschuss – (also dem Petitionsausschuss) und der Kommission?
Es fühlt sich so an, als hätten Sie uns geghostet.
Werden Sie eine Paartherapie gestartet haben?
In Bezug auf zweitens: Wie schaffen Sie es, dem Parlament das Recht einzuräumen, Folgendes zu tun: Gesetzgebung einleiten.
Und drittens, in Bezug auf Ihren Job, der sicherstellt, dass alle beauftragten Kommissar:innen keine Interessenkonflikte haben werden, einschließlich aller Arten von Präsident:innen, die möglicherweise enge Beziehungen zu Beratungsunternehmen haben.

Danke, vielen Dank, Herr Semsrott, für diese Frage. Als ich das Portfolio für Vorausschau erhielt – es ist wahr, dass einige meiner Kolleg:innen mich gefragt haben, ob ich jetzt in der Lage bin, ihnen die Lottozahlen vorherzusagen. Und ich kann Ihnen sagen, dass ich diese Macht und diese Vorausschau nicht habe, ich habe keine Kristallkugel.
Es geht darum, sicherzustellen, dass, wenn wir die beste

wissenschaftliche Beratung in den Bereichen nutzen würden, wo Europa sein könnte, sollte oder möchte – sei es 2030 oder 2040 – oder wie man zu dem kommt, was so wichtig für dieses Haus zur Klimaneutralität bis 2050 ist. Und dann denke ich, dass die Wissenschaft in der Lage ist, uns einen sehr guten Rat zu geben. Werden wir dort hinkommen? Mit der Arbeit an den aktuellen Richtlinien – wahrscheinlich nicht. Werden wir dort hinkommen, wenn wir unsere Bemühungen etwas verbessern? Wahrscheinlich auch nicht.

Also, was wir tun müssen, damit unser bevorzugtes Szenario Realität werden kann, und wie wir uns aus diesem Ziel entwickeln würden: Alle notwendigen Schritte in der wirtschaftlichen Entwicklung, in der Gesetzgebung, in Regulierungsbereichen, also können wir eigentlich nicht nur träumen, sondern die bessere Zukunft für uns alle aufbauen. Das ist Voraussicht. Und deshalb denke ich, dass wir es hier im Europäischen Parlament besprechen müssen, wie wir vorgehen werden, nicht nur die Zukunft zu präsentieren, sondern auch, wie wir daran arbeiten und was es bedeutet und wodurch und durch welche Megatrends wir das erreichen wollen. Ich glaube, das sollte unser gemeinsames Ziel sein.

Wo wir mit dem PETI und der Kommission sein werden – ich glaube nicht, dass wir eine Paartherapie bräuchten.

Denn normalerweise, wenn Sie ein Problem in einem Paar an sich haben, ist das Problem die Kommunikation.

Und ich kann Ihnen versichern, dass ich mit dem PETI-Ausschuss sprechen werde, so oft, wie sie möchten, dass ich dort bin. Und ich möchte, dass meine Kolleg:innen aus den Bereichen der Kommission das Gleiche tun und die richtigen Fragen der Bürger:innen beantworten. Und zum Initiativrecht, denke ich, habe ich bereits viel ausgearbeitet, und ich denke, dass Ihr Ausschuss heute bewie-

sen hat, wenn es zu einem Interessenkonflikt kommt, sind Sie ziemlich hart und zögern nicht, Ihre Macht zu nutzen. Also habe ich keine Angst davor.
Überhaupt nicht.

In Ihrem Auftragsschreiben steht, dass Sie für den Dialog zwischen den Menschen und der Kommission verantwortlich sind, aber was Sie vorhaben, ist, einen Monolog zu führen.
Also, wenn Sie wollen, dass sich die Leute darum kümmern, was Europa tut, muss man ihnen eine Chance auf ein Mitspracherecht geben, zu dem, was Europa tut. Um es in Beratersprech zu sagen, der Ihre Weltanschauung prägt, es gibt ein «riesiges menschliches Kapital», das «freigesetzt werden soll», und es gibt Europäer:innen, die mehr wissen als Sie, die sich mehr interessieren als Sie, die kreativer sind als Sie und die Ihre Arbeit für weniger Geld machen würden. Um wieder in Ihre Kristallkugel zu gucken, was genau haben Sie getan, um ihnen Macht zu geben?

Ich denke, dass wir zusammen viel getan haben. Ich denke, wenn ich meine Leistung über die Jahre hinweg betrachten müsste, die letzten 10 Jahre, dann denke ich, dass ich wahrscheinlich einer der häufigsten Gesprächspartner war, der mit unseren Bürger:innen im Dialog war.
Und wahrscheinlich habe ich mehr europäische Parlamente und Regionalräte besucht als andere Kommissare. Nicht, weil ich so gut bin, sondern weil ich länger hier war und es ein Teil meines Jobs war. Und jetzt ist das Gute, dass unsere gewählte Präsidentin von uns will, dass wir alle das Gleiche tun. Sie will, dass wir alle Mitgliedsstaaten innerhalb der ersten Hälfte des Mandats besuchen.
Und natürlich reden wir nicht nur mit den Minister:innen

oder den Parlamenten. Wir wollen mit den Leuten reden, und ich würde mich über konkrete Vorschläge, die Sie haben, freuen. Dafür sind wir dankbar, wenn Sie uns sagen, wie wir uns verbessern könnten.

Wir beraten die Menschen durch die Plattform – schwer zu sagen –, ich weiß, dass es nicht ideal ist.

Wir versuchen, mit den Personen über soziale Medien zu interagieren. Ich habe verschiedene Wege getestet, wie wir die Facebook-Plattform einbinden können, um mit jungen Leuten zu sprechen. Und ich war selbst überrascht: Eine solche Diskussion hat uns 30 000 junge Zuschauer:innen gebracht. Also lassen Sie uns kreativ sein, und ich bin sicher, dass die jungen Leute in der Lage sind, uns zu sagen, wie wir es besser machen können, und wir sind bereit zuzuhören und zu lernen.

Wie soll man das interessant machen? Von diesem kurzen Frage-Antwort-Spiel haben wir Videomaterial. Mein Interviewpartner ist ein Mensch, den niemand kennt, er ist ein Mann ohne Eigenschaften und das Ergebnis so langweilig, dass wir uns fragen, wie wir das Ganze wenigstens halbwegs interessant verkaufen können. Was zieht immer gut in den sozialen Medien? Katzenvideos. An verschiedenen Stellen im Video blenden wir eine japanische Winkekatze ein. Der Videotitel: «Wo ist die Katze? Hearing: Nico Semsrott und Maroš Šefčovič.» In der Beschreibung stelle ich die Frage, wer mir sagen kann, wie viele Katzen im Video versteckt sind. Das Video bekommt 314 000 Aufrufe. Habe ich das Internet durchgespielt?

Was ich im Parlament mache, ist insgesamt eine Aneinanderreihung von Experimenten. Es ist mein Versuch, eine Rolle zu finden, etwas zu tun, was niemand sonst macht - einen Unterschied.

Andere Abgeordnete hätten mehr Fragen gestellt. Ich finde,

an sich ist das Format kompletter Bullshit. Man kann zwei Minuten eine Frage stellen, dann antwortet jemand, dann darf man noch mal eine Minute eine Rückfrage stellen, und dann kann er weiter ausweichend antworten, man kann ihn überhaupt nicht dazu zwingen, die Fragen richtig zu beantworten. Es läuft völlig anders als im Repräsentant:innenhaus der USA, wo man als Fragende:r sozusagen über der sich bewerbenden Person steht und diese zu einer Aussage zwingt. So war auch die Haltung der anderen Abgeordneten. «Vielen Dank, dass Sie überhaupt da sind», «Es ist so schön», und dann tauschen sie erst mal eine halbe Minute nur Grußformeln aus und zeigen Dankbarkeit, dass jemand, dessen Eignung überhaupt nicht infrage gestellt wird, zu Besuch kommt. Was soll das überhaupt? Ich finde es auch problematisch, dass ein anderer Kommissar, konkret Thierry Breton, Milliardär ist. Er war genau in dem Themenfeld Unternehmer, in dem er dann auch Kommissar wurde. Das wird sogar von den Medien infrage gestellt und beschrieben, dass das Risiko im Hinblick auf Interessenkonflikte in seinem Fall hoch ist.

Die einzigen konkreten Auswirkungen meiner Befragung an Šefčovič sind wohl, dass ein paar Menschen Winkekatzen gezählt haben und die gesamte Situation manchmal noch in Artikeln am Rande erwähnt wird. Weil es lustig ist, nicht weil es inhaltlich gut ist. Es bleibt meine einzige Befragung. Es bleibt auch meine einzige Chance, danach wird kein:e Kommissar:in mehr nachbesetzt, bei der ich über meine Position einen Frageslot hätte bekommen können. Ich sehe nicht, dass eine meiner Fragen einen Unterschied gemacht hat. Es gibt keine direkten Auswirkungen. Diese Erfahrungen werde ich noch häufiger machen. Das ist nichts für mich. Also ist es gar nicht verwunderlich, dass sich meine Aktivität im Laufe des Mandats immer weiter reduziert. Ich brauche Belohnung, um motiviert zu bleiben. Ohne Belohnung, ohne mich.

TL;DR:
Der Klimawandel ist unaufhaltbar, wir sind
alle am Arsch.

Politik des Mittelalters

Eigentlich bin ich überzeugter Passivist. Ob sich das mit einem politischen Amt vereinbaren lässt, kommentiere ich gar nicht erst. Peinlicherweise übernimmt auch bei mir selten die Wut die Überhand und zwingt mich dazu, aktiv zu sein.

Am 18. September 2019 erläutert der Rat seinen Standpunkt zum Entwurf des Gesamthaushaltsplans für das Haushaltsjahr 2020 während der Plenarwoche in Straßburg. Es ist eine Frechheit, und viele kritisieren ihn. Der Rat scheint entweder nicht zuzuhören oder es nicht zu verstehen. Um Letzteres ausschließen zu können, bereite ich eine Rede vor, in der ich es ihnen erkläre, und zwar in ihrer Sprache:

Sehr geehrter Hochadel!
Euer Finanzplan ist zeitgemäß – fürs Mittelalter:
Unser Bund der Fürstentümer ist bedroht.
Allerdings nicht durch Fremde, sondern durch Euch.
Denn Ihr, die Schatzmeister, handelt in Torheit:
Weil Euch Eure Furcht so in Beschlag nimmt, errichtet Ihr Bollwerke um unsere Ländereien, hört nicht auf die Gelehrten und seid blind für die wahren Gefahren unserer Zeit.
Wir erleben einen ewigen Sommer, Tiere sterben aus, Feuer verschlingen die Wälder, und das Meer raubt das Land.
Deshalb versammeln wir uns am 20. Tag des Septembers mit den Aufständigen der Freitage für Morgen auf den Marktplätzen, um Eurem teuflischen Plan Einhalt zu gebieten.

Schon allein aus Trotz: Wir geben nicht auf.
Wir, die Mittellosen, Hoffnungslosen und Aussichtslosen,
stehen zusammen gegen Euch, die Ahnungslosen.

Während meiner Rede höre ich einen Lacher und am Ende einen Klatscher. Ich glaube, das ist das Maximum an Euphorie, was ich in all den kommenden Jahren im Parlament auslösen werde. Ich empfinde es so, dass die Demokratie gerade auf EU-Ebene unterentwickelt ist und die Institutionen eher mittelalterlich gebaut sind. Je mächtiger, desto weniger Transparenz, desto dicker die Burgmauern. So gesehen tagen die Fürst:innen oder der Hochadel (Rat der Europäischen Union) hinter verschlossenen Mauern, und die Kommissionspräsidentin fungiert sozusagen als Päpstin, also die Vorsitzende des Klerus. Das moderne Element ist, dass es eine PäpstIN ist. Trotzdem arbeiten die Strukturen wie im Mittelalter. Der Klerus und die Fürst:innen arbeiten zusammen und sind teilweise sogar dieselben Leute. Sie machen ihre Deals unter Ausschluss der Bevölkerung, und der Rest, also das Parlament und die Wähler:innen, sind letztlich die Bauern, die nichts zu melden haben und ständig wütend sind. Und das völlig zu Recht. So habe ich die Rede in die richtige Zeit eingeordnet. Ich finde das schlüssig.

Die Menschen, die Teil des Hochadels, also des Rates der Europäischen Union, sind, sind völlig entkoppelt von den Bedürfnissen der «normalen» Menschen. Ich hoffe, durch meine Ansprache «Sehr geehrter Hochadel» habe ich ihre Aufmerksamkeit geweckt. Ich habe diese Rede gehalten, um Kommunikation herzustellen.

Die Klimakrise ist die ganze Zeit akut, und in der Zeit um den 20. September 2019 herum beherrschen Fridays for Future die Medien. Die Resonanz auf meine Rede nehme ich eigentlich nicht wahr. Jemand teilt mir mit, dass Diana zur Löwen meine Rede auf Instagram geteilt habe. Ich glaube, nach nur zwei Monaten im Amt hat das Interesse an mir und meinem Inhalt schon deutlich abgenommen. Den Wahlkampf habe ich intensiver in Erinnerung. Meine Rede löst nichts aus. Ich stelle mir die Frage, wie ich die Themen hier interessant machen soll, wenn ich es selbst schon so langweilig finde.

In Brüssel wollen meine Teammitglieder auf die Demonstration von Fridays for Future. Ich gehe mit. Wir drehen vor Ort sogar kurze Videos und machen Fotos. Ich veröffentliche nichts davon. Irgendwie passt es nicht. Ich bin kein Influencer, der kurz was postet und sagt: «Schaut mal, ich bin gerade demonstrieren, kommt auch!» Ich auf einer Demo, das hat keine Kunstwirkung. Wenn ich sage: «Übrigens, ich bin auch fürs Klima», ist das witzlos, und außerdem finde ich es immer merkwürdig, wenn ein:e gewählte:r Abgeordnete:r, die:der eigentlich Gesetze ändern soll, auf eine Demonstration geht. Was ist der Sinn? Natürlich kann man sich solidarisieren, aber es ist eine merkwürdige Form, genauso wie es immer peinlich ist, Abgeordnete mit Schildern bei sogenannten Photo-Actions zu sehen. Es geht doch nicht darum, dass ihr auch noch die Rolle der Zivilgesellschaft übernehmt und demonstriert, nein, eure Aufgabe ist es, Gesetze zu machen.

Als der kanadische Premierminister Justin Trudeau auf einer Demonstration fotografiert wurde, twitterte jemand anderes das Foto mit der Bildunterschrift: «You're literally the guy in charge». Justin, gegen wen demonstrierst du?

Ich finde das bei Solidaritätsbekundungen gegen Rassismus wichtig und was anderes, wenn der Staat oder die Staatsrepräsentant:innen symbolisch Unterstützung zeigen. Sie könnten es noch besser machen, wenn sie die Polizei so ausbilden und ausstatten, dass sie etwas gegen Rechtsextreme unternehmen.

Wenn ich Demonstrationen sehe, und die gibt es im Brüsseler EU-Viertel eigentlich jeden Tag, ist das Einzige, was ich noch spüre, Traurigkeit.

TL;DR:
Der Sicherheitsdienst des Parlaments
verhindert eine Revolution. Ich weiß bis
heute nicht, warum.

Ich bin ein Sicherheitsrisiko!

Als Abgeordnete:r des Europäischen Parlaments kann man machen, was man will. Es sei denn, die Verwaltung des Europäischen Parlaments hat etwas dagegen.

Vieles von dem, was wir als EU-Abgeordnete tun, ist völlig absurd. Die größte wiederkehrende Absurdität ist für mich die monatliche Pendelei zwischen Brüssel und Straßburg. In ihr steckt alles, was das Europäische Parlament im Kern ausmacht:

Steuermittelverschwendung, Machtlosigkeit und grober Unfug.

So wie Zugvögel sich jedes Jahr zwei Mal auf eine lange Reise machen, machen sich jeden Monat einige Tausend Menschen auf die Reise von Brüssel nach Straßburg. Der Unterschied: Während die Reise der Zugvögel nachvollziehbar ist, weil Nahrungsangebot oder Aufzucht des Nachwuchses einen Ortswechsel sinnvoll erscheinen lassen, gibt es für EU-Politiker:innen in Straßburg nichts, wofür sich die Reise lohnt. Die EU-Abgeordneten und die halbe Verwaltung könnten einfach in Brüssel bleiben, denn in Brüssel gibt es alles, was es in Straßburg auch gibt: einen Plenarsaal, Sitzungssäle, Büros. Dass es genau die gleiche Ausstattung zwei Mal gibt, die eine davon aber mehr als 25 Tage im Monat nicht genutzt wird, ist schon beeindruckend.

Für das Pendeln habe ich alle Möglichkeiten: Ich kann mit einem der beiden Thalys-Charterzüge fahren, ich kann eine der 120 Limousinen nehmen, die ebenfalls den Ort wechseln, ich kann mit eigenem Auto oder Mietwagen anreisen oder mit dem Flugzeug. Alles ist für mich mindestens kostenlos, bei einigen Transportmitteln verdiene ich sogar Geld (dazu an anderer Stelle mehr).

Das Reisen ist eine einzige Verschwendung: Investiert werden jede Legislatur Zehntausende Arbeitsstunden (das Reisen ist logischerweise bezahlte Arbeitszeit), etwa 750 Millionen Euro und unfassbar viel CO_2. Warum wir zwischen Brüssel und Straßburg pendeln? Weil es so in den Europäischen Verträgen steht. Es ist nicht so, dass die EU-Abgeordneten das selbst gut fänden. Das Europäische Parlament ist nur leider so schwach, dass es nicht mal seinen eigenen Sitzungsort festlegen darf. Es ist damit weltweit einzigartig. Die Pendelei ist aus demokratischer Sicht demütigend – in zahlreichen Abstimmungen haben sich in den letzten Jahrzehnten klare Mehrheiten für die Abschaffung des Zweitsitzes ausgesprochen. Das Problem: Nicht das Parlament hat hier das Sagen, sondern die Mitgliedsstaaten. Und die können Vertragsänderungen nur einstimmig beschließen. Komischerweise ist immer ein Land dagegen, den Straßburg-Sitz abzuschaffen: Frankreich. Okay, natürlich auch Luxemburg, denn Luxemburg – Überraschung! – ist der dritte Sitz des EU-Parlaments! Den Luxemburger Sitz bekommt aber quasi kein Abgeordneter zu sehen, dort sitzen nur Teile der Verwaltung.

Schon kurz nach meinem Einzug ins Parlament ist mir klar, dass es hier dringenden Handlungsbedarf gibt. Mein Ansatzpunkt sind die Verträge selbst. Weil mir klar ist, dass man Frankreich nicht dazu bekommt, Straßburg als Sitz zu streichen, muss der Begriff einfach anders interpretiert werden! Zwar wird im Gesetzestext festgelegt, dass der Sitz des Europäischen Parlaments Straßburg ist. Was aber Straßburg ist, wird nicht weiter bestimmt: Ist es die Stadt, vielleicht ein Gebäude mit dem Namen, ein Raum?

Mein Plan: Ich will den Plenarsaal in Brüssel einfach in «Straßburg» umbenennen. Auf diese Weise könnten wir gleichzeitig in Brüssel und «Straßburg» sitzen, Unmengen an CO_2 und eine halbe Milliarde Euro sparen.

Soweit ich informiert bin, hat das Parlament, was die Namen der eigenen Gebäude und Säle betrifft, tatsächlich zur Abwechslung mal ein Selbstbestimmungsrecht.

Bevor ich die Petition offiziell im Ausschuss vorstelle, möchte ich den Brüsseler Plenarsaal umbenennen. Dafür bereite ich eine PowerPoint-Präsentation vor und reserviere mir offiziell über den parlamentarischen Mediendienst, die sogenannte Vox-Box, einen Spot, wo ich meine Präsentation vortragen und filmen kann. Wer Interesse hat, kann dabei zusehen. Diese Spots können sich Mediendienste, Fernsehsender und Abgeordnete kostenlos buchen, um Interviews, Kommentare oder andere Redebeiträge aufzunehmen. Weil wir einen portablen Bildschirm benötigen, auf dem ich die Präsentation abspielen kann, verabreden wir einen Technikcheck. Alles klappt. Die Verantwortlichen der VoxBox sind informiert, und der Termin steht. Wir schicken Einladungen an Korrespondent:innen der deutschen Medien, einen Tag vor dem Termin twittere ich:

For whom it may concern:
Tomorrow at 14:15 I will hold a PPPPP (Penny-Pinching-PowerPointPresentation) at the Passerelle in the Parliament.
It will be a milestone in European history.

Zwei Stunden vor meinem Auftritt erhält eine Mitarbeiterin eine Mail, in der ihr mitgeteilt wird, dass die VoxBox meinen Slot streicht. Sie ist irritiert und geht sofort persönlich zur Abteilung. Sie bekommt keine Auskunft darüber, weshalb der Termin abgesagt wird. Als sie darum bittet, mit dem Chef sprechen zu können, wird ihr gesagt, dass er nicht zu sprechen sei. Auf die Frage, was los sei und was sie jetzt tun solle, schließlich sei der Termin in zwei Stunden und wurde extra angekündigt, wird ihr mitgeteilt, Abgeordnete könnten die Stellen der VoxBox nur buchen, wenn ein:e Medienvertreter:in das anmeldet und entsprechend zum Interview einlädt. Das hören wir zum ersten Mal. In der ganzen Kommunikation zuvor waren wir transparent und haben mitgeteilt, dass ich eine PowerPoint-Präsentation aufzeichnen will und Journalist:innen dazu eingeladen sind. Im Intranet präsentiert das Parlament den Service der VoxBox wie folgt: «Die Generaldirektion Kommunikation bietet [...] ein breites Spektrum an audiovisuellen Diensten und Einrichtungen an, um Ihre [=MEPs] Arbeit im Parlament zu präsentieren, und – falls erforderlich – eine entsprechende Schulung.

- Multimedia-Studios und andere Einrichtungen zum Aufzeichnen oder Streamen von Debatten und Videobotschaften in Brüssel und Straßburg»

Martin Sonneborn bucht sich recht häufig einen Slot der VoxBox, um Redebeiträge aufzuzeichnen. Es läuft für ihn unproblematisch, eine Anmeldung durch eine:n Journalist:in ist nicht nötig. Was ich vorhabe, ist auch nicht als Pressekonferenz gedacht. Ich möchte eine Videobotschaft aufnehmen, und natürlich dürfen Personen, die im Flur daran vorbeilaufen, zuhören. Das ist so üblich.

Meine Mitarbeiterin gibt nach weiteren Nachfragen auf und versucht, eine:n Journalist:in zu finden, die:der an unserer Stelle den Slot buchen und uns zur Verfügung stellen könnte. Sie erreicht nur drei Personen, keine von ihnen kann uns helfen. Über die Fraktion organisieren wir einen portablen Screen und beschließen, die Aktion einfach ohne VoxBox zu machen. Im dritten Stock des Europäischen Parlaments können Videoaufnahmen gemacht werden, relativ egal wo, denn dieser Bereich ist extra für Berichterstattung gedacht. Mit dem Bildschirm, den Requisiten und als ganzes Team begeben uns in den dritten Stock, um einen passenden Platz zu finden. Gerne möchten wir so nah wie möglich an den Plenarsaal ran, schließlich spielt er eine zentrale Rolle. Wir sprechen mit den Saaldiener:innen vor Ort, die unter anderem dafür zuständig sind, den Weg zum Saal frei zu halten. Sie helfen uns und empfehlen uns tatsächlich die Fläche vor unserem gebuchten Slot. Was auch immer. Wir bauen auf. Ein Mann kommt auf uns zu und fragt, was wir machen. Meine Mitarbeiterin erklärt es kurz, er ist irritiert und sagt, er sei doch für die Slots und Weiteres verantwortlich. Natürlich könnten wir den Slot nutzen. Er hilft uns, unsere Requisiten dort aufzubauen, wo sie eigentlich sein sollten. Wir haben zu viel Zeitdruck, um uns zu wundern. Ein Pulk von Männern im Anzug kommt auf uns zu und fragt nach, was wir da machen. Es sind Männer des hauseigenen Sicherheitsdienstes der Generaldirektion für Sicherheit, kurz DG SAFE. Sie spalten das Team auf. Auf eine Person von meinem Team kommen circa drei Personen des Sicherheitspersonals. Einer Mitarbeiterin wird das Filmen untersagt, wir werden aufgefordert, den Aufbau abzubrechen und die Fläche zu räumen. Ich halte das zunächst für ein Missverständnis und zeige meinen Badge, vielleicht denken sie, wir wären nur Gäste im Gebäude. Sie wissen genau, wer wir sind, und fordern uns weiter auf, zu räumen. Auf meine Nachfrage nach einer Begründung erhalte ich keine Antwort. Ich erkläre, dass wir alles regelkonform angemeldet haben und auch jetzt keine Verstöße unternommen haben. Ich werde weiter aufgefordert, zu gehen. «Was machen Sie, wenn wir einfach weitermachen?», frage ich einen der Männer. Er antwortet mir, dass er dann den Stecker des Bildschirms ziehen und alles mit seinen Männern selbst wegräumen wird. Währenddessen beginnen einige seiner Kollegen bereits mit dem Abbau. Eine meiner Mitarbeiter:innen versucht noch mal, durch ein Gespräch herauszufinden, wo das eigentliche Problem liegt und wie man es lösen kann. Einer der Männer brüllt sie an und fordert sie auf, sich auszuweisen. Sie bittet ihn, sich zuerst auszuweisen, da sie gar nicht wisse, wer er eigentlich sei. Es stellt sich raus: Es ist der Abteilungsleiter des Sicherheitsdienstes höchstpersönlich. Sie weist sich aus, er brüllt weiter. Ein weiterer Abgeordneter der Grünen und ein Mitarbeiter von Martin Sonneborn stellen sich unterstützend zu meiner Mitarbeiterin, die in einem Kreis von Sicherheitsleuten gefangen ist, genauso wie ich. Der Rest unseres Teams hat es in der Zwischenzeit geschafft, unser Equipment unbeschadet zusammenzuräumen und sich in unseren Büros zu verstecken. Meine Mitarbeiterin löst ihre missliche Lage, indem sie darum bittet, sich offiziell entschuldigen zu dürfen für was auch immer gerade das Problem sei. Es tue ihr leid, und sie würde gerne gehen. Der Sicherheitschef scheint ebenfalls die Lust am Konflikt verloren zu haben: «I accept your apology. Now go!» Die Sicherheitsmenschen um mich herum lassen ebenfalls von mir ab. Jetzt stehe ich vor einer Handvoll irritierter Journalist:innen, die die ganze Szenerie beobachtet haben. Sie haben Fragen. Ich auch.

Skandal! Verwaltung des EU-Parlaments unterbindet Auftritt von Satiriker @nicosemsrott - erst wird Nutzungserlaubnis für technisches Gerät entzogen, dann läuft Sicherheit auf. Semsrott drängt auf klärendes Gespräch mit @EP_President Sassoli. @SPIEGELONLINE

Bis heute weiß ich nicht, wer das kurzfristige Verbot und somit die Rücknahme meiner Nutzungserlaubnis ausgesprochen hat. Auch nicht, warum. Ich glaube, einige aus den höheren Reihen leiden an schlimmer Form von Cuniculusphobie - schließlich enthält meine Präsentation ein Bild von einem Kaninchen.

Vier Tage später hole ich mein Vorhaben nach. In einem Raum im Keller des Paul-Henri-Spaak-Gebäudes - ohne Fenster, dafür aber mit wenig Atmosphäre. Angemeldet ist das Ganze jetzt als Pressekonferenz. Das ZDF ist da und auch ein paar andere Journalist:innen haben sich in die Katakomben verlaufen. Ich muss jetzt an einem Pult sitzen, in ein Mikro sprechen und die

Präsentation an der Seite abarbeiten. Es ist witzlos. Das macht keinen Spaß. Nach dem Ende meines Vortrages gehe ich im Beisein aller Anwesenden hoch vor den Plenarsaal. Ich habe eine Theaterglasflasche in der rechten und einen Post-it mit der Aufschrift «Strasbourg» in der linken Hand. «Ab dem heutigen Tag wird dieser Saal bekannt sein unter dem Namen ‹Straßburg›», sage ich und zerschelle die Flasche an der Außenwand des Brüsseler Plenarsaals. Dabei bricht ein 0,5 Zentimeter langes Stück Holz heraus (bis heute versteht niemand, warum wir für diesen offensichtlichen Vandalismus nie eine Strafe zahlen mussten, insbesondere, weil wir die Tat selbst ins Internet gestellt haben ¯_(ツ)_/¯).

Somit habe ich die Vorarbeit für die Abschaffung der Straßburg-Fahrten geleistet. Für das Gesetzesvorhaben wähle ich eine Petition, die ich als Mitglied des Petitionsausschusses auch selbst einreichen kann. Ich kann so viele Unterstützungsunterschriften gewinnen wie keine Petition seit sieben Jahren. Aber das spielt gar keine Rolle. Die Abgeordneten im PETI-Ausschuss entscheiden willkürlich, wann und ob eine Petition besprochen wird. Zu meiner Überraschung erhalte ich sogar ein Eilverfahren, überhole somit andere Petitionen in der Warteschlange und darf die Präsentation noch einmal im Ausschuss selbst präsentieren.

Meine Ausschusskolleg:innen, die Abgeordneten, unterstützen die Idee mehrheitlich. Es entsteht eine echte kleine Debatte: Während einige den Ansatz lustig finden, beklagen andere, ich solle das mit mehr Ernst betrachten. Entscheidend aber ist die Antwort der Kommission auf meinen Vorschlag. Denn sie hat letztlich die Kompetenz, über den weiteren Weg zu entscheiden.

Und die sagt knapp zusammengefasst: «Nö, nö, mit ‹Straßburg› ist schon die Stadt Straßburg gemeint.»

Ende.

Faszinierende Erfahrung. Da stehen Bürger:innen und gewählte Abgeordnete engagiert hinter einer Idee, und dann entscheiden irgendwelche Beamt:innen, dass das so nicht geht. Für mich ein demokratisches Rätsel. Warum sind demokratisch gewählte Abgeordnete abhängig von einer Institution, in der sich keine einzige Person einer öffentlichen, allgemeinen Wahl stellen musste? Warum ist das legal? Es ist demoralisierend.

Ich lerne viel bei diesem Versuch: Es ist völlig egal, was meine Leistung ist, wie viele Leute ich begeistern kann, wie gut meine Argumente sind, am Ende laufe ich gegen eine Wand. Weil meine Position als Mitglied des Europäischen Parlaments so schwach designt ist, stehe ich bei meiner politischen Arbeit auf EU-Ebene im Grunde genommen immer nur vor der Frage, gegen welche Wand ich als Nächstes laufen möchte.

Zu diesem Zeitpunkt sind es noch 4,5 Jahre, bis ich kein Abgeordneter mehr bin.

Ironischerweise wird das EU-Parlament nach meiner Petitionsvorstellung wegen der Covid-19-Pandemie aufhören, weiter nach Straßburg zu fahren. Wenn man so will, hat auf einer metaphysischen Ebene meine Petition unglaublich viel Erfolg. Das Virus zeigt:
    Sogar die Natur ist gegen Straßburg als zweiten Sitz. Die vorerst letzte Fahrt nach Straßburg findet im Februar 2020 statt. Im September 2020 wird zwar eine Sitzung anberaumt, aber kurz vorher wieder gecancelt, weil die Quarantäneauflagen, die reisende Abgeordnete und Mitarbeitende in Brüssel einhalten müssten, die Arbeit behindern würden. Im Dezember 2020 ist immerhin der amtierende Parlamentspräsident Sassoli vor Ort in Straßburg, die Abgeordneten nehmen für ihre Reden via Videoschalte teil. Es ist alles so ein schlechter Witz.

TL;DR:
Ich stelle auf unangenehme Weise fest,
dass man die Arbeit von 80 Personen nicht
auf acht aufteilen kann.

Projekt Größenwahn

Und damit herzlich willkommen in meinem nächsten verunglückten Experiment: THE NICO SEMSROTT SHOW with Nico Semsrott.

Ich will eine Late-Night-Show, direkt aus dem gebrochenen Herzen Europas. Erzählt von jemandem, der Teil von «denen in Brüssel» ist, Einblicke sammeln und verständlich für «die da draußen» erzählen kann. Also von mir. Meine Grundüberlegung ist, dass die Entfernung zwischen den Bürger:innen und der Politik extrem weit ist, gerade auf EU-Ebene.

Kurze Überprüfung: Kennst du Manfred Weber? Nein? Damit bist du nicht allein. Von den Teilnehmer:innen meiner Besucher:innengruppen, die meist aus sehr politisch interessierten Menschen bestehen, kennen ihn auch nicht mal 30 Prozent. Manfred Weber ist Mitglied der CSU und Chef der konservativen Fraktion der Europäischen Volkspartei (EPP / EVP). Er wollte 2019 eigentlich Ursula von der Leyen werden, also Kommissionspräsidentin. Als Chef der größten Fraktion im Europäischen Parlament ist er so gesehen der wichtigste Mensch unter den Abgeordneten, weil er den stärksten Rückhalt hat.

Gerade weil ich Satiriker bin und durch das Amt Leute anstellen kann und Einblicke in alles habe, müsste eine Show, in der ich Wissenslücken wie diese schließen kann, zu produzieren sein. Mir erscheint es völlig logisch, das zu tun, allein für diesen

Zweck und auch, weil ich in diesem Moment glaube, das zu können. Es muss möglich sein, eine komplexe, entfremdete Welt zu erklären. Sie so zu erzählen, dass Leute das freiwillig ansehen, dabei etwas lernen und beginnen, sich für Themen rund um EU-Politik zu interessieren. Warum gibt es so was noch nicht? Meine Show direkt aus dem Parlament soll Zuschauende unterhalten und sie gar nicht merken lassen, dass sie gerade Politik vor die Nase gesetzt bekommen. (Klappt das eigentlich mit diesem Buch auch?)

Nach meiner Wahl im Mai geht es direkt los. Ich stelle bis September ein Team zusammen: eine Büroleitung, eine Pressesprecherin, eine Grafikerin, eine Videoproduzentin, einen Programmierer, einen Journalisten und einen Gag-Schreiber. Wir sind acht größenwahnsinnige Menschen, die alle Bock darauf haben, eine Show zu produzieren. Wie besessen erarbeiten wir Themen, recherchieren, planen Drehs, erstellen ein Showkonzept, und ganz nebenbei machen wir noch das Nötigste auf parlamentarischer Ebene, aber auch weitere Spaßprojekte wie Merchandise. Wir produzieren Stickersets, Kondome, Hoodies, einfach alles, was wir gut finden. Wir wollen eine gut funktionierende Webseite, auf der wir alles ums Thema Geld in meinem Büro öffentlich machen können, mit anderen Formaten drehen, Poster zum Selbstausdrucken zur Verfügung stellen und weitere kurze Videos drehen, die nicht Teil der Show sein sollen. Noch dazu will ich THE NICO SEMSROTT SHOW with Nico Semsrott auf Englisch machen. Schließlich bin ich EU-Abgeordneter, und alle Bürger:innen in den 27 Mitgliedsstaaten sollen die Chance haben, das Format gucken zu können. Es ist alles viel zu viel und letztlich eine dumme Idee, weil unsere Ziele viel zu idealistisch sind und somit gar nicht realisierbar. Zu Beginn interessiert das aber niemanden von uns. Wir haben Bock, pushen uns gegenseitig und ziehen durch. Für den Opener der Show gehen wir sogar so weit, dass ich ihn als Rede im Parlament halte:

The EU is in deep crisis and so am I. I binge-watched this show for the past few months, and I'm not amused. It's not getting enough clicks, the engagement rate is pathetic. And in general there is a lack of good content. I want to give you all here direct feedback. First: the storylines don't make any sense. One episode we're saying the EU stands for peace, and then the next we're rushing to build up our military. Second: the characters are hard to follow. I don't know any of you. Third: the message keeps getting lost. We should take a lesson from the Eurovision Song Contest. People pay attention to naked people dancing. If ratings don't improve, the whole thing will soon be canceled. We need to offer our audience something worth watching. From the broken heart of Europe, I am Nico Semsrott, and this is THE NICO SEMSROTT SHOW with Nico Semsrott.

Vice-President Othmar Karas: Thank you very much, might I ask you in the future to remove your head covering because I don't think that that is dignified here in this chamber.

Die EU befindet sich in einer tiefen Krise – ich auch. Ich habe mir diese Show in den letzten paar Monaten ausgiebig angesehen, und ich bin nicht amüsiert. Sie bekommt nicht genug Klicks, die Beteiligung ist erbärmlich. Und im Allgemeinen mangelt es an guten Inhalten. Ich möchte euch allen hier direktes Feedback geben. Erstens: Die Handlungsstränge ergeben keinen Sinn. In einer Episode sagen wir, dass die EU für den Frieden steht, und in der nächsten drängen wir darauf, unser Militär aufzubauen. Zweitens: Es ist schwer, den Charakteren zu folgen. Ich kenne keinen von euch. Drittens: Die Botschaft geht immer wieder verloren. Wir sollten eine Lehre aus dem Eurovision Song Contest ziehen. Menschen passen auf, wenn nackte Menschen tanzen. Wenn sich die Einschaltquoten nicht verbessern, wird das Ganze bald abgesagt werden. Wir müssen unserem Publikum etwas bieten, das es wert ist, beobachtet zu werden. Aus dem gebrochenen Herzen Europas: Ich bin Nico Semsrott, und dies ist THE NICO SEMSROTT SHOW with Nico Semsrott.

Vizepräsident Othmar Karas: Danke. Darf ich Sie bitten, in Zukunft Ihre Kopfbedeckung abzunehmen, denn ich glaube nicht, dass das hier der Würde des Hauses entspricht.

Entspricht nicht der Würde des Hauses? Lass mich das klarstellen. Wenn man in der konservativen EPP-Fraktion ist, ist es völlig in Ordnung, sich zurückzulehnen, wenn Orbán Diktator wird, Menschen im Mittelmeer ertrinken zu lassen, Südeuropa im Stich zu lassen, nur um des Euro willen, die Gegner:innen von Artikel 13 als «Bots» zu bezeichnen und die Kritik am Kapitalismus mit Faschismus gleichzusetzen. Aber das Tragen eines Kapuzenpullovers im Plenarsaal, das ist inakzeptabel?! Aber tauchen wir tiefer ein und machen einen Faktencheck. Sind Kapuzenpullover im Europäischen Parlament wirklich tabu? Zunächst einmal gibt es im Europäischen Parlament keine Kleiderordnung. Ich weiß es, weil ich es während meines Wahlkampfes überprüft habe. Natürlich ist es in Ordnung, einen Kapuzenpullover zu tragen – deshalb hat sich nie jemand daran gestört. Außer Vizepräsident und Mitglied der Österreichischen Volkspartei Othmar Karas. Könnte es daran liegen, dass er Mitglied der «Wenn mein Kopf freiliegt, dann sollte jeder Kopf freigelegt sein»-Partei ist? Liegt es daran, dass die österreichischen Konservativen davon besessen sind, Dinge zu verdecken, auf alle möglichen Arten und Weisen? Aber selbst ihnen fällt es schwer, sich an diese Regeln zu halten. Im Jahr 2017 hat die konservative Regierung Österreichs es verboten, dass Menschen in der Öffentlichkeit ihr Gesicht bedecken. Dann, im Jahr 2020, machten sie das Tragen von Gesichtsmasken verpflichtend. Können sie sich einfach nicht entscheiden? Vielleicht denkst du jetzt: «Hey, Nico, warum sich überhaupt für den Stofffetisch dieses Typen interessieren?» Nun, es ist keine Kleinigkeit. Es war eines meiner zentralen Wahlversprechen, mit einem Kapuzenpulli im Plenum zu sitzen und die Kapuze auch zu tragen. Und es war wichtig für mich, es zu halten. Das war ein Grund, warum die Leute für mich gestimmt haben. Es ist also ziemlich empörend, dass mir die Meinungsfreiheit verweigert wird. Gerade in Bezug auf mein Recht auf freie Meinungsäußerung im Amt. Aber das ist noch nicht einmal das Schlimmste. Schlimmer noch ist die unverhohlene Heuchelei. Nur einen Tag, nachdem Othmar Karas mir gesagt hatte, ich solle die Kapuze abnehmen, verschickt er eine elektronische Weihnachtsgrußkarte ans ganze Parlament. Eine Weihnachtsgrußkarte, auf der sein gesamtes Team mit WeihnachtsmannMÜTZEN abgebildet ist. Ich bin schockiert. Deshalb erinnere ich den Vizepräsidenten freundlicherweise an seine eigenen Worte und sende ihm eine E-Mail: «Lieber Herr Karas, eine Kapuze entspricht nicht der Würde des Hauses. Wir haben es für Sie korrigiert.» Ich sende ihm seine Grußkarte zurück, habe darauf aber mit Photoshop alle Mützen entfernt. Ich wünsche ihm auch frohe Weihnachten. Leider erhalte ich niemals eine Antwort. Das Video dazu ist in der ersten Folge von THE NICO SEMSROTT SHOW with Nico Semsrott zu sehen.

Ich bin sicher, viele werden sich fragen, wie man aus einer solchen Kleinigkeit ein so großes Ding machen kann. Ganz einfach: Dieses Ereignis ist stellvertretend für viele Abläufe im Parlament. Es gibt Regeln, und manchmal wird auch nur behauptet, dass es sie gäbe. Je nachdem, wie es gerade passt. Man kann sich im Europäischen Parlament nie zu 100 Prozent sicher sein, dass das, was man gesagt bekommt oder was irgendwo steht, immer richtig ist. Es gibt so viele Regeln, dass man sie gar nicht alle kennen kann und schon gar nicht, wenn sie schwammig formuliert sind. Dass es keine Kleiderordnung im Europäischen Parlament gibt, ist aber ziemlich eindeutig, und trotzdem wird behauptet, es gäbe doch Vorschriften. Es existiert eine Hierarchie unter den EU-Abgeordneten. Eigentlich sollten alle gleich sein, aber manche sind gleicher. Ich behaupte, Manfred Weber dürfte eine Kapuze oder sonstige Kopfbedeckung tragen, ohne getadelt zu werden. Würde er natürlich nie, weil er, selbst wenn er wollte, nicht cool genug dafür wäre. Vielleicht ist es aber auch einfach respektlos, dass Herr Karas nicht akzeptiert, wie ich mich darstellen möchte? Ich sage ihm ja auch nicht, dass ich es unwürdig finde, dass er allen seine Glatze zeigt. Wer legt das fest? Es sind auch solche Kleinigkeiten, die mich immer wieder aufs Neue fertigmachen. Ständig wird mir gesagt, was ich zu tun oder zu lassen habe. Ich will das nicht.

Das Klügste, was wir in Bezug auf die Show gemacht haben, war, im Trailer anzukündigen, dass wir unsere Videos in einer unbekannten Frequenz veröffentlichen werden. Von Beginn bis zur ersten Ausstrahlung einer Folge dauert es elf Monate. Es dauert allein bis 2020, bis wir das nötige Equipment wie Kamera, Hintergründe, Ton und Licht zusammengestellt haben.

Nach nur sieben Monaten im Amt sind mein Team und ich im Brüsseler Lockdown. Wir dürfen nicht ins Parlament, können uns nicht treffen. Wir überlegen uns Ausweichstrategien zu den ursprünglich geplanten Inhalten und sind frustriert über das Tempo, in dem wir vorankommen. Durch die Isolation während der Corona-Pandemie, die ernüchternden Momente, wenn wir feststellen, dass etwas, was wir machen wollen, nicht zu realisieren ist, weil die Regeln des Parlaments unsere Pläne durchkreuzen, und das dadurch resultierende und omnipräsente Ohnmachtsgefühl drifte ich wieder in meine Depression. Fremdbestimmt zu sein, macht mich fertig. Es gibt Tage, da schaffe ich es nicht aus dem Bett und melde mich nicht bei meinem Team. Sie überlegen sich neue Strategien, wie eine Show mit mir auch ohne mich produziert werden kann. Ich bin nicht glücklich darüber, kann es aber auch nicht ändern. Mir wächst alles über den Kopf. Ich bin erschüttert davon, dass die Logik des Parlaments und meine eigene so auseinandergehen. Während ich mit der Show zum Beispiel die gesamte EU berücksichtigen will, ist das Parlament so aufgebaut, dass sich jede:r Abgeordnete «nur» um den eigenen Wahlkreis kümmern soll. Die Themen herunterzubrechen und überhaupt an die richtigen Infos zu kommen, ist schwieriger, als es sein sollte.

Dauernd müssen wir umplanen, weil andere von außen uns sagen, es ginge so nicht. Das Vorhaben, alles zu machen, ist völlig überzogen. Für das, was mein Team und ich uns vorgestellt haben, braucht es das Zehnfache an Mitarbeitenden. Noch dazu sind wir in der Produktion einer solchen Sendung unerfahren. Jede:r ist super in ihrem:seinem Teilbereich, doch um das alles zu vereinen, fehlt uns die Erfahrung. Im Parlament selbst gibt es übrigens ein Fernsehstudio, das so gut ausgestattet ist, dass deutsche TV-Sender neidisch werden könnten. Solche Ressourcen hätten wir theoretisch zur Verfügung. Es fehlt uns aber an personeller Unterstützung. Wir nutzen das Studio nicht.

Irgendwie schaffen wir es, drei Folgen der Show zu produzieren, und veröffentlichen diese dann im Juli 2020. Eine vierte Folge erscheint noch im September, danach erkläre ich das Projekt für gescheitert. Die Klickzahlen demotivieren mich, das ewige «Nein» des Parlaments nervt, die Pandemie beeinträchtigt mich in meinem Sein, ich bereue meinen Schritt, in die Politik gegangen zu sein. Ich hatte Jahre gebraucht, um mich als Privatperson von meiner öffentlichen Figur zu trennen. Anders zu sein als sie. Dank meiner Zeit im Europäischen Parlament werden wir wiedervereint, und ich bin einfach nur unglücklich.

Trotzdem bleibe ich dabei: Es war eine schöne Idee. Ich finde es gut, dass wir es ausprobiert haben.

Wir haben es wirklich versucht. Wir haben aus meiner Beobachtung, dass Schweigeminuten im Parlament keine Minute dauern, einen Clip als Show-Opener gebastelt und verschiedene Schweigeminuten beziehungsweise deren Anlässe gegeneinander antreten lassen. Die längste Schweigeminute bei unseren vier Auswahlclips liegt bei 31 Sekunden. Das ist verdammt lange. Auch 18 Sekunden sind keine Seltenheit.

Ich habe Gedenkveranstaltungen so satt. Diese Scheißrituale. Sie wirken so leer, wenn man sie ständig macht.

Als im Juni 2023 mal wieder ein Boot mit flüchtenden Personen in griechischen Gewässern kentert, gibt es keine Schweigeminute. Nach dem Tod von einem ehemaligen Abgeordneten schon. Nach welchen Kriterien wird eigentlich entschieden, wann wir ein paar Sekunden so tun müssen, als wären wir betroffen? Und wie merkwürdig ist es eigentlich, Schweigeminuten abzuhalten für Momente, die wir im Prinzip selbst zu verantworten haben, für die genau unsere Politik ursächlich ist?

Inzwischen bin ich mir sicher, dass es nicht möglich ist, den ganzen Kram, den die EU-Politik darstellt, vernünftig zu übersetzen. Die Idee, dass ich das kann, war rückblickend falsch, aber auch die Idee, dass es irgendjemand könnte, ist falsch. Man muss in diese langwierigen komplizierten Gesetzgebungsprozesse, die häufig hinter verschlossener Tür stattfinden, einen Einblick bekommen. Daraus müsste man Geschichten rausfiltern, die in zwei bis drei Minuten erzählbar wären. Doch das ist viel zu komplex, und es ist viel zu langweilig, viel zu verwirrend. Ganz oft nehmen Gesetzesprozesse Abzweigungen, die die Akteur:innen so selbst vorher gar nicht kommen sehen können – und es ist nicht möglich zu planen, wie man das begleitet. Es ist völlig irre. Wie will man einen sieben- bis zehnjährigen Gesetzesprozess, wie es zum Beispiel beim Asylsystem der Fall ist, erzählen? Gerade wenn man selbst «nur» fünf Jahre im Amt ist. Überhaupt sollte sich Gesetzgebung nicht so lange ziehen.

Wenn man erst mal zehn Minuten etwas erklären muss, damit man eine Pointe setzen kann, dann ist das ein Problem. Wer bleibt denn dabei aufmerksam? Noch dazu muss man über Monate oder sogar Jahre ein Wissen bei der eigenen Zielgruppe, also den Zuschauer:innen, aufbauen – dass hält niemand aus. Da ist zu wenig Belohnung im Game.

Philipp Amthor – jung, konservativ und korrupt (ich kann nicht glauben, dass ich ein eigenes Kapitel über ihn schreiben muss)

Im Kampf gegen Korruption und rechtskonservative Politiker:innen bekommt man leider auch keine Belohnungen. Zumindest ist das meine Erfahrung. Ich fürchte, als Europaabgeordneter habe ich auch einfach zu wenig Macht. Leider muss ich das ausgerechnet im Vergleich zum CDU-Bundestagsabgeordneten Philipp Amthor feststellen. Am 02.10.2018 besitzt Amthor die Frechheit, ein Schreiben an das Wirtschaftsministerium zu schicken. Darin lobt er das Start-up Augustus Intelligence und bittet Peter Altmaier (CDU) um politische Unterstützung:

> «In großer Dankbarkeit darüber, Ihr Interesse an der Investitionsidee von Augustus geweckt zu haben, würde ich mich sehr freuen, wenn wir den am Rande unserer Fraktionssitzung andiskutierten Austausch mit Dr. Wolfgang Haupt in Ihrem Ministerium zeitnah realisieren könnten.» (https://fragdenstaat.de/blog/2021/05/06/so-offnete-phillip-amthor-einem-windigen-startup-die-tur-zum-wirtschaftsministerium/)

Der SPIEGEL veröffentlicht dazu einen Artikel und gibt an, einen Entwurf des Schreibens vorliegen (inzwischen sind Teile davon im Internet einsehbar) zu haben. Offenbar wurde Amthors Brief im September 2018 verfasst und vorher dem entsprechenden Start-up vorgelegt. Dazu benutzt er das offizielle Briefpapier des Deutschen Bundestages. Mit diesem Schreiben gibt Amthor nicht nur einen nett gemeinten Hinweis. So was Dummes würde nicht mal ihm passieren. Philipp Amthor hat laut SPIEGEL-Bericht «mindestens 2817 Aktienoptionen an der Firma und bekleidet einen Direktorenposten». (Ist Philipp Amthor käuflich? SPIEGEL, 12. 06. 2020)

Wenn das Start-up Unterstützung vom Bundeswirtschaftsministerium erhält, profitiert Amthor privat davon und kann sein Vermögen vergrößern. In meinem Verständnis fällt das unter Korruption. Das Bundeskriminalamt definiert als Art der Vorteile von Korruption: «Die Vorteile, die der Amts- oder Funktionsträger, der Nehmer, erhält, können z. B. Bargeld, Restaurantbesuche, Sachzuwendungen, Arbeits- und Dienstleistungen oder auch Reisen sein. Hierfür vermitteln sie dem Geber beispielsweise Aufträge, erteilen Genehmigungen, zahlen fingierte Rechnungen oder geben interne Informationen weiter.» (https:// www.bka.de/DE/UnsereAufgaben/Deliktsbereiche/Korruption/ korruption_node.html)

Sowohl Amthor als auch die Firma Augustus Intelligence geben dem SPIEGEL keine Auskunft darüber, wer die Kosten für Reisen, Unterkünfte und Champagner übernommen hat, über die dem Medium Unterlagen vorliegen. Hm. Was soll ich dazu sagen? Mit meinem Team überlege ich, ob es irgendeine Art der Kampagne gibt, die wir dauerhaft gegen Amthor fahren können. Ihn irgendwie labeln. Die Leute bei ihm kommentieren lassen. Gibt es da etwas, das wirken könnte UND lustig ist?

Ich entscheide mich, Philipp Amthor anzuzeigen. Ich will schauen, welches Briefpapier mehr Macht hat. Am 15. Juni 2020 nehme ich mich auf Video auf, wie ich die Anzeige absende, und veröffentliche es im Internet:

> Philipp Amthor hat das Briefpapier des Bundestags dafür benutzt, für ein Unternehmen zu lobbyieren, von dem er Aktienoptionen erhalten hat. Er meint jetzt, nur weil er korrupt sei, sei er noch lange nicht käuflich, und ich finde, das sollte nicht er entscheiden, sondern die Justiz. Deswegen benutze ich jetzt das Briefpapier des Europaparlaments dafür, Strafanzeige zu stellen. Möge das bessere Briefpapier gewinnen.

Nachdem das Video veröffentlich ist, klingelt das Bürotelefon. Am anderen Ende ist eine Redaktion, die wissen will, ob ich die Anzeige wirklich gestellt habe, oder es sich um einen Scherz handelt. Bei Korruption scherze ich nicht. Ich habe die Anzeige tatsächlich via Fax an die Staatsanwaltschaft geschickt (#neuland) und danach sogar angerufen, um mir bestätigen zu lassen, dass sie auch angekommen ist. Dieses Ereignis ist nur ein weiteres Beispiel für den ewigen Kampf der Union gegen die Demokratie. Schon am 8. Juli 2020 stellt die Generalstaatsanwaltschaft Berlin das Verfahren gegen Amthor ein. Ich habe verloren. Das Briefpapier des Europäischen Parlaments ist einfach das schwächere.

TL;DR:
Die Kommission nimmt uns heimlich Rechte weg. (Mit Rechte meine ich leider nicht Nazis.)

Aus der Reihe: Hast du nicht mitgekriegt

Als Abgeordnete:r des Europäischen Parlaments genieße ich sehr viele Privilegien. Ich habe:

- Politische Immunität (Immunität bedeutet nicht, dass die Abgeordneten über dem Gesetz stehen – das Parlament kann im Ernstfall über die Aufhebung der Immunität abstimmen – aber sie gibt ihnen eine gewisse Unabhängigkeit).
- Einen Diplomatenpass.
- Eine Versicherung gegen Krankheit und Diebstahl.
- Ich bekomme ab 63 Jahren Rente.
- Übergangsgeld. Nach dem Ende meiner Amtszeit im Parlament erhalte ich mein monatliches Gehalt multipliziert mit der Anzahl an Jahren im Amt. Nach einem vollen Jahr im Amt haben Abgeordnete bereits einen Anspruch auf die Zahlung von sechs Monaten Übergangsgeld, maximal ist eine Zahlung von 24 Monaten möglich.
- Eine Bahncard 100 1. Klasse für Deutschland.
- Eine Netzkarte 1. Klasse für Belgien.
- Ich kann den Chauffeursdienst des Europäischen Parlaments und des Deutschen Bundestages in Berlin nutzen.
- Ich bekomme Reisekosten erstattet, egal ob ich mit dem Auto, der Bahn, dem Flugzeug oder einem Schiff reise.

- Ich habe einen eigenen Eingang mit den anderen Abgeordneten, durch den ich schneller ins Parlamentsgebäude gelange.

Bestimmt habe ich noch einige vergessen, einfach weil sie mir nicht bewusst sind. Mir geht es zu gut. Zumindest, wenn man sich die ganzen Beispiele mal ansieht. Und ich bin nur Europaabgeordneter, was glaubst du, was Kommissar:innen oder der Ratspräsident für Extrawürste bekommen? Ich zähle das alles so großkotzig auf, nicht, weil ich angeben will, sondern um zu zeigen, wie wenig die Menschen, die über viele andere Menschen entscheiden können, mit deren Realität zu tun haben. Hinzu kommt, dass diese privilegierten EU-Personen (Achtung, Wortwitz) unter dem Radar fliegen. Damit meine ich, dass kaum jemand mitbekommt, woran sie gerade arbeiten.

Im Herbst 2020 arbeitet die EU daran, unsere Fahrgastrechte einzuschränken. Zuständig dafür ist die rumänische Kommissarin für Verkehr Adina Valean. Sie will eine «Höhere Gewalt»-Klausel einarbeiten. Diese Klausel befreit Bahnunternehmen von ihrer Verantwortung, Gelder rückzuerstatten, wenn ihre Züge durch etwas verzögert werden, worauf sie keinen Einfluss haben. Zum Beispiel Gewitter oder eine völlig hypothetische Pandemie, möglicherweise ausgelöst durch seltsame Tiere wie Fledermäuse, Pangoline oder Schweine. Man kann sich das Ganze so vorstellen, dass man für eine Pizza bezahlen muss, die man gar nicht zu essen bekommt. Du bestellst eine Pizza, wartest auf ihre Lieferung, und sie wird nicht zugestellt. Es geht also darum, dass man als Kunde nicht die Rechnung für etwas bezahlt, das man nicht bekommt. Und egal, ob es eine Pizza oder ein Zug ist: Du bezahlst dafür, dass es pünktlich ankommt. Wenn du ein Ticket kaufst, um mittags in Paris zu sein, dann ist das Produkt die Ankunft in Paris um 12 Uhr mittags. Vielleicht hast du um 14 Uhr ein wichtiges Treffen in Paris. Aber mit der «Höhere Gewalt»-Klausel kann euer Zug erst um Mitternacht ankommen, und du erhältst möglicherweise keine Rückerstattung, wenn die Bahngesellschaft die Verspätung nicht direkt verursacht hat.

Ich bekomme das auch nur mit, weil mich die Vertretung der Verbraucherzentrale in Brüssel direkt auf das Thema anspricht und fragt, ob ich nicht etwas dagegen tun will. Zu meiner eigenen Überraschung will ich das tatsächlich. Als Satiriker, der jahrelang auf Zugverbindungen angewiesen war, um von einem verlassenen Ort zum nächsten zu fahren, weiß ich, was für eine Qual es ist, von Zügen abhängig zu sein. Dann nicht mal Geld zurückzubekommen, finde ich inakzeptabel. Ab wann ist etwas höhere Gewalt? Ich traue den Bahnbetreiber:innen nicht zu, das fair einzuordnen. Es könnte schon eine einzige Schneeflocke auf dem Gleis als nicht zumutbare Witterung gelten. Ich informiere mich bei einer Fraktionskollegin und ihrem Team, die im Ausschuss für Verkehr und Tourismus sitzt, über den genauen Ablauf der Gesetzesänderung. Ich möchte Öffentlichkeit für das Thema schaffen und so verhindern, dass sie umgesetzt wird. Das ist schließlich von Anfang an mein Plan, meine Daseinsberechtigung im Europäischen Parlament. Es muss also irgendwie interessant werden. Superleichte Aufgabe, deswegen machen andere Abgeordnete auch immer viele tolle Videos und Informationskampagnen, und die Menschen in Europa sind so wahnsinnig gut über die Gesetzesänderungen in der EU informiert.

Meine Idee basiert auf Gamification. Mein Team und ich programmieren eine Webseite: www.empathytraining.eu. Wir wollen Adina Valean zu mehr Mitgefühl zwingen. Wenn wir leiden sollen, soll auch sie leiden. Gewaltandrohung ist verboten, also bleibt nur psychologische Kriegsführung: Spam! Auf der Webseite kann jede:r eine Fahrkarte als digitales Mahnmal ausfüllen und diese direkt über die Seite an Adina Valean schicken. Die Aktion kann man natürlich auch mit Freund:innen über die sozialen Medien teilen.

Das Thema «Die Kommission will uns unsere Fahrgastrechte wegnehmen» verständlich zu erklären, frisst eine ganze Folge von THE NICO SEMSROTT SHOW with Nico Semsrott. Es ist die erste Folge der zweiten Staffel und die letzte Folge überhaupt. Es ist so frustrierend. Man kann die Themen der EU einfach nicht kurz und lustig erklären. Obwohl einige Menschen mitmachen (an dieser Stelle danke an alle, die dabei waren!), bleibt die Aktion folgenlos. Die Fahrgastrechte werden beschränkt. Am 7. Juni 2023 - ich möchte an dieser Stelle deutlich machen: Es sind DREI JAHRE vergangen - tritt die überarbeitete Fahrgastrechteverordnung VO (EU) Nr. 2021/782 in Kraft. Wie könnte man das bei diesem eingängigen Titel und dem extrem spannenden Thema nicht mitbekommen haben?

Dieses Scheitern gibt mir vorerst den Rest. Die Recherche für das Ganze war im Vergleich zu dem, was dabei rausgekommen ist, zu hoch. Und dann bringt es nicht mal was. Das Selbstwirksamkeitserlebnis bleibt aus.

Es würde mich nicht wundern, wenn wir alle in einer Simulation stecken würden und man uns hier nur untergebracht hat, damit wir uns eine Weile selbst beschäftigen und draußen niemanden behindern. Wer miteinander labert, stört nicht.

Nimm nur so viel, wie du wirklich brauchst

Ich wurde in meinem Leben noch nie bestohlen. Außer im Europäischen Parlament. Natürlich in dem ohnehin lockeren Jahr 2020.

Während der Covid-19-Pandemie sollen wir alle im Homeoffice bleiben und nur in dringenden Angelegenheiten das Büro und die Gebäude betreten. Eine Mitarbeiterin will Anfang Mai etwas aus dem Büro holen. Dabei fällt ihr auf, dass Schubladen offen stehen. An sich nicht allzu ungewöhnlich. Die Schreibtische und alles werden immer mal wieder gereinigt, weswegen häufig auch die Computer schon an sind, bevor man am Morgen zur Arbeit kommt. Irgendwie wirkt es trotzdem komisch, und sie schaut sich genauer um. Vor der Pandemie wollte ich zwei neue Praktikant:innen einstellen. Da beide im Bereich Grafik und Videoschnitt aushelfen sollten, haben wir für sie neue Laptops gekauft. Die Laptops lagerten abgeschlossen in einem Schrank meines Büros. Meine Mitarbeiterin öffnet den Schrank, darin befinden sich die aufgerissenen Verpackungen der beiden Computer. Wir stellen fest, dass auch USB-Sticks und ein Stativ fehlen. Jemand hat im Parlament geklaut? Absurd. Es gibt Überwachungskameras, und im Grunde sind die meisten Personen im Parlament so überbezahlt, dass sie nicht auf die Idee kommen müssten, etwas zu entwenden. Wir informieren zunächst den Gebäudedienst und bekommen dann eine Rückmeldung, uns an den Sicherheitsdienst und die Gebäudetechnik zu wenden. Den Diebstahl melden wir außerdem der Versicherung. Niemand gerät in Panik. Es ist ein einziges Abarbeiten von bürokratischen Prozeduren. Wir bitten darum, die Schlösser austauschen zu lassen. Darauf wird nicht reagiert. Auf den Hinweis, dass in unserem Büro Dinge entwendet wurden, schickt uns ein Mitarbeiter des Sicherheitsdienstes eine Mail mit einem Formular, das wir ausfüllen sollen, und dem Hinweis, dass Kolleg:innen uns kontaktieren werden, wenn wir das Formular eingereicht haben. Wir treten mit anderen Abgeordnetenbüros in Kontakt und stellen fest: Es zieht sich eine ganze Diebstahlserie durch das Gebäude. Geklaut werden Laptops, Handys und weitere vorwiegend elektronische Gegenstände. Die Abgeordneten der Fraktion der Grünen tauschen sich untereinander aus, während uns eine Woche nach der Meldung des Diebstahls ein Mitarbeiter des Sicherheitsdienstes kontaktiert. Er fragt nach Daten zu den Laptops und rät uns, bei der belgischen Polizei eine Beschwerde einzureichen. Wir informieren die Polizei in Brüssel. Die Polizei hat keinen Zugang zu den Gebäuden des Europäischen Parlaments, da sie nicht unter die belgische Aufsicht fallen. Sie können vor Ort nichts tun. Es werden keine Spuren gesichert. Gemeinsam mit dem Kollegen des Sicherheitsdiensts sollen meine Mitarbeiterin und ich zur Wache kommen, um eine Anzeige zu stellen. Der Termin findet nicht statt, weil der uns zugeteilte Polizist am Wochenende angeschossen wird. Mir ist das alles zu blöd. Warum tut denn keiner was? Weil niemand was tut. Es gibt auch niemanden, der das Parlament unter Druck setzt. Warum warnt der Sicherheitsdienst die Mitarbeitenden der Institution nicht? Was sind schon 100 000 Euro in einem Laden, der 2,38 Milliarden verbraucht, die Versicherung zahlt ja.

Ich schreibe eine Mail an Parlamentspräsident Sassoli, den Sicherheitschef Elio Carrozza und den Leiter der Kommunikationsabteilung Jaume Duch und stelle ihnen ein Ultimatum: Entweder sie schicken eine Warnung raus, oder ich mache es öffentlich. Auf meine Mail antwortet irgendein anderer Mensch des Sicherheitsdienstes. Hier ein Auszug:

«Dear Mr. Semsroot (Typo? Ignoranz? Ich weiß es nicht!),

[...] die Zahl der gemeldeten Diebstähle könnte in letzter Zeit zugenommen haben, was durch den Mangel an sozialer Kontrolle und die Tatsache, dass viele der Räumlichkeiten des Europäischen Parlaments aufgrund der aktuellen Umstände leer stehen, noch verstärkt wird. Wir analysieren derzeit alle verfügbaren CCTV-Aufnahmen, Anwesenheitslisten, Zugangskontrollen und so weiter, die uns eine bessere Vorstellung von den für diese Diebstähle verantwortlichen Personen geben könnten. Bei den meisten Diebstählen handelt es sich um Gelegenheitsdiebstähle, bei denen der oder die Diebe unverschlossene Büroräume und lose herumliegende Geräte ausgenutzt haben.

Die DG SAFE hat in der Vergangenheit regelmäßig Sensibilisierungskampagnen zur Diebstahlprävention durchgeführt («lock it or lose it» usw.). Der von Ihnen gemeldete Vorfall mit den aufgebrochenen Schreibtischschubladen usw. ist jedoch eine ernstzunehmende qualitative Entwicklung, mit der wir uns nun befassen.

Die DG SAFE hat in diesem Fall keine spezielle Warnung ausgesprochen, da die Ermittlungen noch nicht abgeschlossen sind, die Arbeit an potenziellen Verdächtigen fortgesetzt werden soll und die Möglichkeit besteht, sie auf frischer Tat zu ertappen. Die DG SAFE muss bei der Weitergabe von Informationen ein Gleichgewicht finden, ohne die weiteren Ermittlungen zu gefährden, und dies ist der Grund, warum wir Vorfälle nur begrenzt weit verbreiten.
[...]»

Danke?!

Bin ich der Einzige, der sich verarscht fühlt? Mir reicht diese Nicht-Antwort nicht aus. Da ich keine Macht habe, das Sicherheitspersonal zu verstärken oder sonst etwas Effektives zu tun, bleibt mir wie immer nur noch: Satire. Mit meinem Team entwerfe ich ein Sicherheitssystem zur Selbstinstallation. Plakate mit Aufschriften wie:

«Please don't steal this»

«I politely ask you not to rob me»

«Beware of DG SAFE! Lol»

«Take only as much as you really need»

«God is watching»

«Please use gloves»

«Take anything, but this was a gift from my mom»

Dazu drehen wir ein kurzes Video, in dem ich über die Diebstahlserie berichte und erkläre, wie man sich mit meinen Plakaten vor weiteren Diebstählen schützen kann. (Gefällt mir gar nicht, dass das alles nicht mal halb so lustig ist, wenn man seine Witze und Aktionen nacherzählen muss.)

Wir laden alles auf meiner Webseite hoch und verschicken am 30. Juni 2020 eine Mail an alle Abgeordneten des Europäischen Parlaments sowie ihre Assistent:innen:

Dear colleagues,

Just in case you haven't been robbed yet (you probably will be soon), here is the warning that you should have received at least six weeks ago, when the first cases were reported:

Don't leave anything valuable in your offices! There is a series of thefts taking place.

I am sorry you had to hear this from a comedian in Parliament and not from its security service.

This of course won't lead to any action being taken, as DG Safe is run by an incompetent party friend of Sassoli – and not by a security expert.

So being that neither Sassoli, Welle nor DG Safe are able to help us, our only hope is to defend ourselves by doing what we do best: hopelessly printing messages on paper!

Please help yourself to the security signs I've made available for download.

Here is a video with a manual on how to use them. (English subtitles available)
You're welcome.
Nico

Ich bekomme unzählige Rückmeldungen. Viele Abgeordnete machen mit und schicken mir Fotos, die zeigen, wo sie meine Plakate hingehängt haben. Sogar CNN berichtet über die Diebstahlserie und verweist auf meine Aktion. Es wird EU-weit berichtet. Zypern, Estland, Finnland, Frankreich, Luxemburg, Spanien, Italien, überall wird daraus eine Nachricht.

Am 16. Juli 2020, also zwei Wochen nach meiner Mail und zwei Monate, nachdem ich den Diebstahl in meinem Büro gemeldet habe, schickt DG SAFE eine Mitteilung an das gesamte Europäische Parlament. «Betrifft: Diebstahl-Prävention während der Sommerferien» – darin geben sie extrem gute Hinweise, zum Beispiel, dass man alle Fenster schließen, tragbare Geräte mitnehmen und das Büro abschließen solle. WOW! Ich habe mich noch nie so sicher gefühlt.

Mein Bruder wirft noch die Idee ein, eine Resolution zu entwerfen, die Diebe aufzufordern, nicht mehr weiterzuklauen. Wäre sicher genauso wirksam wie die Mail von DG SAFE, aber dafür ist mir meine Zeit zu schade; bis ich eine Resolution auf den Weg bringen könnte, wären ohnehin schon wieder Wahlen.

Für die geklauten Gegenstände zahlt mir die Versicherung das Geld zurück. Aber wer hat denn eigentlich geklaut? Der Austausch mit dem Mitarbeiter von DG SAFE läuft ziemlich wirr ab. Es ist ohnehin ein Witz, dass sich mehr oder weniger ein einzelner Mitarbeiter mit dieser Serie beschäftigen soll. Mündlich teilt er uns mit, es sei schwer zu ermitteln, weil zum Zeitpunkt der Diebstähle zufälligerweise die Überwachungskameras nicht funktioniert hätten. Es ist unendlich mühsam. Der Kontakt mit der Sicherheitsabteilung verläuft sich. Irgendwann frage ich noch mal per Mail nach, wie der aktuelle Ermittlungsstand sei. Es handele sich angeblich um eine einzelne Person, die im Gebäude für Umzüge zuständig war. Diese Person hatte dafür einen Generalschlüssel. Sie konnten sie ausfindig machen, weil sie unter anderem unsere Laptops im Internet zum Verkauf angeboten hatte und die Seriennummern gemeldet wurden. Aha. Eine offizielle Information dazu wird nicht verschickt. Also frage ich drei Jahre später noch mal beim Büro der Parlamentspräsidentin nach und erhalte ein Schreiben, dass wir dazu bereits Informationen bekommen hätten. Ich bin irritiert und frage erneut nach. Das Büro der Parlamentspräsidentin bezieht sich auf das letzte Gespräch, welches mein Büro mit dem verantwortlichen Sicherheitsmitarbeiter hatte. Das soll offiziell sein? Gemeinsam mit einem Fraktionskollegen verfasse ich im November 2023 erneut einen Brief an die Parlamentspräsidentin.

Bis zum 2. Januar 2024 erhalte ich keine Antwort. Meine Mitarbeiterin fragt am 17. Januar 2024 noch einmal nach. Der zuständige Mitarbeiter versichert ihr, dass eine Antwort noch diese oder nächste Woche kommen solle. Wenige Stunden später klopft es an meiner Bürotour, der interne Postdienst überreicht mir ein Schreiben der Präsidentin. Ich darf den Abschlussbericht einsehen, allerdings nur in einem gesicherten Raum. Ich darf kein mobiles Endgerät mitnehmen und muss einen Termin für die «Lesung» beantragen. Über das, was ich dort lesen werden kann, darf ich keine Auskunft geben. Und mehr muss ich dem Ganzen auch nicht hinzufügen ...

Schock und Therapie oder mein Text vom Scheitern

Endlich mal so eine richtige Scheitergeschichte:

Vielleicht bin ich ein wenig merkwürdig gepolt, aber ich finde Erfolgsgeschichten nicht schön. Manchmal sogar unerträglich. Ich bin neidisch und eifersüchtig auf Menschen mit einem schönen Leben. Denen so viel gelingt und die das auf Social Media erzählen.

Mich trösten hingegen Geschichten vom Scheitern, vom vergeblichen Versuchen. Ist zwar immer scheiße, ein Scheitern selbst zu erleben, gerade, wenn es so lange dauert, aber vielleicht tröstet es ja irgendwen ...

Zwei Wochen! Innerhalb von zwei Wochen passieren Dinge, die meiner Psyche den Rest geben.

Drei Tage nach meinem 34. Geburtstag macht Belgien am 14. März 2020 dicht. Die Covid-19-Pandemie bringt die Welt durcheinander. Der Präsident des Europäischen Parlaments, David Maria Sassoli, schließt die Gebäude, wir sollen alle im Homeoffice bleiben. Die Plenartagungen in Straßburg fallen aus. Bis dahin ist mir nicht klar, dass der Präsident das einfach beschließen kann. Das ist völlig undemokratisch. Ich bin besorgt, weil ich mich frage, was er im Zweifel noch alles allein entscheiden kann.

Am 31. März 2020 tritt im EU-Mitgliedsstaat Ungarn ein Notstandsgesetz in Kraft, was Regierungschef Viktor Orbán dazu befähigt, unbegrenzt per Dekret zu regieren. Für mein Empfinden ist das die Einführung der Diktatur in Ungarn. Orbán regiert ohne die EU, und die akzeptiert es auch noch. Es gibt keine Sanktionen.

Ich bin ohnehin noch angeknackst von der Ministerpräsident:innenwahl in Thüringen am 5. Februar 2020, bei der Thomas Kemmerich von der FDP mit entscheidenden Stimmen von der AfD ins Amt gewählt wird. Mit Rechten macht man keine gemeinsame Sache. Keine Diskussion.

Es waren unter anderem diese Schläge hintereinander, die mich haben fühlen lassen, dass es eh alles egal ist. Meine Depression wird schlimmer. Der Lockdown macht mir die Vergeblichkeit von allem, was ich will, so zusätzlich bewusst. Mir erscheint alles absolut unerreichbar, es geht in eine ganz falsche Richtung, wir sind fundamental verloren. Was jetzt? Ich lasse mich vom Weltgeschehen stark beeinflussen. Ich kann nicht aufhören, Nachrichtenseiten zu lesen und meine Fassungslosigkeit weiter zu füttern. Entweder hänge ich an meinem PC und sauge das Internet ein wie eine Line Koks, oder ich hänge lethargisch im Bett, will nicht aufstehen, niemanden sehen, mit niemandem kommunizieren und meine Ruhe haben. Ich habe das Gefühl, keine Ruhe zu bekommen. Als Abgeordneter bin ich für ein Team verantwortlich. Mir macht das alles zu viel Druck, und ich fahre die Kommunikation mit meinen Mitarbeitenden kontinuierlich runter. Gleichzeitig suche ich mir in Brüssel wieder einen Therapieplatz. Jede Woche zwei Termine. Dass ich dank meiner Abgeordnetendiäten diesen Luxus bezahlen kann, hilft, auch wenn mein Abgeordnetendasein ein Grund ist, weswegen ich die Depression wieder so stark erlebe. Was war zuerst da, mein Interesse für Politik oder meine Depression? Ich weiß es nicht.

Am 8. September 2020 brennt das Geflüchtetenlager Moria auf der griechischen Insel Lesbos ab. Die EU macht nichts. Frontex prügelt in ihrem Auftrag Flüchtende an den Außengrenzen zurück ins Meer. Was ist das für eine Welt? Die Welt, die ich für mich und andere haben will, werde ich in keinem Fall erleben. Die Unerreichbarkeit eines Lebens, das ich für schön erachte, ist ein Schock. Ich schäme mich, dass ich als Demotivationstrainer mit dem Leitspruch «Die Hoffnung stirbt zuletzt, aber sie stirbt» selbst immer noch Hoffnung in manchen Situationen entwickle und dann trauere, wenn ich feststelle, dass diese Hoffnung unerfüllt bleiben wird. Irgendwann, als man trotz Pandemie in wichtigen Fällen die Gebäude des Parlaments betreten darf, laufe ich durch die Gänge, und mir wird schlagartig klar: Das hier ist nicht der Ort von Veränderung, von Ideen, vor allem nicht der Ort von Schönheit. Ich will Schönheit. Ich will Demokratie. Ich will, dass alle Menschen gerecht behandelt werden, genug Möglichkeiten haben, um ein schönes Leben zu führen, ich will eine Utopie. Es macht mich wahnsinnig, dass ich Teil eines Parlamentes bin und trotzdem nichts bewirken kann. Man sollte meinen, dass man als gewählte:r Politiker:in irgendwie Einfluss nehmen kann. Aber wie soll das gehen, wenn die Strukturen der EU so sind, wie sie sind? Ich will das nicht. Ich kann mich nicht damit abfinden, dass ich nichts machen kann, dass ich nichts machen darf. Wenn es nach dem Europäischen Parlament geht, soll ich nichts tun. Nur nicken und zu allem Ja und Amen sagen. Ich kann meine Gelder nicht für sinnvolle Dinge ausgeben, ich soll mich nicht so anziehen, wie ich es tue, ich kann nicht mal meine Besucher:innengruppen selbst begrüßen, wenn diese eine Bezuschussung vom Parlament erhalten. 30 Minuten muss ein:e Mitarbeiter:in des Besuchsdienstes eine Einführung über die EU und das Europäische Parlament halten. Das ist obligatorisch. Mein Team und ich bitten jede Gruppe nach dem Besuch um Feedback. Die Mehrheit wünscht sich, die Anfangspräsentation zu streichen. Eine Lehrerin schreibt mir, dass die

Schüler:innen es gruselig fanden, als der EU-Mitarbeiter zu vermeintlichen Demonstrationszwecken auf den Tisch gestiegen ist, um die Gruppe von oben herab ansehen zu können. Er wollte damit wohl den Unterschied zwischen Hierarchie und gleicher Augenhöhe darstellen. Es kam nicht gut an.

Es gibt tausendundeine Regel. Überholte Regeln werden nicht abgeschafft. Stattdessen wird eine weitere Regel hinzugefügt. Ich habe es vollkommen unterschätzt, wie abhängig und wenig autonom ich als europäischer Abgeordneter sein würde. Obwohl mich niemand aktiv lenkt, fühle ich mich wie eine Marionette. Der Druck von außen ist manchmal deutlich, manchmal subtil, aber immer omnipräsent.

Mein Absturz

Ich habe extreme Rückenschmerzen. Meine neue Physiotherapeutin will wissen, wie ich als EU-Abgeordneter finanziert werde. Ob mich meine Partei bezahle? Nein, das funktioniert über Steuern. «Ah, das heißt, ich finanziere Sie mit.» «Ja», antworte ich, «und ich will Ihnen hier jetzt ein bisschen was zurückgeben.»

Seit ich in Brüssel bin, bin ich häufig beim Arzt. Mein Rücken bringt mich um. Sport hilft, meint der Orthopäde. Ich bin aber gegen Bewegung. Ich bin Gegenbewegung. Ich will keinen Sport machen, und ich will nicht mit den anderen Abgeordneten in dieselbe Richtung laufen. Ich will, dass es anders läuft. Der geistige Widerstand bedingt meinen körperlichen.

Weil ich in meinem früheren Job als Demotivationstrainer meine psychischen Probleme thematisiert habe, werde ich immer mal wieder zu unterschiedlichen Anlässen in psychiatrische Einrichtungen eingeladen. Mal feiern die Psychiatrien Jubiläen, mal gibt es Fachkonferenzen, mal Kabarettreihen, die innerhalb der Psychiatrie stattfinden und von Patient:innen und Nichtpatient:innen gleichermaßen besucht werden. Dort fühle ich mich eher am Platz als jetzt im Europäischen Parlament. Auch als Abgeordneter bekomme ich noch solche Anfragen. Diesmal ist es eine Psychiatrie, die mich für einen Demotivationsvortrag einlädt. Meine Büroleiterin schlägt vor, nur halb abzusagen: Nico könne keinen Vortrag halten, aber als Patient komme er gern. Wie kommt sie darauf?

Ich mache keinen stationären Aufenthalt. Kurz hatte ich überlegt, das Buch «Brüssel sehen und es gar nicht mal so schlecht finden - dank Antidepressiva» zu nennen, aber das wäre nicht ehrlich gewesen. Ich habe nämlich gar nix genommen, und es hätte auch meinen getrübten Blick getrübt - fürchte ich zumindest. Das kann nicht Sinn dieses Buches sein! Ich bin von Natur aus im negativen Bereich unterwegs. Ständig frage ich mich, warum ist das, was ich, was wir da tun, alles so wirkungslos? Ich bin die überwiegende Zeit der Legislaturperiode extrem niedergeschlagen. Meine Notizen und Ideensammlungen tragen die Dateinamen «alles_egal.doc», «alles_egal2.doc» und «scheißaufalles.txt». Ich würde gerne einfach aufgeben. Das Schöne ist, ich darf. Aber nicht vor Publikum. Heimlich darf ich aufgeben, öffentlich nicht. Mir geht's besser, wenn ich aufgebe und mich rausziehe aus dem Prozess. Ich würde gerne einfach in Ruhe und für mich hoffnungslos sein können. Das wäre schön. Keine Verantwortung haben, danach sehne ich mich. Wer Verantwortung hat, muss ja was tun. Mir erscheint alles vergeblich. Ich hasse Vergeblichkeit! Dann lieber Resignation.

2020 ziehe ich mich ins Private zurück, weil es mir damit besser geht. Es ist politisch falsch, aber ich mache es trotzdem. Tja. Ein ganzes Team von Leuten versucht, mich zu stabilisieren. Luxus. Therapie, Physiotherapie, Osteopathie, Coaching, mein Team. Aber ich bin blockiert. Nichts hilft mir. Ich bin depressiv und nicht arbeitsfähig. So viele Privilegien ich auch im Amt habe und sogar in der Zeit danach, ich habe Zukunftsängste. Die Nachrichten ziehen mich runter, und trotzdem höre ich nicht auf, sie zu schauen. Ich bin zu weich für Politik. Am meisten ärgert mich, dass ein TV-Produzent mit dieser Prognose recht bekommen hat. Vor meiner Wahl hat er mir gesagt, dass ich dafür nicht gemacht sei. Wenn er wüsste, wie oft ich seine Worte im Kopf habe. Ich bin zu weich für die Realität.

Fast jeden Tag stelle ich mir die Frage: Bin ich einfach depressiv, oder ist das wirklich so scheiße? Ich glaube, beides. Mein größtes Problem während meiner Amtszeit ist das Europäische

Parlament an sich, beziehungsweise mein Politikerdasein in der Diskrepanz zu meiner Satire. Als Komiker kannst du locker ein selbsthassender Misanthrop sein und deiner Rolle gerecht werden, als Politiker musst du andere Menschen lieben oder wenigstens dich selbst so sehr, dass du andere nicht demotivierst. Jedenfalls ist meine Verantwortung eine ganz andere, und ich werde ihr nicht gerecht. Es ist einfach ganz grundsätzlich: Ich habe einen Hass auf diese Spezies. Immer wieder treffen Menschen, also wir Abgeordneten, Entscheidungen gegen uns selbst. Geile Idee, lasst noch länger Pflanzenschutzmittel statt Unkrautvernichtungsmittel sagen und Glyphosat einsetzen, um die Biodiversität einzuschränken. Scheiß auf Blumen! Wer braucht schon Bienen? Nach uns die Sintflut! Aus meiner Skepsis ist Verachtung geworden. Die Verantwortung, die man als Politiker:in hat, ist für mich zu viel Gewicht. Ich will keine Verantwortung haben. Ich will nicht über Milliardenpakete abstimmen, indem ich ein Knöpfchen drücke. Dabei spüre ich nichts. Ich habe die ganze Zeit das Gefühl, dass ich nicht hoffnungslos sein darf und mich verstellen muss. Wenn andere um mich optimistisch sind, macht mich das wütend. Wie können sie behaupten, dass etwas besser würde? Eine 0,1-prozentige Digitalsteuer für Google in Europa. Yay? Das ist nicht genug. Milliardär:innen gehören abgeschafft. Es sollte keine Kriege geben. Alle Menschen sollten eine anständige gesundheitliche Versorgung haben, Zugang zu allem, was man braucht, ohne Angst leben. Aber die Welt, die ich haben will, werde ich nicht erleben. Es ist völlig egal, was ich mache, sie wird nicht kommen.

Das habe ich 2020 verstanden, und ich habe mich bis heute nicht davon erholt. Je weniger man macht und je weniger man ausprobiert, desto weniger kann man enttäuscht werden. Ich habe mein Enttäuschungskontingent aufgebraucht. Mein Urteil steht. Ich brauche nicht noch mehr Enttäuschung. Ich kann auch nicht mehr. Ich halte es nicht aus. Ich habe mein Leben lang versucht, gut genug zu sein, zu genügen. Mein Kindheits-

Ich hat die Erfahrung gemacht: Ich genüge nicht. Mein Erwachsenen-Ich sieht es immer noch so.

Ich habe Ziele, die ich nicht erreichen kann, weil ich im Verhaltensmuster meiner Kindheit gefangen bin: Die Ziele sind zu hoch. Und ich bin blockiert, weil ich Angst habe vor der Enttäuschung, dem Nicht-Geliebtwerden, den Schuldgefühlen, weil ich andere traurig gemacht habe. Dann lieber vor mir so tun, als wäre es selbst gewählt. Ich bin erschöpft. Es reicht einfach. Mein Vater wollte ein besseres Leben für uns. Ich hingegen will meinen Kindern das ersparen, was ich erlebt habe: Deswegen wird es sie nicht geben. Das ist doch tatsächlich ein Fortschritt. Ruhe. Endlich Ruhe. Was ich hier schreibe, erzähle ich auch Besucher:innengruppen, die mich im Parlament besuchen.

Immer wieder kommt die Frage, warum ich nicht zurückgetreten bin, wenn es für mich so unaushaltbar ist.

Ich habe immer nur abgebrochen: Mein Studium nach sechs Wochen, mein Auslandsjahr nach einem halben Jahr, meine Bühnenkarriere mitten beim Durchstarten. Das hier muss ich jetzt mal durchziehen! Meine Therapeutin sagt mir, dass ich lernen muss, die Konflikte dort zu lösen, wo sie entstehen. Nicht immer wegrennen. Es wäre rausgeschmissenes Geld und Zeitverschwendung, nicht auch mal auf meine Therapeutin zu hören. Sie will, dass ich die Erfahrung mache, dass ich nicht ohnmächtig bin. Dass ich etwas tun kann gegen das, was für mich unaushaltbar scheint. Dass ich sein darf. Ist das egoistisch? Ich muss auch zugeben, dass es für mich als Bühnenkünstler während der Pandemie nicht besser hätte laufen können. Während in Theatern und Co. pandemiebedingt keine Veranstaltungen stattfinden konnten, Schauspieler:innen, DJs, Kabarettist:innen und eben die gesamte Kulturszene kaum Möglichkeiten hatten, Geld zu verdienen, bekomme ich Geld fürs reine Existieren. Mein Mandat ist frei. Es gibt keine Regeln oder Gesetze, die mich dazu zwingen, irgendwie aktiv zu sein. Ich habe so gesehen ein bedingungsloses Grundeinkommen, und natürlich würde das wegfallen, wenn ich zurücktreten würde. Ich bin nicht stolz darauf, aber es ist Fakt, dass auch das ein Grund ist, warum ich mein Mandat behalte. Worum ich mir auch Gedanken mache, ist der Ersatz, der nachrücken würde, wenn ich zurücktrete. Wenn ich davon überzeugt wäre, dass mein Ersatz präsent sein und abstimmen würde, ich würde wahrscheinlich trotz der anderen Argumente gehen. Ich habe aber keine Garantie dafür, deshalb ist es keine Option. Es irritiert viele, wenn ich das sage, aber ich fühle mich den Wähler:innen durchaus verpflichtet. Die PARTEI hat 2,4 Prozent bei der Europawahl 2019 bekommen. Das sind rund 900 000 Stimmen, und anders als bei anderen Parteien bin ich sicher, dass Die PARTEI auch wegen mir gewählt wurde. Es gibt Menschen, die wollen, dass ich im Europäischen Parlament sitze. Es gibt Menschen, die wollen, dass ich da etwas versuche. Ich denke nicht, dass jemand der PARTEI-Wähler:innen erwartet, dass ich die gesamte EU-Gesetzgebung ändere. Transparenter über das eigene Vorhaben, wenn man mit einer Satire-Partei antritt, kann man doch gar nicht sein. Ich will diejenigen, die Die PARTEI wegen mir gewählt haben, nicht enttäuschen. Ich will, dass die Stimme nicht verschenkt ist, und dafür muss ich auch an den Abstimmungen bei den Plenarsitzungen teilnehmen. Und das tue ich. Ich verpasse die Abstimmung nur, wenn ich krank bin.

Außerdem nehme ich mir die Zeit, alles, was passiert ist, zusammenzufassen und zu verarbeiten. Du liest es gerade. Ich will Antworten vom Parlament, die kann ich nur bekommen, wenn ich Teil davon bleibe. Als «normaler» Bürger können sie mich viel leichter ignorieren. Sie tun es zwar auch in meiner Abgeordnetenrolle, aber da kann ich noch ein bisschen Druck auf sie ausüben. Ich will das Parlament nicht gewinnen lassen, jedenfalls nicht komplett. Mein Plan ist es, zur Europawahl 2024 noch einmal Wahlkampf zu machen, aber ohne am Ende dafür mit einem Mandat bestraft werden zu können. Ich will noch mal zeigen, was falsch läuft und dass CDU / CSU dafür hauptverantwortlich sind. In meinen Augen sind sie unwählbar. Das ist meine Hoffnung, dass ich mit meinen Erfahrungen am Ende doch noch mal Einfluss nehmen kann und die Wahl in Deutschland nicht so schlimm wird, wie ich es gerade befürchte.

Klar, es darf kritisiert werden, dass ich nicht zurückgetreten bin. Und ich sage dazu auch ehrlich, dass ich diese Kritik nicht hören mag. Sie zieht mich runter. Wer will schon Kritik?

TL;DR:
Ich bin parteilos. Ich bin Teil der Fraktion
Greens / European Free Alliance. Und das
geht.

Nicht mein Humor

13.01.2021

Martin Sonneborn ist deutsch, weiß, über 50, hat auf den
unterschiedlichen sozialen Plattformen zusammen mehr als
eine Million Follower, wird von seinen Fans angehimmelt und
gehört zu den oberen 10 Prozent. Als Europaabgeordneter
genießt er darüber hinaus unzählige Extra-Privilegien: Jack-
pot!

Ich weiß, wovon ich da rede, weil ich – bis aufs Alter –
quasi in der gleichen unverschämt privilegierten Situation
bin. Auch wenn wir beide glücklicherweise weit davon entfernt sind, irgendwo an nennenswerte politische Ämter zu
kommen, tragen wir in unseren Rollen Verantwortung. Ich
finde, wenn wir schon aus strukturellen Gründen keine Veränderung der Verhältnisse schaffen können, sollten wir es
wenigstens symbolisch versuchen.

Für mich geht es bei Martin Sonneborns Tweets von vergan-
gener Woche weniger um eine Debatte über den Sinn und
Zweck von Satire, sondern vielmehr um einen ignoranten
Umgang mit Feedback. Wenn sich Menschen von seinen Pos-
tings rassistisch angegriffen fühlen, muss er nicht viel tun.
Es reichen Mitgefühl und der Respekt vor den Betroffenen,
um das eigene Verhalten zu korrigieren.

Wenn er der Kritik keinen Raum geben kann, den gesellschaftlichen Kontext (Rassismus, fortschreitender Rechts-

ruck) ausblendet und beleidigt seine Machtposition ausnutzt, sobald Betroffene sich gegen Beleidigungen wehren, und stattdessen den Schwerpunkt fälschlicherweise darauf legt, dass andere nur zu doof seien, seine Kunst zu verstehen, sich also selbst zum Opfer stilisiert, sollte er gehen, weil er aus der Zeit gefallen und am falschen Ort ist.

Ich habe vor einem Jahr vergeblich zu dieser Thematik mit ihm diskutiert und ihn vor einigen Tagen gebeten, über sein Posting nachzudenken und sich zu entschuldigen. Er hat es nicht gemacht. Das ist also kein Versehen, er will das eindeutig so.

Natürlich kann Martin Sonneborn Witze *versuchen*, wie er will. Aber ich bin raus, wenn er kein Mitgefühl zeigt und weder versteht, wo oben und unten ist, noch, dass seine Verantwortung als Vorsitzender von Die PARTEI mit 50 000 Mitgliedern und zuletzt 900 000 Wähler:innen weit über das hinausgeht, was ein Titanic-Chefredakteur vor 20 Jahren können musste.

Ich finde seine Reaktion auf die Kritik falsch und inakzeptabel. Das ging mir in der Vergangenheit schon in anderen Fällen so. Daraus ziehe ich jetzt meine Konsequenzen.

Weil Die PARTEI in der öffentlichen Wahrnehmung vor allem das Projekt von Martin Sonneborn ist und ich dafür nicht weiter mein Gesicht hergeben will, habe ich eben mein Austrittsschreiben verschickt.

(Das schreckliche Mandat im EU-Parlament werde ich als PARTEI-Loser bis zum bitteren Ende ausführen. Ich könnte das Leid nicht verantworten, das ein:e Nachrücker:in statt meiner ertragen müsste.)

Danke an alle Engagierten in Die PARTEI, dass ich mitmachen durfte. Viel Glück und tschüssi!

Nico

(Den Tweet, um den es dabei geht,
möchte ich nicht reproduzieren.)

Mit diesem Blogeintrag verkünde ich den Austritt bei Die PAR-
TEI. Danach klingelt in meinem Büro das Telefon. Journa-
list:innen haben weitere Fragen, meine Büroleiterin erklärt im
5-Minuten-Takt, dass ich meinem Statement nichts hinzuzu-
fügen habe und es keine weiteren Kommentare von mir geben
wird. Es ist nicht mein Ziel, irgendwen fertigzumachen. Es ist
so, wie ich es in meinem Beitrag geschrieben habe. Mein Austritt sorgt auch noch Jahre später für Verwirrung. Manche fragen sich, warum ich zu den Grünen gewechselt sei. Bin ich nicht.
Auch wieder so ein Beispiel, um zu zeigen, wie wenig die EU-
Politik im Allgemeinen verstanden wird. Hier noch mal kurz
schwarz auf weiß: 2017 bin ich in die Partei Die PARTEI eingetreten. Ich war Spitzenkandidat in Berlin für die damalige
Bundestagswahl und habe kein Mandat erhalten. 2019 trete ich
gemeinsam mit Martin Sonneborn bei der Europawahl an und
werde am 26. Mai gewählt. Ich bin zu diesem Zeitpunkt weiter
Mitglied von Die PARTEI. Im Europäischen Parlament trete ich
als PARTEI-Politiker der Fraktion Greens / European Free Alliance bei. Die Fraktionen im Europäischen Parlament setzen sich
aus verschiedenen nationalen Parteien zu einer internationalen
Gruppe zusammen. Das ist anders als im Deutschen Bundestag.
Während meiner Anfangszeit macht Martin sein Ding, ich meines. Manchmal haben wir Schnittpunkte und machen zusammen Fragerunden in den sozialen Medien. Seine und meine
Auffassungen in den verschiedensten Bereichen sind oft unterschiedlich. Wenn mir dieser Unterschied zu krass ist, spreche
ich das an. In Bezug auf den Post bei Twitter finden Martin und
ich keinen gemeinsamen Konsens. Ich ziehe daraus die Konsequenz und trete bei Die PARTEI aus. Ab dann bin ich parteilos,
aber weiterhin Fraktionsmitglied bei den Grünen. Das Mandat
ist nicht partei-, sondern personengebunden. Deswegen bedeutet mein Austritt nicht den Verlust meines Mandats. Das kann
mir laut deutscher Gesetzgebung, denn auch da gibt es keine
europäischen Regeln, sondern jedes Land legt das für sich selbst

fest, niemand nehmen, außer ich selbst oder mein Tod. Es gibt Menschen, die das scheiße finden. Ich bekomme Kommentare in den sozialen Medien, dass ich mein Mandat an Die PARTEI zurückgeben soll. Einerseits kann ich es verstehen, dass nicht alle es gut finden, dass ich nicht zurücktrete, andererseits breche ich kein Gesetz oder irgendeine Regel, und ich habe, wie ich finde, ausreichend Gründe zu bleiben. Ich bekomme auch Rückmeldungen, dass ich im Parlament bleiben soll. Es gibt keine richtige Lösung, es gibt für mich nur meine Lösung.

Nach meinem Austritt aus Die PARTEI überlege ich kurz, «Die andere Partei» zu gründen, sodass es dauerhaft einen Zweikampf zwischen Die PARTEI und «Die andere Partei» geben könnte. Auch in jedem anderen Vergleich wäre meine Namensidee lustig. Zum Beispiel mit dieser Schlagzeile: Die FDP und «Die andere Partei» lagen bei der Kommunalwahl gleichauf. Podiumsdiskussion in der alten Aula. Auf dem Podium saßen Thomas Schmidt von der CDU und Andrea Müller von der SPD. Nico Semsrott von der anderen Partei war auch dabei.

Eine weitere Idee ist es, schon seit Beginn meiner Poetry-Slam-Teilnahmen, eine Partei namens «Sonstige» zu gründen, weil diese bei Wahlen oft sowieso schon mehr als 5 Prozent auf sich vereinigen und so auf Anhieb den Einzug in die Parlamente schaffen. Ein schöner Name wäre auch noch «Keine Partei». In der sind nämlich die meisten Menschen Mitglieder. Und das gleich ohne Mitgliedsantrag!

Mehr als zehn Parteien machen mir nach meinem Austritt Angebote, bei ihnen einzutreten. Viele davon sind so klein, dass ich auf Anhieb ihr prominentester Vertreter wäre. Mal wird mir eine engere Zusammenarbeit angeboten, mal ganz ausdrücklich das jeweilige Parteibuch. Eine Partei schreibt mir auf Twitter/X einfach: «Magst du Bier?» Für mich das attraktivste Angebot.

Ich bekomme auch Anfragen, ob ich jetzt eine eigene Partei gründen werde. Das ist schmeichelhaft, aber ich find die Idee –

abgesehen von meinen Gedankenspielen zu ihrem Namen -
komplett absurd. Selbst wenn ich das für aussichtsreich erachten
würde - was ich nicht tue -, hätte ich gar nicht die Fähigkeiten dafür. Ich bin nicht dafür gemacht, Teil einer gesellschaftlichen Struktur zu sein. Soziale Bindungen sind für mich schwer
zu ertragen. Ich will frei sein. Nicht fremdbestimmt. Außerdem
will ich keine Macht, ich will Veränderung. Mir ist klar, dass ich
keine Partei gründen und auch keiner anderen beitreten sollte.
Deshalb tue ich das nicht, aber ich habe einen Deal mit mir: Der
Auftrag dauert fünf Jahre, und diesen Auftrag werde ich erfüllen, aber ich werde mich auf gar keinen Fall um eine Verlänge-
rung bemühen. Für mich ist nach dieser einen Legislaturperiode
Schluss.

TL;DR:

Ich alleine kann ja eh nichts ändern.

Mondays for Misery

Am 27. August 2021 fahre ich nach Düsseldorf. Fridays for Future haben mich gefragt, ob ich bei ihrer Demo vor dem Landtag eine Rede halten könnte. Vielleicht kann ich. Ich bitte die Veranstalter:innen der Demo, mich nicht in den sozialen Medien als Gastredner anzukündigen. Wie immer in meinem Leben bin ich vorab der Meinung, das, was ich mache, ist scheiße. Ich will nicht, dass das groß angekündigt wird, damit ich keinen Druck habe und im Zweifelsfall klammheimlich noch absagen kann. Diesen Freiraum brauche ich so oft. Auch, wenn ich das jetzt schon gefühlt ewig mache. Wenn ich es nicht so machen würde, würde ich jeden Versuch sofort abbrechen und bekäme nie etwas zustande. Ich glaube auch gar nicht, dass mehr Leute kommen würden, wenn mein kurzer Auftritt vorher angekündigt wird.

Das Wetter ist schlecht, es ist grau, kalt und regnet. Ich bin früh dran und mische mich erst mal unter die Leute. Mein Nicht-so-Supermann-Kostüm habe ich noch nicht an, niemand erkennt mich. Mich erschreckt diese Demo. Sie erinnert mich an all die linken Demos, auf denen ich selbst vor 20 Jahren in Hamburg war, und sie zeigt mir: Nichts hat sich geändert. Wir sind so wenige, dabei ist das Thema so groß. Die Demonstration jetzt findet so kurz nach der Ahrtalflut 2021 im Bundesland Nordrhein-Westfalen statt, in dem es auch Tote gab. Und trotzdem sind hier gerade nur ein paar Hundert Leute. Ich verspüre eine ganz andere Art der Vergeblichkeit. Es wäre etwas anderes, wenn hunderttausend Menschen auf der Demo wären. Es ist kurz vor der Bundestagswahl. Armin Laschet tritt als Bundeskanzler:innenkandidat an. Ich finde das niederschmetternd. Mit dieser Stimmung betrete ich dann noch kostümiert die Bühne.

Hallo.

Respekt, ihr seid sehr, sehr viele.

Respekt für euer Engagement, in jeder Plenarsitzung im Europäischen Parlament sind eindeutig weniger Leute als hier heute.

Mein Name ist Nico Semsrott, ich bin heute zu euch gekommen, um mich als EU-Politiker für alle meine Kolleg:innen zu entschuldigen.

[Im Publikum ruft eine Person «Danke»]

Ja, und für mich natürlich auch.

Bitte nicht mit der EU schimpfen. Nur weil wir absolut gar nichts gegen die Klimakrise tun. Wir sind schon mit dem Ignorieren von Menschenrechtsverletzungen, Rechtsstaatsabbau und Korruption voll ausgelastet. Das ist der Grund.

Ich weiß nicht, wie's euch geht, aber ich wünschte, ich würde mich nicht für Politik interessieren. Ich hab schon viele Fehler in meinem Leben gemacht, aber mich zur Europawahl aufstellen zu lassen, war die dümmste Entscheidung in meinem Leben. Als Mitglied des Europäischen Parlaments hat man keine Macht, dafür macht es auch keinen Spaß. In meinem Leben vor der Politik war mir gar nicht klar, wie ohnmächtig ich als Nicht-Milliardär bin. Das hab ich erst in Brüssel richtig verstanden. Für mich ist immer die Frage: Was war zuerst da – mein Interesse für Politik oder meine Depression?

Als Depressiver in einer Klimakrise stehe ich vor besonderen Herausforderungen. Ich kann nicht unterscheiden, welche schlechten Gefühle durch meine fehlerhafte Hirnchemie und welche durch die Realität verursacht werden. In meiner Überforderung kann ich mich wenigstens an einer Erkenntnis festhalten: Wenn diese depressive Episode abgeklungen ist, ist meine Stimmung zwar besser, aber die Welt ist immer noch scheiße – für mich ein Trost. Soweit ich das beobachtet hab von der letzten Bank im Europäischen Parlament aus, versteht das politische System nicht das Wesen einer Krise. Viele in der Politik glauben immer noch, ihre Aufgabe sei der Ausgleich von Interessen. Ne? Kompromisse sind in einer Demokratie tatsächlich wichtig, das Problem ist nur: Naturgesetze kennen keine Kompromisse.

Ich geb mal ein ausgedachtes Beispiel: Wenn die eine Interessengruppe für das Ausrotten einer Tierart ist und die andere Interessengruppe gegen das Ausrotten einer Tierart. Na, dann kann man nicht sagen: «Okay, wir treffen uns in der Mitte und machen ein bisschen Ausrottung.» Das Ergebnis in so einem Kompromiss ist Ausrottung.

Apropos Armin Laschet. Apropos CDU. Jede:r zweite Wählende in Deutschland ist bei der Bundestagswahl älter als 55 Jahre. In Deutschland kommen auf eine:n Zehnjährige:n zwei 55-Jährige. Das ist krass. Die beiden 55-Jährigen dürfen wählen, das Kind mit zehn nicht. Ne? Nur um das klarzumachen.

Aber in diesem Problem liegt auch die Lösung. Wir müssen alle mit unserer Familie reden, auch wenn das für mich persönlich heißt, dass ich nach fünf Jahren mal wieder meine Oma anrufen muss. Ja, das ist vielleicht auch ein bisschen viel verlangt. Die Situation ist so schlimm, dass ich sogar meine Oma anrufen werde.

Ja, ich bin von Beruf Demotivationstrainer, und ich hab mir gedacht, wir machen jetzt am Schluss einfach noch 'ne Demotivationsübung gemeinsam, die sehr oft schon funktioniert hat. Ich sag den Satz vor, ihr sagt ihn nach: Ich

alleine kann ja eh nichts ändern. Und jetzt alle! Ich alleine
kann ja eh nichts ändern.
Vielen Dank, ihr seid super!

Jetzt fühle ich mich besser. Irgendwie war es doch sinnvoll
und gut und lustig. Ich verbuche es für mich persönlich als
eine schöne Erfahrung und gleichzeitig als politischer Mensch
als eine hoffnungslose. Ich als Künstler kann mich freuen. Ich
wurde nett empfangen, die Leute fanden es gut, dass ich da war,
das ist alles schön, und dennoch frage ich mich: Wozu? Vielleicht war es für einige motivierend, aber es reicht halt nicht.

TL;DR:

Ich verwende EU-Geld, um kostenlose Tampons gegen Periodenarmut zu verteilen. Das Parlament findet das scheiße, also wiederhole ich die Aktion zwei weitere Male.

There will be blood

Weißt du noch, wie groß das Gesamtbudget des EU-Parlaments im Jahr ist?

Hier noch mal zur Erinnerung: 2,38 Milliarden Euro. In Worten: zwei Komma drei acht Milliarden Euro.

28 934,49 Euro gebe ich über drei Jahre für etwas aus, was das Parlament nicht in Ordnung findet: Tamponboxen.

6590 Stück, um genau zu sein. Somit kostet eine Packung circa 4,39 Euro. Handelsüblicher Preis, kein Luxus. Zu menstruieren, das ist Luxus, zumindest könnte man das meinen, wenn man sich mal überlegt, wie viel Geld menstruierende Personen in ihrem Leben investieren müssen, um die Zeit ihrer Blutung zu überstehen. In vielen Ländern der EU fallen Tampons und andere Hygieneprodukte in die gleiche Steuerklasse wie Kaviar oder Alkohol. Das ist so, als würde die Gesellschaft sagen, dass Periodenprodukte überhaupt nicht notwendig sind.

Als EU-Abgeordneter habe ich ein eigenes Budget für Werbemittel. Davon darf ich unter anderem Events organisieren und bezahlen, Studien in Auftrag geben oder Gegenstände herstellen, die ich an potenzielle Wähler:innen verschenken darf. Besonders beliebt bei der EVP, also CDU / CSU, sind Regenschirme in Blau mit dem Logo ihrer Fraktion oder PET-Tragetaschen, ebenfalls in Blau und mit Fraktions-Logo. Gegenstände wie diese sind besonders beliebt, weil sie wie Werbung funktionieren. Aus der

Person, die dieses Geschenk annimmt, wird eine wandelnde Litfaßsäule mit Werbung für die Konservativen. Finde ich scheiße. Mein Team und ich wollen das Geld besser ausgeben. In der Gruppe sind wir uns direkt einig, dass wir durch ein sinnvolles Gadget, was wirklich benötigt und genutzt wird, so das Geld, was wir dafür verwenden, an die Bürger:innen zurückgeben können. Meine Videografin schlägt Tampons vor. Das ist es. Wir haben Bedenken, ob es realisierbar ist, finden die Idee aber so gut, dass wir sie ausprobieren wollen. Wir checken die Regeln des Budgets und beginnen mit der Planung, brainstormen Slogans wie «This sucks!», «Vampire tea bags», «Stuck in the middle of you», «I feel you», «The only ones who deserve to bleed are fascists» oder «I had my period and all I got was cramps, an emotional roller coaster, dirty underwear and these tampons». Wir hören Bleeding Love von Leona Lewis auf Dauerschleife. Ich bin der Meinung, wir holen das Maximum aus diesem Projekt. Wir finden einen Tamponhersteller, der mit Bio-Baumwolle und ohne Plastik oder Bleiche in der EU produziert, und einen Verpackungshersteller, der ebenso so umweltfreundlich wie möglich Boxen herstellt. Das Layout der Boxen designt meine Grafikerin und übertrifft sich selbst. Die Fläche wird für Aufklärung genutzt. Zu sehen ist ein Uterus, verschiedene Arten von Blutungen, Hygieneprodukten, ein Kalender, der die Menstruation anzeigt, ein Hinweis auf Schmerzmittel und natürlich regelkonform das Fraktions-Logo der Greens / EFA. Die Packungsbeilage erhält einen individuellen Text mit allen Hinweisen, die für die korrekte Benutzung von Tampons notwendig sind. Inspiriert von einem Tweet:

@fumpycat: Können in Tampon-Packungen nicht auch extra Spielzeuge sein? So wie früher bei den Cornflakes-Packungen? Einfach um uns in schwierigen Zeiten ein bisschen aufzuheitern? Wär doch mal was.

Meine Büroleiterin schlägt vor, auf der Rückseite der Verpackungsbeilage ein Wimmelbild zu designen. Auch diese Fläche nutzen wir für Aufklärung und bilden eine Demonstration ab, bei der Figuren aller Geschlechter abgebildet sind, für Menschenrechte demonstriert wird und auch jede Menge Blut zu sehen ist. Die Boxen wollen wir kostenlos abgeben an Frauenhäuser, Geflüchtetenunterkünfte, Schulen, Universitäten, Jugendvereine, eben Einrichtungen, wo Menschen sind, die oft nicht das Geld haben, um sich Tampons, Binden und Co. kaufen zu können. Wir wollen damit auf Periodenarmut aufmerksam machen. Politische Arbeit eben. Wie immer haben wir Glück, und auch dieses Projekt fällt in die Pandemiezeit. Von der Idee bis zur ersten fertigen Box dauert es fast ein Jahr. Die Boxen setzen wir selbst zusammen. Die Verpackung wird gefaltet, Tampons abgezählt und eingesetzt, Packungsbeilage rein, Deckel drauf. Fertig. 1800-mal machen wir das. Es dauert drei Monate, denn es darf immer nur eine Person ins Büro, wo die verschiedenen Bestandteile lagern. Wir schieben so gesehen 8-Stunden-Schichten Fließbandarbeit. Ohne laute Musik, Tonnen von Schokolade und Videocalls, um nicht durchzudrehen, funktioniert das nicht. Das ganze Team hat immer größeren Respekt vor Arbeitnehmenden, die das hauptberuflich machen. Wir merken, wie privilegiert wir sind. Ich mache in den sozialen Medien darauf aufmerksam, dass ich kostenlos Tamponboxen abzugeben habe. Wer welche will, soll sich einfach melden. Mein Mailpostfach läuft voll, meine Mitarbeiter:innen packen Kisten zum Versand und verbringen so viel Zeit im Parlamentskiosk, um die Paketmarken zu kleben, dass meine Büroleiterin die Kioskbesitzerin noch heute als ihre beste Freundin im Parlament bezeichnet. Einer französischen Frauenzeitschrift gebe ich ein Interview und erzähle, dass ich gerne andere Abgeordnete davon überzeugen würde, ihr PR-Budget genauso oder wenigstens ähnlich zu verwenden, und überschreite damit eine rote Linie. Das geht zu weit. Die Finanzabteilung beginnt, ohne mich zu informieren, meine Aktion zu prüfen, und schickt mir im Sommer 2021, also in einer rasenden Geschwindigkeit, einen mahnenden Brief. Was ist die angemessene Reaktion darauf? Richtig, ich bestelle neue Tamponboxen und wiederhole die Aktion. Aber wie geil, oder? Das Selbstbewusstsein des EU-Parlaments scheint so fragil zu sein, dass man es schon mit kostenlosen Tampons destabilisieren kann. Zur Erinnerung: Mein Mandat ist frei. Ich habe alle bestehenden Regeln eingehalten. Das wurde mir sogar bestätigt. Wie kann es sein, dass sich der oberste EU-Beamte für Finanzen, der sich sonst um Budgets in Millionenhöhe kümmert, nun mit meiner Ausgabe auseinandersetzt? In welchem Verhältnis soll das stehen? Das PR-Budget ist keines, auf das ich direkten Zugriff habe. Ich muss vorher einen Antrag bei der Fraktion einreichen, die dann prüft, ob alle Regeln berücksichtigt werden, und erst dann wird das Geld freigeschaltet. Noch dazu fließt das Geld nicht über meine Konten, sondern direkt vom Europäischen Parlament auf das der verschiedenen Dienstleister:innen. Und ich habe, man mag es kaum glauben, keine kriminellen Energien in mir. Ich versuche, etwas Sinnvolles zu tun, etwas Gutes, etwas Politisches. Das Parlament ist dagegen. Um das mal in Kontext zu setzen: Kugelschreiber, Regenschirme, Einkaufstüten – alles kein Problem, aber bei Periodenprodukten wird zu Sparsamkeit, Wirksamkeit und Wirtschaftlichkeit ermahnt. Wir haben so günstig und klimaneutral wie möglich und dazu noch innerhalb der EU produziert, die Tampons haben mindestens 6590 Personen erreicht, die sie tatsächlich gebrauchen und noch dazu die Box als Aufbewahrung für Stifte oder anderes weiterverwenden können. Noch dazu werden die Tamponboxen ein Jahr lang im Berliner Museum Europäischer Kulturen in der «Läuft.»-Ausstellung zur Menstruation gezeigt. Bei meiner Aktion weise ich auf eine Petition für freien Zugang zu Menstruationsprodukten in öffentlichen Einrichtungen hin. Alles in allem eine große Gefahr für die drei Grundsätze des Parlaments. Wie war das noch mal mit den zwölf Fahrten von Brüssel nach Straßburg und zurück? Und welche Wirksamkeit erfüllen blaue EVP-Plastiktüten zum Einkauf, außer dass man mit ihnen Gegenstände transportieren kann? Tampons können Blut aufsaugen. Erscheint mir krasser.

Besonders gut gefällt mir, dass ich vom selben Budget auch Kondome produziert habe: «Nico Semsrott - Hilft dir durch harte Zeiten / Always there when things get hard». Zu dieser Ausgabe habe ich keinen Brief erhalten. Wenn ich über dieses Budget eine Veranstaltung finanziere, darf ich davon sogar Champagner kaufen, und niemand regt sich auf. Liebe Finanzabteilung, was ist da los? Genauso wie ein Tampon handelt es sich bei einem Kondom doch auch um ein Wegwerfprodukt. Ich habe Verständnisprobleme und ordere ein drittes Mal Tamponboxen. Die dritte Marge ist nach einer Woche vergriffen. Gerne würde ich sie fortlaufend produzieren, aber da ich nicht gegen Regeln verstoße, wenn ich sie kenne und sie verständlich sind, geht das nicht. Ich müsste drei verschiedene Ausschreibungen machen, weil für die Herstellung der fertigen Boxen drei Dienstleister:innen benötigt werden. Eine Mammutaufgabe, für die mir und meinem inzwischen geschrumpften Team die Kapazitäten fehlen. Ich bekomme noch immer Anfragen, ob ich Tamponboxen spenden kann. Würde ich gerne, kann ich leider nicht. Wir haben wirklich keine mehr. Das Design haben wir übrigens in zweifacher Ausführung, andere Abgeordnete sind dazu eingeladen, die Aktion zu kopieren, unsere Grafiken zu verwenden und auch Unterstützung durch mein Team zu bekommen.

Es geht mir nicht darum, dass ich als Nico Semsrott etwas Cooles mache - ich will dazu beitragen, dass Gelder des Europäischen Parlaments sinnvoll genutzt werden, und wenn andere mitmachen wollen, dann bitte gerne und lieber gestern statt heute. Ich bin gerne bereit, alle Erkenntnisse zu teilen. Durch das Spenden der Tamponboxen wissen mein Team und ich jetzt, dass es noch besser gewesen wäre, Binden statt Tampons anzubieten. Binden können sicherer verwendet und von allen menstruierenden Personen genutzt werden. Man benötigt keinen Zugang zu einer Sanitäranlage mit fließendem Wasser, auf die besonders wohnungslose Personen nur selten Zugriff haben. Deshalb haben wir auch keine Menstruationstassen produziert. Um diese so gefahrlos wie nötig benutzen zu können, ist es wichtig, die Hände waschen zu können, um mögliche Keimübertragungen bestmöglich zu verhindern. Ich selbst menstruiere nicht und bin trotzdem der Meinung, dass es nicht schadet, dieses Wissen zu haben. Wir sind Teil einer Gesellschaft, in der die Hälfte menstruiert. Ohne Menstruation gäbe es niemanden von uns. Mehr als Grund genug, sich genauer damit auseinanderzusetzen.

Wem hat meine Aktion geschadet? Den Steuerzahler:innen? Den Abgeordneten? Nichts ausrichten zu können gegen die Zerstörung von Natur und Rechtsstaat, ist das eine. Aber beim eigenen Budget fremdbestimmt zu werden, finde ich wirklich krass.

Insbesondere in diesem Kontext. Insbesondere von einem alten weißen heterosexuellen Cis-Mann. Scheißpatriarchat!

TL;DR:
Ich brauche eine Überleitung zum Thema
Geld. Sie ist nicht wahnsinnig gut, dafür
sehr kurz.

Geld, Macht, Probleme

Neben dem Patriarchat gibt es noch ein weiteres Problem: Kapitalismus.

Ach nee, hab mich vertan – ich muss zugeben, was Politiker:innen sonst üblicherweise nicht tun und sagen (schreiben): Entschuldigung, ich habe mich geirrt! Neben dem Patriarchat gibt es noch viele weitere Probleme: Machtmissbrauch, Realitätsverlust, Klimawandel, Ignoranz, Kriege, Diktaturen, Intransparenz, Gewalt, CDU, CSU, FDP, SPD, NPD, AfD …, unter anderem Kapitalismus beziehungsweise Geld. Besonders in Verbindung mit Politik wird Geld zu einem schwierigen Thema. Nämlich dann, wenn es verschwendet wird und wenn es nicht das eigene Geld ist. So läuft es in der Europäischen Union und insbesondere im Europäischen Parlament leider oft. Ich möchte mich noch mal kurz wiederholen: Ich bin für die EU. Ich finde es gut und richtig, dass es sie gibt, und möchte, dass sie weiterhin existiert. Ich bin aber der Meinung, dass sie Veränderung braucht, dass Gesetze geändert werden müssen und die EU-Bürger:innen mehr Einfluss nehmen können. Letztlich sind sie es, die die EU ausmachen. Es ist ihr Steuergeld, von dem die Institutionen und eben auch wir Abgeordneten des Europäischen Parlaments und unsere Mitarbeiter:innen finanziert werden. Ich muss zugeben, das Thema Geld nimmt in meinem Leben schon immer einen großen Platz ein. Nicht, weil ich besonders arm oder reich aufgewachsen wäre, sondern einfach, weil es für mich ein messbarer Wert ist. Ein Wert, anhand dessen ich sagen kann, das war gut und das war schlecht. Als Abgeordneter werde ich mit Geld zugeschüttet, weswegen ich in den folgenden Abschnitten die Themen Geld und Macht noch mal besonders hervorheben will. Ich finde das alles so absurd. Du auch?

TL;DR:

Abgeordnete stehen weit über «normalen» Bürger:innen. Voll doof. Ich hab trotzdem mitgemacht.

Der merkwürdigste Job der Welt

Schon nach wenigen Monaten im neuen Amt werde ich von einem Abgeordnetenkollegen gefragt, ob ich nicht den Mietvertrag seiner Villa übernehmen wolle. Stolz erzählt er, er hätte das mehrstöckige Haus in bester Lage damals dem britischen Botschafter höchstpersönlich vor der Nase weggeschnappt. Aber jetzt wolle er seinen Lebensmittelpunkt doch wieder von Brüssel in sein Heimatland verlegen, und darum suche er jetzt eine:n Nachmieter:in. Warmmiete 5000 Euro im Monat, also 60 000 Euro im Jahr. Ich bin sprachlos.

Er rechnet mir vor, dass das leicht zu finanzieren sei, wenn ich einfach jeden Tag ins Parlament zum Unterschreiben gehe fürs Tagegeld. Ich bin überzeugt und willige sofort ein. Kleiner Scherz.

Also, dass ich einwillige, ist der Scherz. Die Anekdote stimmt sonst zu 100 Prozent.

Dass EU-Mitarbeiter:innen nachgesagt wird, sie seien abgehoben, ist kein Wunder. Alles in ihrem Leben hilft ihnen dabei, wirklich abzuheben: und zwar wortwörtlich. Gleich mein erster vom Reiseservice des EU-Parlaments gebuchter Flug ist Businessclass. Kurzstrecke Hamburg-Brüssel. (Ich bin nicht stolz drauf, aber es geht zu Beginn meines Brüssel-Abenteuers aus logistischen Gründen wirklich nicht anders.) Wie es überhaupt dazu kommt, dass ich einen Businessflug gebucht bekomme? Rein theoretisch gibt es die verwaltungsinterne Empfehlung, auf Kurzstrecken Economy zu buchen, doch ich brauche ein Stück Extragepäck, um für die nächsten zehn Tage genug schwarze Kapuzenpullover dabeizuhaben. Also bucht das Parlament der Einfachheit halber einfach gleich die teuerste Kategorie, was soll's. Zum ersten Mal in meinem Leben darf ich in eine Flughafen-Lounge, esse mich dort satt, trinke dazu Champagner und Wein. Angetrunken torkele ich auf meinen Platz 1A, der Flieger steht noch am Gate, da wird mir schon ein weiteres Glas Champagner gereicht. Alles finanziert von den Steuerzahler:innen. Ich schäme mich, finde diese Erfahrung verrückt und kann nicht anders, als mich beim Steigflug schlappzulachen. Es ist alles so falsch.

Als Mitglied des Europäischen Parlaments habe ich sicher einen der merkwürdigsten Jobs der Welt: Niemand kann mich innerhalb der nächsten fünf Jahre kündigen. Wirklich niemand. Prost! Das freie Mandat einer:s gewählten Parlamentarier:in wird in der Demokratie so hoch geschätzt und geschützt, dass ich für fünf Jahre tun und lassen kann, was ich will. Niemand darf mir sagen, was ich tun soll, ich kann allen Abstimmungen fernbleiben, ich kann nebenbei in einem anderen Job arbeiten, aber genauso gut könnte ich an den Nordpol ziehen und fünf Jahre nichts mit Brüssel zu tun haben, ein garantiertes Einkommen habe ich trotzdem. (Verrückt eigentlich, dass ich das mit dem Nordpol nicht gemacht habe.)

Die Sache mit der Unkündbarkeit ist übrigens wirklich bedingungslos. Theoretisch könnte ich jemanden ermorden, nach der Aufhebung meiner Immunität rechtskräftig verurteilt werden, ins Gefängnis kommen und trotzdem EU-Abgeordneter bleiben. Woher ich das weiß?

Weil der rechtsextreme Abgeordnete Ioannis Lagos aus Griechenland das grob so gemacht hat, ich schrieb ja bereits darüber.

Als er 2019 mit mir und 749 anderen Weirdos ins EU-Parlament eingezogen ist, läuft sein Prozess bereits, nach seiner Verurteilung als Mitglied einer kriminellen Vereinigung im Jahr 2020 wird er schließlich im April 2021 von Brüsseler Polizist:innen aus seiner Wohnung abgeholt. Ihm war nachgewiesen worden, dass er am Mord an einem linken Rapper beteiligt war.

Sein Gehalt bekommt er auch im Gefängnis. Während das EU-Parlament wegen der Lockdowns remote arbeitet, gelingt es Lagos sogar, sich vom Gefängnis in die Athener Außenstelle des Europäischen Parlaments fahren zu lassen, um von dort abzustimmen und Reden zu halten.

Nur ein kurzer Einschub: Es gibt viele Privilegien, die ich für blanken Schwachsinn halte, aber diese Form der Unkündbarkeit ist demokratisch notwendig, weil es niemanden geben darf, der das Heiligste an der Demokratie, den Auftrag der Wähler:innen, aufhebt. Gäbe es diese Regel nicht, hätte Orbán womöglich allen ungarischen EU-Abgeordneten das Mandat entzogen. Ich will damit nur zeigen, wie abgefahren und konkurrenzlos das Privileg Abgeordneter ist. Und wenn Nazis einen anderen Nazi in ein Parlament wählen, dann ist das leider so. Trotzdem soll dieses Beispiel zeigen, wie herausragend der Beruf der EU-Abgeordneten in unserer Gesellschaft ist, dass nicht einmal die Beteiligung an einem Mord etwas an dem Mandat ändert.

Ich glaube nicht, dass das EU-Parlament sich sonderlich von anderen Machtapparaten und -organisationen unterscheidet. Ich glaube eher, es ist ein sehr typischer Ort für privilegierte Menschen, die sich in Netzwerken gegenseitig stärken und es mit der Selbstkontrolle schon aus Gewohnheit nicht allzu genau nehmen.

Ich bin einem Milliardärsleben so nah, wie ich ihm als Normal-sterblicher nur kommen kann. Finanziell natürlich überhaupt nicht, aber in sehr vielen anderen Aspekten schon.

Dass der Apparat demokratisch legitimiert ist, ändert nicht viel an den Grundfehlern. Die EU ist als Konstrukt über Jahr-zehnte gewachsen, unglaublich kompliziert und leider auch sehr langweilig, und schon allein aus diesen Gründen muss sie sich keiner großen öffentlichen Kontrolle stellen. Es ist wirklich wie mit den Milliardär:innen: Die Leute wissen von deren Existenz, viel mehr aber auch nicht. Die Leute wissen, dass es die EU gibt, viel mehr aber auch nicht.

Nie wieder werde ich in meinem Leben einen solch tiefen Ein-blick bekommen, wie die Oberschicht mit dem Rest der Bevöl-kerung umgeht.

Wer sich zum Beispiel fragt, warum Entscheidungen getroffen werden, obwohl sie offensichtlich falsch sind, also unser Überle-ben als Spezies wissentlich gefährden, dann ist die einfache Ant-wort: weil es geht. Weil es niemand verhindert. Weil die Opposi-tion dagegen nicht stark genug ist.

Willkommen im Europäischen Parlament.

Ich wollte transparent sein. Es zumindest versuchen. Zum Bei-spiel bei Flügen. Zu Beginn meines Mandats habe ich deshalb in den sozialen Medien gefragt, wann ich fliegen soll. Die Antwort: «Nur wenn's wichtig ist.»

Fand ich gut, wollte ich mich dran halten. Allerdings hatte ich kurz danach dann so die Schnauze voll von verspäteten Zügen, dass ich zum Teil die bequemere Variante der Flüge gewählt habe.

Meine Bilanz sieht deshalb bisher (Stand 14.11.2023) so aus:

2019

Brüssel-Berlin: 3
Brüssel-Hamburg: 3
Zu Beginn meines Mandats hatte ich noch keine Unterkunft in Brüssel und habe mich in der Zeit jede Woche zwischen Hamburg oder Berlin und Brüssel hin- und herbewegt.

2020

Brüssel-Hamburg: 2

2022

Brüssel-Hamburg: 2

2023

Brüssel-Berlin: 7

TL;DR:
Lobbyismus ist ein Euphemismus für
Korruption, aber er macht satt.

Oben ist alles eins

Bleiben wir doch direkt mal oben. Mein vielleicht wichtigstes Wahlversprechen löse ich noch im ersten Halbjahr meiner Amtszeit ein. Es ist die Überprüfung folgender Frage: Kann ich mich auf Lobbyveranstaltungen in Brüssel kostenlos durchfuttern? Das Ergebnis kurz vorweg: Ja! Von Montag bis Donnerstag ist das kein Problem, allerdings dünnen die Termine Richtung Wochenende deutlich aus. Am Donnerstag muss man also Tupperware mitnehmen, um die veranstaltungsfreien Tage zu überbrücken.

Das Video von diesem Test befindet sich auf meinem YouTube-Kanal, ich nenne es: «Selbstversuch: Kann man sich in Brüssel auf Lobby-Events satt essen?» Der Kommentar mit den meisten Likes: «Ein Politiker, der seine Wahlversprechen einhält?! Ich dachte, so etwas gibt es gar nicht ...»

Am Anfang lief es gar nicht so schlecht. Auch, wenn die Prämisse wie ein flacher Gag wirkt, erfahre ich durch diese wenigen Besuche, die ich für dieses Video hinter mich bringe, sehr viel über die Verflechtung von Wirtschaft und Staat, die Zusammenarbeit von unterschiedlichen Politiker:innen, Journalist:innen und Lobbyist:innen.

Mein Fazit:

Es gibt de facto keine Trennung der Gewalten. Oben ist alles eins.

Nur um das Ganze mal zu verdeutlichen:

Es ist der 2. September 2019. Ich hetze an diesem Sommerabend von einer Lobbyveranstaltung des VDA (Essen okay) zur «Wuerth Town Hall» (Essen ziemlich gut) im Sofitel, einem gehobenen Hotel in zentraler EU-Viertel-Lage, in dessen Lobby ein paar Jahre später ironischerweise der Vater der korrupten griechischen Vizepräsidentin Kaili mit einer Tasche voller Bargeld von der Polizei festgenommen wird.

Eine Standard-Lobbyveranstaltung funktioniert in etwa so: Ein:e Milliardär:in lädt ein, demokratisch gewählte Vertreter:innen diskutieren ein bis zwei Stunden auf Einladung unter dem Firmenlogo (oder – wenn es ein bisschen geschickter verpackt ist – unter dem Wirtschaftsverbandslogo). Natürlich ist der Milliardär (das Gendern kann ich mir hier aus Gründen sparen) nicht persönlich anwesend, aber sein Unternehmen lädt gönnerhaft ein, finanziert die Verpflegung, die Räumlichkeiten, die Moderation, es werden Schraubenzieher mit Firmenlogo an alle verteilt. Und auch wenn das vielleicht lustig wirken mag, der Effekt lässt sich nicht abstreiten. In unserem Büro landen ein paar Exemplare davon, ein Praktikant vergisst seinen, er liegt als Werbemaßnahme noch Jahre später in einer Schublade unseres Büros. Und die Verbindung ist positiv, weil es irgendwie absurd lustig und aufregend war.

Manchmal gibt es schon vor dem Diskussionsblock Fingerfood, dann wird so getan, als gehe es um Inhalte, dann gibt es endlich Essen und meistens Alkohol, manchmal muss man bis zur Pause oder sogar bis zum Schluss die Laberei nüchtern durchhalten. Katastrophal für alle Beteiligten. Es gibt Personen, darunter häufig schlecht bezahlte Praktikant:innen, die die Veranstaltung hauptsächlich wegen des kostenlosen Essens, der Freigetränke und der Geschenke besuchen, einfach um satt zu werden. Manche Lobbyverbände verschicken nur noch persönliche Einladungen und bitten um Voranmeldung. Während man denen, die es bräuchten, nichts geben will, schmeißt man denen, die nicht mal was haben wollen, alles hinterher.

Natürlich wird aber immer so getan, als würde es um Inhalte gehen (Podiumsdiskussion, Impulsvortrag, Fragen aus dem

Publikum, bla, bla, bla). In Wirklichkeit geht es in erster Linie ums Kennenlernen, damit der nächste Schritt einfacher wird: das Gespräch über ein bestimmtes Gesetzesvorhaben. Dem Proktologen schüttelt man vor der Untersuchung ja schließlich auch die Hand ...

Auf Lobby-Events wird die Beeinflussung vorbereitet. Sie sind der zugängliche und somit sichtbarste Schritt im Beeinflussungsprozess. Es geht hier um Freundschaft und Nähe. Oder zumindest die professionelle Form davon.

Nach der Diskussion komme ich mit dem Vorsitzenden des CDU-Wirtschaftsrats Brüssel ins Gespräch. Er ist schon leicht angetrunken und verwechselt mich irgendwie mit Martin Sonneborn, spricht mich mit Herr Sonnerott an.

Er erzählt mir, dass er früher «auch» mal Sozialdemokrat gewesen sei (wieso auch?) und dass ich doch mal bei ihm zu Hause vorbeikommen solle, sein Weinkeller sei sehr gut und seine Weine viel besser als – er macht eine abfällige Handbewegung Richtung Getränke – «das hier».

In den nächsten Jahren denke ich immer wieder an diese Einladung zurück, die ich nicht angenommen habe. Dies wäre meine Möglichkeit gewesen, falsch abzubiegen und richtig Geld zu verdienen. Ich habe sie verpasst.

Obwohl alle Gäst:innen dieser Veranstaltung eingeladen und (sehr klein) beschenkt wurden und obwohl ich ein Gespräch mit einem Lobbyisten geführt habe, muss ich nichts davon öffentlich angeben. (Zu den lächerlichen Transparenzregeln später mehr!) Dies ist der Graubereich, hier hört die öffentliche, demokratische Kontrolle auf, und es beginnt die privatwirtschaftliche Einflussnahme. Ich brauche nicht viel Fantasie, um mir das Ausmaß und die Vielfalt der Beeinflussungen auszumalen, die solche Veranstaltungen nach sich ziehen.

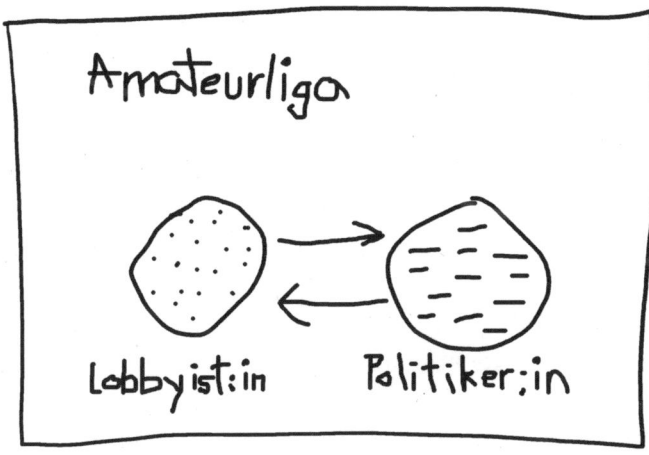

Klassischerweise gehen wir davon aus, dass Lobbyist:innen auf Politiker:innen zugehen, um die Gesetzgebung zu beeinflussen.

Bei Profis werden beide Rollen in einer Person vereint. Der Abgeordnete ist gleichzeitig Lobbyist und kann mit sich selbst reden. Das spart Zeit und Geld. Praktisch!

TL;DR:
Abgeordnete können in fünf Jahren Amtszeit
über 900 000 Euro netto erhalten, die sie
sich (aus Steuermitteln) legal in die eigene
Tasche stecken könnten.

Mein Haus, mein Boot, mein Auto

Wer steht eigentlich über Politiker:innen? In einer Demokratie
sind das die Bürger:innen. Die Realität ist eine andere. Politi-
ker:innen machen sich die Welt, wie sie ihnen gefällt. Sie setzen sich ihre eigenen Regeln und dabei auf freiwillige Selbstkontrolle. Wozu Personen von außen damit beschäftigen, zu prüfen,
ob alle Richtlinien eingehalten werden? Verschwendung von
Steuergeld! Dann doch lieber das Geld dafür direkt in die eigene
Tasche stopfen. LOL. Man kann das Ganze auch als Formel ver-
einfacht darstellen:

Viel Geld + fehlende Kontrollen = (mehr) Diebstahl

Wem das zu hart ist, kann auch umstellen auf:

Viel Geld + fehlende Kontrollen = (mehr) Korruption

Es bleibt das Gleiche: falsch.

Das Gesamtbudget des Europäischen Parlaments beläuft sich
übrigens auf rund 2,38 Milliarden Euro pro Jahr. Jede:r der
705 Abgeordneten hat im Jahr auf folgende Budgets Zugriff
(Achtung, das wird jetzt anstrengend zu lesen. Ich musste das
Ganze erst von parlamentarisch auf menschlich übersetzen).

Diäten: Brutto bekommen Abgeordnete monatlich rund 9975,42 Euro vor Steuern und Abgaben (seit 01.01.2023). Netto bleiben dann circa 5400 Euro übrig.

Die Diäten sind das «Gehalt» der Abgeordneten und entsprechen 38,5 Prozent der Grundbezüge der Richter:innen am Gerichtshof der Europäischen Union. Dies soll unter anderem dafür sorgen, dass die Abgeordneten weniger bestechlich sind. Das Geld wird auf ein privates Konto der Abgeordneten überwiesen.

Tagegeld: Für jeden Tag, an dem sich Abgeordnete im Parlament auf der Anwesenheitsliste eintragen, erhalten sie steuerfrei 350 Euro. Das wären für das Jahr 2022 etwa 75 000 Euro, weil man die Chance hatte, sich an insgesamt 218 Tagen in die Anwesenheitsliste einzutragen. Das Tagegeld dient dazu, mögliche Kosten für Hotel und Verpflegung begleichen zu können. Das Parlament geht beispielsweise davon aus, dass Abgeordnete keinen Wohnsitz in Brüssel haben und entsprechend in einem Hotel unterkommen. Damit nicht immer alles einzeln abgerechnet werden muss, wurde diese Pauschale festgelegt. Die Abgeordneten erhalten das Geld auf ihr privates Konto.

Allgemeine Kostenvergütung: 5000 Euro mal 12 Monate = 60 000 Euro.

Wofür genau sie insgesamt genutzt werden kann, erfährst du später. Grob reicht es an dieser Stelle zu wissen, dass sie für Büromaterialien gedacht ist. Zum Beispiel auch, um die Miete eines Wahlkreisbüros zu finanzieren. Diese Pauschale geht auf ein gesondertes Konto, welches auf den Namen der:des Abgeordneten läuft.

Budget 400 (PR-Budget): Rund 40 000 Euro im Jahr. Diese Summe variiert, denn je nach Anzahl der Mitglieder einer Fraktion erhält diese ein entsprechendes Budget vom Parlament, das sie ihren Mitgliedern wieder zur Verfügung stellen kann. Gedacht ist dieser Topf unter anderem für Werbemittel. Viele Abgeordnete produzieren zum Beispiel Kugelschreiber oder Regenschirme mit ihrem Namen und Fraktionslogo darauf. Ich habe Kondome und Tamponboxen davon herstellen lassen (siehe auch: «There will be blood»). Auf dieses Geld haben Abgeordnete keinen direkten Zugriff. Wir müssen Anträge stellen, um die Ausgaben bewilligt und dann entsprechend an die Dienstleister:innen ausgestellt zu bekommen, oder eben rückerstattet, wenn wir privat eine Vorabzahlung übernommen haben. Dieses Budget wird von der Fraktion kontrolliert.

Personalkosten / Parlamentarische Assistenz: 330 000 Euro im Jahr. Abgeordnete können in Brüssel drei bis - mit Ausnahmegenehmigung - fünf Assistent:innen beschäftigen. Je nach Stellung der Abgeordneten, sind sie zum Beispiel Vizepräsident:in oder haben eine andere Funktion, gibt es für sie noch mal zusätzliche Regeln und Mittel. Dazu können sie in ihrem Wahlkreisbüro unbegrenzt weitere Mitarbeitende anstellen. Zudem brauchen sie eine Zahlstelle, im Regelfall ein Steuerberatungsbüro, welches unter anderem die Bezahlungen der örtlichen Assistent:innen abwickelt. Ebenso können von diesem Budget Dienstleister:innen bezahlt werden, die projektbezogen beauftragt werden können. All diese Ausgaben werden über die Personalkosten getätigt. Die Kosten für mögliche Dienstreisen der Assistent:innen werden ebenfalls aus diesem Topf beglichen. Hierauf haben Abgeordnete keinen Zugriff. Die Verwaltung des Parlaments zahlt das Geld entsprechend aus.

In einem Jahr - beispielhaft habe ich es für 2022 ausgerechnet - macht das also grob 195 820 Euro, auf die Abgeordnete direkt zugreifen können, plus 415 621 Euro, über die Abgeordnete bestimmen können, wie und an wen sie ausgezahlt werden. Somit kann ein:e Abgeordnete:r des Europäischen Parlaments jährlich über 611 441 Euro verfügen. Wir wären nicht im Europäischen Parlament, wenn ich nicht anfügen müsste, dass diese Zahlen nur ungefähr und nicht zu hundert Prozent exakt sind, weil zum Beispiel nicht alle Abgeordneten an allen möglichen Tagen, an denen Tagegeld verfügbar ist, vor Ort sind und das Geld somit nicht beanspruchen können.

Noch dazu gibt es je nach Reisen der Abgeordneten weitere Gelder, sodass ich immerhin sicher sagen kann, dass alle 705 Abgeordneten individuelle Auszahlungen bekommen und es sich nicht genauer zusammenfassen lässt, wie viel Geld alle 705 am Ende wirklich haben. Wollen wir es aber «anschaulich» darstellen, gehen wir an dieser Stelle davon aus, dass 705 Abgeordnete 431 065 905 Euro im Jahr und somit 17,2 Prozent des Gesamtbudgets des Europäischen Parlaments zur Verfügung haben.

Dazu will ich noch mal anmerken, dass unbeanspruchte Gelder vom Budget 400 und von den Personalkosten in der Gewalt des Parlaments bleiben. Das Geld der allgemeinen Kostenvergütung, welches nicht für die entsprechend festgelegten Ressourcen ausgegeben wird, bleibt jedoch auf dem Konto der:des Abgeordneten zurück. Es steht ihnen offen, ob sie, wenn sie bemerken, dass sie keine 4778 Euro im Monat für Bürokosten brauchen, diese Summe vom Parlament verringern lassen oder das übrig gebliebene Geld einfach am Monats-, Jahres- oder Legislaturende an das Parlament zurücküberweisen.

Was mit dem Geld passiert, welches Abgeordnete ans Parlament zurücküberweisen? Keine Ahnung.

Im November 2022 veröffentlichte das Parlament einen Fragebogen (sogar mit Antworten) und offenbarte darin:

12. Wie viele Mitglieder des Europäischen Parlaments haben ihre unbenutzten Gelder der allgemeinen Kostenvergütung 2022 zurückgezahlt? Wie viel wurde insgesamt zurückgezahlt? Wie viele Mitglieder des Europäischen Parlaments haben eine:n unabhängige:n Rechnungsprüfer:in/Buchhalter:in zur Prüfung ihrer Konten der allgemeinen Kostenvergütung zugelassen und die Stellungnahme dieses:r Rechtsprüfer:in/Buchhalter:in im Jahr 2022 auf der Webseite des Europäischen Parlaments veröffentlicht?

24 Mitglieder haben im Jahr 2022 nicht verwendete Beiträge der allgemeinen Kostenvergütung in Höhe von 507 486,54 Euro zurückgezahlt. Es gab 32 freiwillige Erklärungen über die Verwendung der allgemeinen Kostenvergütung, die 2022 von 26 Mitgliedern eingereicht wurden, von denen 29 einen Bericht einer:s Rechnungsprüfer:in (Buchhalter:in/Zahlstelle) enthielten. Alle diese Erklärungen wurden auf der Webseite des Europäischen Parlaments veröffentlicht.

Und jetzt das Ganze noch mal in interessant: Von etwa 40 Millionen Euro (12 Monate × 4778 Euro × 705 Abgeordnete) wurden im Jahr 2022 etwa 500 000 Euro zurück ans Parlament gezahlt. Also 1,25 Prozent. Über den Verbleib der restlichen 98,75 Prozent weiß selbst die Parlamentsverwaltung nichts. Denn: «[...] *es steht [den Mitgliedern] frei, die Verwendung ihrer allgemeinen Kostenvergütung im Einzelnen oder nach Kostenarten allein oder mit Unterstützung eines externen Rechnungsprüfers zu dokumentieren. Die Mitglieder KÖNNEN das Ergebnis der FREIWILLIGEN Prüfung oder die Bestätigung, dass ihre Verwendung der allgemeinen Kostenvergütung ganz oder teilweise mit den geltenden Vorschriften übereinstimmt, auf ihrer Seite auf der Webseite des Parlaments veröffentlichen.*»

Dieser freiwilligen Selbstkontrolle kamen laut FAQ 32 in irgendeiner Art nach. 32 von 705 Abgeordneten. Das sind 4,5 Prozent. Wie gut also klappt freiwillige Selbstkontrolle? Ich persönlich glaube nicht an freiwillige Selbstbeschränkung - so würde ich es eher nennen. 70 bis 90 Prozent aller Akteur:innen sind hier auf «Mehr für mich!» eingestellt. Lobbyismus ist das im Kern: Wie können unsere Profite steigen? Wie können wir unsere Macht ausbauen? Die Lösung ist sicher nicht, freiwillig selbst auf Korruption zu verzichten. Stattdessen muss Korruption für alle verhindert, bekämpft, verboten usw. werden. Nicht ich als Einzelner muss die Lösung finden, sondern wir alle gemeinsam.

Klar, es ist auch nett, wenn ich nicht korrupt bin, aber das ist ja nicht das Entscheidende. Korruption muss verboten werden. Und wie verbietet man Korruption konkret für das Europäische Parlament? Indem man alle EU-Abgeordneten zwingt, ihre Steuererklärungen transparent zu machen und 100 Prozent ihrer Nebeneinnahmen ans Parlament zu zahlen, zum Beispiel. Und indem man den Straftatbestand Korruption strenger interpretiert.

Wie soll eine Bekämpfung von Korruption möglich werden, wenn alle mit drinhängen? Sogar die Präsidentin des Europäischen Parlaments fungiert in gewisser Art als Richterin über ihre Kolleg:innen. Sie ist es, die Strafen über andere Abgeordnete verhängen kann, wenn diese die Regeln missachten. Doch als Mitglied der EPP-Fraktion verfolgt sie selbst eine politische Agenda, noch dazu eine konservative. Was ist das für ein Quatsch? Soll sie nun Parteipolitikerin sein oder neutral? Dieses Spannungsfeld ließe sich nur lösen, wenn der:die Präsident:in während der Amtszeit von seiner:ihrer Partei und Fraktion abgetrennt würde - unrealistisch und somit ein nicht lösbares Problem. Was bringen Regeln, wenn deren Einhaltung niemand kontrolliert? Oder gleichbedeutend: Was bringen Transparenzregeln, wenn deren Einhaltung von den Konservativen kontrolliert werden? Was bringen Regeln, wenn deren Einhaltung von / deinen Freund:innen / den Konservativen kontrolliert werden? Das ist erweiterte freiwillige Selbstkontrolle. Also genauso nutzlos.

Mythos freiwillige Selbstkontrolle

Freiwillige Selbstkontrolle ist Schwachsinn: Warum sollte man sich selbst dazu bringen, auf etwas zu verzichten, was man gerne haben will? Das geht gegen jeden menschlichen Urinstinkt. Außerdem sind wir Tiere. Es ist wider die Natur, sich schlechter zu stellen, als man müsste, sonst wären wir jetzt nicht da, wo wir heute sind. Ohne dieses Gedankengut wären Politiker:innen nicht in den Positionen, in denen sie sind, mich eingeschlossen. Aus eigener Erfahrung kann ich sagen: Egal für wie standhaft und korrekt man sich selbst hält, es wird schwierig, sich weiterhin so zu verhalten, wenn man bemerkt, dass es das Umfeld nicht tut und man letztlich selbst schuld an seiner eigenen Benachteiligung ist.

Mit meinen Besucher:innengruppen, die sich das Europäische Parlament mal von innen angucken wollen, mache ich immer wieder die gleichen Abstimmungen:

1) Fährst du schwarz?
   ( ) ja
   ( ) manchmal
   ( ) nie

Das Ergebnis ist, in egal welcher Gruppe, meist sehr gemischt. Danach stelle ich die Frage:

2) Wenn du weißt, dass es an dem Tag, an dem du mit öffentlichen Verkehrsmitteln fahren musst, zu 100 Prozent keine Fahrkartenkontrolle geben wird, was tust du?

( ) Fahrkarte kaufen

( ) schwarzfahren

( ) weiß nicht

In allen Fällen gewinnt diese Abstimmung mit 99 Prozent «schwarzfahren».

Daran lässt sich leicht erkennen: Unser Wissensstand beeinflusst unsere Entscheidungen. Wenn wir nicht kontrolliert werden, wozu sich dann an die Regeln halten? Und wenn wir selbst für die Kontrolle verantwortlich sind, wozu sich dann die Mühe machen? Das Prinzip ist einfach. Warum gibt es Überwachungskameras? Weil sie das Verhalten ändern. Warum gibt es Straßenlaternen? Aus demselben Grund. Warum gibt es das Finanzamt, warum gibt es Blitzer, warum die Polizei, warum Fahrkartenkontrolleur:innen, warum gibt es Lebensmittelkontrollen, warum gibt es Zollkontrollen? Weil sie alle das Verhalten ändern. Es ist also allen klar, dass Kontrollen den Unterschied machen.

Umso absurder ist es für mich immer wieder, wenn es in einem Fernsehbericht heißt: «Politiker:innen appellieren an die Vernunft.» Meine Frage dazu: Wo ist die Vernunft gerade und womit ist die so beschäftigt? Abgeordnete selbst dürften nicht allzu viele Überschneidungspunkte mit ihr haben. Zumindest sieht man beide selten am gleichen Ort, sonst würden sie das mit den Kontrollen doch anders handhaben, oder irre ich mich?

Wer kennt es nicht, es ist Pandemie und - ups! - verdient man nebenbei Millionen mit Maskendeals? Wo es Macht gibt, gibt es Machtmissbrauch. Viele machen den Fehler und gehen davon aus, dass Menschen mit Macht genauso sind wie sie. Doch man muss es so sehen: Erstens haben diese Menschen nicht ohne Grund Macht, zweitens radikalisiert Macht radikal.

In Bezug auf uns EU-Parlamentarier:innen vermisse ich den

Respekt vor den Menschen, für die wir eigentlich arbeiten sollten. Und das zeigt sich eben an den Punkten, an denen wir uns
selbst die Kontrolle vom Hals halten. Im Kosmos des Parlaments entstehen ganz eigene Dynamiken. Wenn wir nicht wollen, müssen wir mit der Welt da draußen nichts zu tun haben.
Die Gebäude in Brüssel und Straßburg sind so gebaut, dass es
einem dort an nichts fehlt. Wer nicht will, muss sie nicht verlassen, und zum Glück dürfen Besucher:innen nicht überall hin,
sodass man den gewöhnlichen Menschen, den Wähler:innen,
nicht begegnen muss. Und ich stelle fest, je länger ich dabei
bin und je mehr ich selbst entscheiden darf, desto eher nutze
ich die existierenden Freiheiten in Form von nicht vorhandenen Kontrollen, Regeln oder Verboten auch für mich aus. Zu
Beginn habe ich bewusst auf Nebentätigkeiten verzichtet. Ich
bin immer noch der Meinung, dass Abgeordnete keine Nebentätigkeiten haben sollten, aber weil ich weiß, dass andere das
auch machen und ich das darf, erlaube ich es mir ab 2023 für
ein paar Probeauftritte und eine kleine «richtige Tour» in den
letzten drei Monaten des Mandats. Ich tue, was ich selbst kritisiere. Und warum? Weil ich es nicht einsehe, mir selbst das
Leben schwerer zu machen, nur um es anderen vorzuleben, die
sich dafür nicht mal interessieren. Dafür bin ich nicht Märty-
rer genug - oder überhaupt im Parlament. Ich bin ganz ehrlich:
Würde ich noch mal kandidieren, würde ich mir die Auftritte
vermutlich von Anfang an gönnen. Ich wäre dann genauso wie
Sahra Wagenknecht, Gregor Gysi oder Martin Sonneborn. Und
dazu muss ich ganz klar sagen: An manche Jobs kommt man
nur, und das gilt auch für mich, weil man ein Mandat hat. Wer
hat, dem wird gegeben. Der Teufel scheißt immer auf den größten Haufen. Diese Sprichwörter gibt es nicht umsonst. Durch
die Position als Abgeordnete:r des Europäischen Parlaments hat
man ganz andere Voraussetzungen und bewegt sich in einem
anderen Umfeld. Die Maßstäbe verschieben sich, und plötzlich
fühle ich mich arm, weil ich neben meinen hohen Diäten, anders

als andere Abgeordnete, keine weiteren Einkommensquellen habe.

Wir müssten gleichgestellt werden, sodass solche Gedanken gar nicht erst entstehen. Es braucht eine Obergrenze für unsere Einnahmen und kontrollierende Instanzen, damit sich nicht doch jemand heimlich bereichert.

TL;DR:

EU-Abgeordnete erlauben sich selbst Betrug
in Millionenhöhe. Eine Anleitung.

Mehr Geld!

Die Regeln für Kostenerstattungen im EU-Parlament sind so
lax, dass es so wirkt, als würden es sich CDU/CSU, FDP und
SPD (mit ihren europäischen Schwesterparteien) zur Aufgabe
gemacht haben, möglichst viele Gelder heimlich in die eigene
Tasche zu wirtschaften.

Wenn ich lese, was die ehemalige rbb-Intendantin Patricia Schlesinger sich im Einzelnen gegönnt hat, muss ich immer lachen:
So wenig!?

Schlesinger hat u.a. private Urlaubsreisen von Gebühren-
geldern bezahlt. Für mich als EU-Abgeordneten keine Überraschung. Hier ist das private Reisen auf Steuerzahler:innenkosten
für 705 Abgeordnete jede Woche möglich! (Wobei: Nur für 701.
4 sitzen ja gerade im Gefängnis oder Hausarrest.)

Über zwei Ecken weiß ich von einem CDU-Politiker, der sich
durch Privatreisen mithilfe von Steuergeldern mittlerweile Luft-
hansa-Senatorstatus erflogen hat, weil er einfach an Wochen-
enden Fraktionskolleg:innen in ganz Europa besucht. Derselbe
CDU-Politiker hat übrigens im Laufe seiner Amtszeit auch
kurzzeitig seinen Doktortitel verloren. Als Juraprofessor. (Den
Namen dieses Mannes mithilfe einer Online-Suchmaschine
selbst herauszufinden, traue ich dir zu.)

Nachdem ich von der Möglichkeit erfahren habe, mir Privatreisen finanzieren zu lassen – wohlgemerkt erst dreieinhalb
Jahre nachdem ich ins EU-Parlament eingezogen bin –, habe

ich diese Reisekostenerstattungsmethode in einem Experiment überprüft. Für ein verlängertes Wochenende in Paris habe ich Zugtickets im Wert von 100 Euro eingereicht. Transparent habe ich im Erstattungsformular angegeben, dass die Reise privat gewesen sei, ich aber die Regeln so verstanden hätte, dass ich mir die Kosten aus Steuermitteln erstatten lassen kann. Ein paar Wochen später erhalte ich 600 Euro. Absoluter Wahnsinn.

Das ist aber noch nicht alles.

EU-Abgeordnete können in vielen Fällen sogar die Erstattung von Reisekosten beantragen, ohne dafür überhaupt Belege einreichen zu müssen.

Beispiel 1: Ich kann als deutscher EU-Abgeordneter ohnehin schon mit zwei Gratis-Netzkarten (1. Klasse) aus Belgien und Deutschland kostenlos in beiden Ländern rumfahren. Luxus pur.

Das Krasse: Ich kann trotz 0 Euro realer Ticketkosten eine Erstattung beantragen.

Und: Es ist kein Beleg nötig!

Weil ich selbst nicht glauben kann, dass das wirklich möglich ist, habe ich kürzlich nach einer Hin- und Rückreise zwischen Brüssel und Berlin mit dem ICE mal als Experiment die Erstattung beantragt und habe für beide Strecken zusammen 539 Euro (!) erhalten. (Als ich den Betrag auf meinem Kontoauszug gesehen habe, habe ich mich richtig erschrocken und es sofort an Sea-Watch gespendet und werde das bis zum Ende des Mandats zu einer kleinen Tradition machen.) Kurz darauf erhalte ich für dieselbe Fahrtstrecke (einmal ist keinmal, und zweimal kann kein Zufall sein) 529 Euro.

Unterschiedliche Sachbearbeiter:innen haben unterschiedliche Kenntnisstände: Die eine weiß, dass ich den Fahrdienst des Bundestages kostenlos nutzen kann (was ich in fünf Jahren kein einziges Mal gemacht habe), und schenkt mir daher keine Taxipauschale, der:die andere hat diese Information nicht, weshalb ich 10 Euro mehr bekomme.

Die Parlamentsmehrheit rechtfertigt die enorme Höhe dieser Beträge übrigens damit, dass auf diese Weise zum Beispiel Kosten für Reservierungen bezahlt werden können. Das Witzige: Reservierungen gibt es bei dieser Form der Netzkarte ebenfalls kostenlos dazu.

Beispiel 2: Auch beim Autofahren gibt es für Betrug leichtes Spiel. EU-Abgeordnete, die zwischen Heimat- und Sitzungsort pro Strecke unter 800 km fahren, müssen keine Belege einreichen. Das heißt zum Beispiel, dass die Deutschen ihre Autofahrten nicht belegen müssen und sich immer etwas ausdenken könnten, die Polen zum Beispiel bei An- und Abreise zum und vom Sitzungsort aber beweisen müssen, dass sie tatsächlich gefahren sind.

Ich bin mit dem Mietwagen in beiden Richtungen zwischen Brüssel und Berlin unterwegs gewesen. Ergebnis für Hin- und Rückfahrt: 1370 Euro. Cool: Autofahren wird vom EU-Parlament noch mehr belohnt als Zugfahren! Und es ist auch noch legal!

Als Nächstes steht Fliegen auf meiner Checkliste. Ich reiche einen Flug nach Palma de Mallorca ein und gebe auch hier wieder transparent an, dass es sich um eine private Reise handelt.

«Ich bin privat nach Palma de Mallorca geflogen, war aber vorher beruflich in Brüssel, sodass die Strecke aus meiner Sicht als berufliche Reise gilt. Soweit ich die DBAS richtig interpretiere, darf ich dafür ebenfalls Reisekostenerstattung beantragen. Falls nicht, bitte ich um Entschuldigung und eine kurze Erklärung. Vielen Dank im Voraus.»

Noch nie hat eine meiner Reisekostenrückerstattungen so lange gedauert wie diese. Nach langem Warten erhalte ich aber tatsächlich nicht nur den Ticketpreis, sondern auch noch 100 Euro Trinkgeld. Das ist zusätzlich lustig, weil ich (natürlich ebenfalls regelkonform) mit dem Limousinenservice des Parlaments zum Ryanair-Flieger gebracht wurde.

Doch auch wenn ich hier die Privilegien gut genutzt habe, muss ich mir Abzüge in der B-Note geben. Als echter Kostenerstattungs-Profi hätte ich meinen Flug von Mallorca nach Brüssel am Montag gewählt, leider bin ich schon am Sonntag geflogen. Für Sonntage bekommt man keine Reisekostenerstattung. Also Steuergeld liegen gelassen. Ärgerlich!

Das Transportmittel Schiff auszutesten, spare ich mir.

Wie kommen diese unglaublich hohen Beträge zustande?

In der internen Logik des EU-Parlaments setzen sich die Fahrtkosten nicht nur aus einem großzügigen Pkw-Kilometergeld – oder bei anderen Fortbewegungsmitteln den realen Ticketkosten – zusammen, es gibt zusätzlich noch Entfernungspauschale und Zeitaufwandspauschale obendrauf.

Mir fällt keine Begründung ein, wie all das gegenüber Steuerzahler:innen zu rechtfertigen wäre. Dieses System ist auf so vielen Ebenen abgefuckt, dass ich am Ende nur sagen kann: Respekt!

Verantwortlich für diese Regeln ist die Parlamentsmehrheit aus CDU / CSU, FDP und SPD mit ihren europäischen Schwesterparteien.

Theoretisch könnte sich jede:r Fahrten ausdenken und sich so in einer Legislatur Zehntausende Euro erschleichen. Hochgerechnet auf das ganze EU-Parlament ist Millionenbetrug ziemlich einfach möglich. Weder ich noch das EU-Parlament können darüber Zahlen kennen, da die Verwaltung des EU-Parlaments dazu, wie gesagt, bewusst keine Belege sammelt.

Wer sich schon über diese Missbrauchsmöglichkeit ärgert, sei darüber informiert, dass auch die Ausgaben aus der Büropauschale (offizieller Name «allgemeine Kostenvergütung») in Höhe von fast 4800 Euro im Monat nicht belegt werden müssen. Das sind über 270 000 Euro netto pro Legislatur, die Abgeordnete für ihre Arbeit ausgeben können, aber auch einfach behalten können.

Gedacht ist die Büropauschale für folgende Kategorien. Ja, wieder Kategorien, also Interpretationsspielraum:

Kategorie 1: Miete eines lokalen Büros und Nebenkosten,

Kategorie 2: Betriebskosten eines lokalen Büros (na, schon gelangweilt?),

Kategorie 3: Bürobedarf, Papier- und Schreibwaren und Büromaterial,

Kategorie 4: Bücher, Zeitschriften, Zeitungen und Pressespiegel,

Kategorie 5: Büroausstattung und -möbel,

Kategorie 6: Protokoll und Vertretung,

Kategorie 7: Organisation von Veranstaltungen, Seminaren und Konferenzen,

Kategorie 8: sonstige Verwaltungskosten (meine persönliche Lieblingskategorie),

Kategorie 9: Tätigkeiten, für die andere bereits aufgebrauchte Vergütungen vorgesehen waren,

Kategorie 10: sonstige Kosten im Zusammenhang mit dem parlamentarischen Mandat des Abgeordneten (liest du das auch wie Kategorie 8?).

Beeindruckend, wie es das Europäische Parlament schafft, «egal» in 10 Kategorien zu unterteilen.

Wenn man sich überlegt, welches Verhalten finanziell belohnt wird, kommt raus: Je weniger aktiv ein Mitglied des Europäischen Parlaments ist, desto mehr Geld kann es sich in die eigene

Tasche wirtschaften. Und je mehr Fahrten es sich ausdenkt, desto reicher wird es. Die Höchststrafe, wenn der Betrug doch auffliegen sollte: Man muss es zurückzahlen. Hahaha, es ist so absurd!

Die von den Abgeordneten selbst entworfenen «Regeln» senden überall das eindeutige Signal, dass Missbrauch keine Konsequenzen haben wird. Und es ändert ja nichts an der Absurdität, wenn einzelne Abgeordnete das nicht machen oder die Nutzung ihrer Mittel sogar transparent machen (so wie ich bis Sommer 2021 auf meiner Webseite), während es anderen durch ein System des Wegschauens ausdrücklich möglich gemacht wird.

Ich erhebe bei der Darstellung der erlaubten Missbrauchsmöglichkeiten übrigens keinen Anspruch auf Vollständigkeit. Es gibt wahrscheinlich noch zahlreiche weitere bewusst geschaffene Betrugsmöglichkeiten. Ich selbst habe diese Option der Zugreisenabrechnung zum Beispiel erst nach über drei Jahren entdeckt, und wahrscheinlich muss man sich mit erfahrenen Abgeordneten darüber austauschen, um von ihnen zu lernen. Und darauf habe ich keine Lust.

Wer jetzt fragt, wie bei diesen geringen Extraeinnahmen noch was zum Leben übrig bleiben soll, dem:der sei versichert: Keine Sorge! Mit dem Tagegeld in Höhe von 338 Euro (wie bereits erwähnt, seit dem 01.01.2024 wegen Inflationsanpassung 350 Euro) am Sitzungsort gibt es noch ein bisschen Entlastung. Und bei nur einer Übernachtung und zwei Unterschriften erhält man somit 676 Euro (700 Euro) steuerfrei. Obendrauf kommen natürlich noch die Diäten. Und nach dem Mandat noch ein Übergangsgeld von mindestens einem halben Jahr in Höhe der Diäten. Und dann noch Rentenansprüche. Und so weiter und so fort. Und dann gibt es noch die Möglichkeit, sich mit Nebenjobs was hinzuzuverdienen.

Es kann übrigens sein, dass all diese Zahlen mit dem Tag der Veröffentlichung schon wieder ihre Gültigkeit verloren haben. Es gibt nämlich bei allen Posten regelmäßig Inflationsanpassungen.

Warum ich aufgehört habe, meine Ausgaben transparent und eindeutig zu veröffentlichen?

Zu Beginn meines Mandats hatten meine Mitarbeiter:innen und ich Probleme damit, alle Regeln zu verstehen. 2019 gab es noch keine 10 Kategorien, sondern ein vierseitiges PDF mit dem Hinweis «Die Liste ist nicht erschöpfend».

Für das Gruppentreffen der Europäischen Grünen 2019 in London wollten wir es auch den Praktikant:innen im Team ermöglichen, mitzukommen. Für sie war aber kein Budget dafür vorgesehen. Also zahlte ich ihre Reise und Unterkunft nach Großbritannien aus der allgemeinen Bürokostenpauschale und

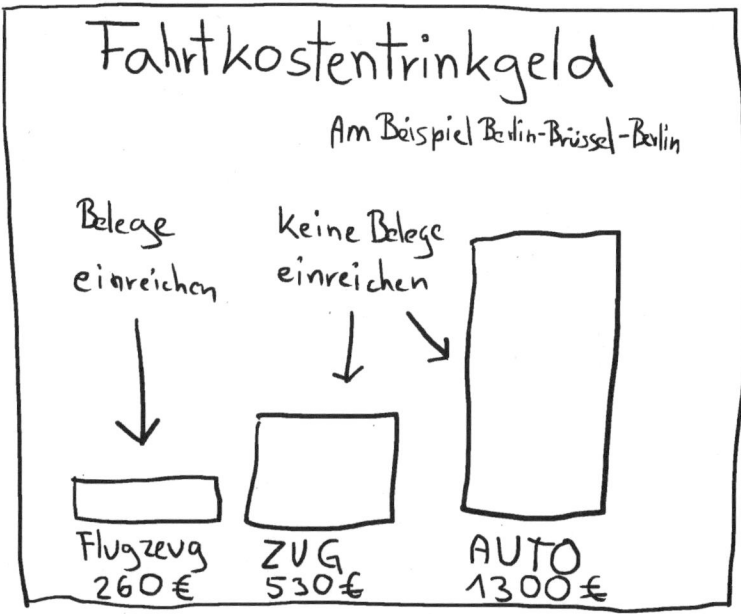

Fahrtkostentrinkgeld

Am Beispiel Berlin-Brüssel-Berlin

Belege einreichen

Keine Belege einreichen

Flugzeug 260 €

ZUG 530 €

AUTO 1300 €

machte dies auf meiner Homepage öffentlich. Ein Fraktionskollege hatte diesen Eintrag gelesen und mich darauf hingewiesen, dass diese Art der Ausgabe der Pauschale nicht rechtens sei. Entsprechend seinem Hinweis veröffentlichte ich wieder auf meiner Homepage, dass ich offenbar einen Fehler gemacht habe, es aber nur Konsequenzen gäbe, wenn das Parlament eben genau diesen Eintrag liest. Zur Erinnerung: Abgeordnete müssen die Ausgaben ihrer Bürokostenpauschale nicht öffentlich machen oder nachweisen, weswegen die Verwaltung des Parlaments keine Möglichkeit hat, zu prüfen, ob die Gelder regelkonform ausgegeben werden. Was soll ich sagen? Die Verwaltung des Parlaments hat diesen Eintrag gesehen und mich kontaktiert. Daraufhin habe ich das Geld von meinem privaten Vermögen zurückgezahlt. Cool: Wenn man Transparenz einführt, wirkt sie! Uncool: Alle anderen Abgeordneten bleiben durch die von den Abgeordneten selbst beschlossene systematische Intransparenz weiterhin unkontrolliert und können sich das Geld in die eigene Tasche stecken.

PS: Komisch, dass es in so einer politischen Kultur, in der es viele Möglichkeiten gibt, sich noch was in die eigene Tasche zu stecken, auch Korruption gibt, oder?

TL;DR:
Korruption ist antidemokratisch.
Korruption ist Cheaten.
Da mache ich doch direkt mit.
#doppelmoral

Das elfte Gebot: Du sollst keine Nebentätigkeiten haben

Fast vier Jahre habe ich ohne Nebentätigkeiten durchgehalten. 2023 gebe ich auf und gehe wieder meinem alten Beruf nach. Ich mache das gegen meine Überzeugung, dass Abgeordnete keine Nebentätigkeiten haben sollten. Das Amt ist anstrengend und zeitintensiv genug. Auch die Summe, die monatlich auf dem privaten Konto landet, ist so hoch, dass es keiner weiteren Finanzquelle bedarf. Ich finde es grundsätzlich falsch, dass gewählte Abgeordnete mehr als diesen einen Job haben können, doch einige ich mich kurz vor Schluss mit mir selbst darauf, dass auch ich einer weiteren Tätigkeit nachgehen darf. Meine Rechtfertigung: Ich mache das nur, um meine Erfahrungen im Parlament und die Missstände dort besser verbreiten zu können. Ich rede es mir als Kompromiss schön, letztlich bin ich aber auch ein Kapitalist wie alle anderen. Ich bin nicht Robin Hood, aber ich trage einen Hoodie, will heißen, ich mache es nicht besser als andere, aber gebe es wenigstens zu. Auf meiner Webseite können alle, die möchten, nachlesen, welche privaten Einkünfte ich habe und wie hoch diese sind. Anhand dessen, finde ich, kann jede:r selbst entscheiden, ob sie:er gut findet, was ich mache.

Was mich an Nebentätigkeiten von Politiker:innen stört, ist die Intransparenz. Dabei ist in meinen Augen völlig klar: Im Europäischen Parlament gibt es eine Kultur der Korruption, und die CDU ist systematisch offen dafür. Es gibt Abgeordnete, insbesondere von CDU / CSU und FDP, die zusätzlich als Anwält:innen arbeiten. Sie sind Lobbyist:innen und Entscheider:innen in einem, weil Politiker:innen. In die Bestenklasse fallen dabei für mich Rainer Wieland, Axel Voss, Andreas Schwab, Angelika Niebler und Nicola Beer. Konkretes Beispiel: Rainer Wieland ist Mitinhaber der Rechtsanwaltskanzlei Theumer, Wieland & Weisenburger in Stuttgart. Laut der zugehörigen Webseite kann man montags bis donnerstags von 8:30 Uhr bis 12:00 Uhr und von 14:00 bis 16:30 Uhr Termine vereinbaren. Freitags ist der Nachmittagsslot eine halbe Stunde kürzer. In seiner Vita gibt Wieland an, bereits seit 1997 Mitglied des Europäischen Parlaments zu sein und seit 2009 sogar Vizepräsident. Toll. Das bedeutet doch, dass ich als Privatperson Rainer Wieland als Anwalt mit Nebentätigkeit Europaabgeordneter beauftragen kann. Ich zahle ihm Geld, damit er meine Interessen vertritt. Darf das so? Wenn ich jetzt ein Vertreter eines großen Unternehmens bin, habe ich in meinen Treffen mit Herrn Wieland die Möglichkeit, ihn zu lobbyieren. Dank des Anwaltsgeheimnisses muss er niemandem sagen, dass ich sein Auftraggeber bin, weswegen er auch unsere Treffen nicht im offiziellen Lobbyregister des Europäischen Parlaments eintragen muss. Megagut.

Rainer Wieland gibt auf der offiziellen Webseite des Europäischen Parlaments in seiner Erklärung über finanzielle Interessen vom 12.06.2019 an:

«(I) Sonstige Informationen, die ich angeben möchte:

Mitinhaber einer Rechtsanwaltskanzlei, meist keine oder nur gelegentliche Einkünfte, die ich gegebenenfalls unter Buchstabe (E) angebe.»

Die Tabelle (E) ist in dieser Erklärung leer.

Es könnte sich dadurch die Frage stellen, ob Herr Wieland trotz Terminvereinbarungsmöglichkeit auf der Webseite seiner Rechtsanwaltskanzlei nicht zu engagieren ist, also während seiner Abgeordnetentätigkeit nicht nebenbei als Rechtsanwalt arbeitet, schließlich ist Tabelle (E) leer, was seine Webseite irreführend machen würde. Oder arbeitet er möglicherweise ehrenamtlich und nimmt keine Gage für seine Dienste? Oder lässt er seine Klient:innen die Kosten auf dem Konto der Kanzlei begleichen und zahlt sich sein Honorar erst dann aus, wenn er nicht mehr als Abgeordneter des Europäischen Parlaments tätig ist? Alles davon wäre rechtens und möglich. Ist er käuflich? Anders formuliert: Kann man ihn bezahlen, und dann macht er etwas für einen? Ja!

Weiteres Beispiel: Wielands Parteikollege Axel Voss, der einigen noch durch Stichwörter wie «Artikel 13» oder «Uploadfilter» entfernt bekannt vorkommen könnte, ist Mitglied im Rechtsausschuss und nebenbei ebenfalls als Rechtsanwalt tätig. In seiner Erklärung über finanzielle Interessen gibt er an, dass er als «Freier Mitarbeiter bei Bietmann Rechtsanwälte Steuerberater PartmbB seit dem 01.09.2021 tätig» ist und seine Bezahlung in Kategorie 3, also 1001 Euro bis 5000 Euro monatlich, fällt. Außerdem ist er im Datenschutzbeirat der Deutschen Telekom, sie kommt wie er aus Bonn – vermutlich will er also nur die regionale Wirtschaft unterstützen ...

Hat er den Job bekommen, weil er die Sache gut kann oder weil er Abgeordneter ist?

Hätte er den Job auch, wenn er nicht Abgeordneter wäre?

Würde er das Geld vom selben Auftraggeber bekommen, wenn er nicht Abgeordneter, wenn er nicht in der CDU wäre?

Wie schaffen die das alles? Die Nebentätigkeiten der anderen: Ich bekomme da Burn-out nur vom Durchlesen.

Von der Deutschen Telekom erhält Voss zwischen 500 Euro und 1000 Euro monatlich (Kategorie 2) ausgezahlt. Was sollen diese Angaben? Für Personen, die monatlich Diäten von brutto 9975,42 Euro (seit 01.01.2023) erhalten, spielt es womöglich keine große Rolle, wie viel genau sie verdienen, sie verstehen den Unterschied zwischen 1000 und 5000 Euro erst dann, wenn man sie ihnen wegnehmen möchte. Generell mögen Abgeordnete es gar nicht, wenn man ihnen etwas wegnehmen will. Zum Beispiel Markus Ferber (CSU), der sich während der Corona-Pandemie im Plenarsaal beim damaligen Parlamentspräsidenten Sassoli beschwerte, dass Abgeordnete nicht mehr den hauseigenen Fahrdienst nutzen durften, sondern – wie alle anderen auch – mit den öffentlichen Verkehrsmitteln fahren sollten:

«Sehr geehrter Herr Präsident, wenn Sie Ihrer Aufgabe gerecht werden wollen, oberster Repräsentant der Abgeordneten zu sein, dann ist meine eindringliche Bitte, dieser Verantwortung auch nachzukommen. Was Sie zurzeit hier tun, ist nicht, dieser Verantwortung nachzukommen. Sie haben Privilegien, Sie haben einen Fahrer. Wir müssen hier Public Transport benutzen. Ist das der Schutz, den Sie uns angedeihen lassen? Sie bekommen selbstverständlich jeden Tag die Tagegelder. Wir bekommen sie nicht. Weil Sie das verordnet haben, ohne sich auf irgendeinen Paragrafen stützen zu können. Sie behindern die Arbeit des Parlaments an der konkreten Sache und in vielen anderen Dingen auch. Ich bitte darum, den Bericht mit MiFID II Mini Review auf die Tagesordnung zu setzen.»

Eine Zumutung. Wie sollen andere denn so verstehen, dass man etwas Besseres ist?

Bei der CDU gibt es keinen Interessenkonflikt, sondern eine Interessenhäufung. Die Inhalte des Programms und die Interessen der privaten Auftraggeber sind ja die gleichen. Interessenkonflikt ist kein guter Begriff. Er klingt zu harmlos. Käuflichkeit ist besser. Wofür bekommst du Geld? Um Dinge zu erledigen, die genau in deinem Fachgebiet liegen. Was ist der Unterschied zu einem normalen Job? Man hat ja schon einen Job, warum will man noch einen?

Trotzdem: Es gibt unter den Abgeordneten des Europäischen Parlaments auch einige, die für volle Transparenz sind, also dafür, die exakten Zahlen zu nennen. Zum Beispiel Daniel Freund von den Grünen. Er gibt freiwillig an, wie viel Gehalt er genau in seinem vorherigen Job erhalten hat, und lässt sich regelmäßig durch eine Steuerberatungsfirma prüfen. Es gibt aber auch die, die gar keine Transparenz möchten. Noch mal Grüße von CDU, CSU und FDP. Als Kompromiss einigen sich die Fraktionen auf verwirrende Transparenz. Logisch. Sie geben mithilfe der Kategorien also nur ungefähr an, was sie nebenher noch einnehmen. Das ist Demokratie.

Ganz uneigennützig, also zu meiner eigenen Sicherheit, möchte ich kurz noch klarstellen: Ich sage nicht, dass Rainer Wieland und all die anderen korrupt sind. Ich sage nur: Wenn ich korrupt wäre, würde ich es genauso machen wie sie. Ich stelle mir einfach viele Fragen. Die Fragen sind: Warum bieten diese Menschen Termine an? Und wofür? Wofür bekommen sie Geld? Was geben sie dafür? Es ist doch dreist, dass Abgeordnete mit Nebentätigkeiten behaupten, sie würden trotz ihrer Arbeit unabhängig sein, vielleicht sogar noch unabhängiger. Wie sollen Menschen das von außen oder auch von innen prüfen? Geld aus Nebeneinkünften macht nicht unabhängiger, sondern abhängiger. Du kannst etwas verlieren, und das willst du nicht. Wer Politiker:innen bezahlt, macht das natürlich, weil er:sie eine Gegenleistung will. Umgekehrt kann man auch fragen: Hätte der:die Politiker:in die Nebentätigkeit auch, wenn er:sie kein:e Politiker:in wäre?

Jemand, der behauptet, er:sie würde sich nicht von anderen Menschen beeinflussen lassen, sei es über Geld, Geschenke oder einfach Lob oder irgendwelche zwischenmenschlichen Aufmerksamkeiten, der:die lügt einfach.

Ich glaube, Entscheidungsträger:innen sind alleine schon aus technischen Gründen anfällig für Bestechlichkeit. Denn Korruption ist strukturell sehr nah dran an der Aufgabenstellung der Politiker:innen. Du gibst etwas, dafür bekommst du was. Als Politiker:in geht es immer darum, mehr für dich oder deine Partei oder deine Fraktion rauszuholen und das mit irgendwelchen Deals zu erreichen. Das ist genau dasselbe Prinzip, dieselbe Tätigkeit wie ein Deal gegen Schmiergeld. Nur darf das eben nicht aufs eigene Privatkonto gehen, sondern zugunsten der eigenen Fraktion / Partei / Regierung / Nation und so weiter. Jemand, der sich bezahlen lässt, steigert natürlich auch seine eigene Bedeutung. Fußballtrainer Jürgen Klopp hat das super hingekriegt, indem er ganz viel Werbung gemacht hat.

Auch Journalist:innen, die sich für Moderationen bezahlen lassen, bekommen mehr Bedeutung. Korruption zieht sich durch alle Ebenen. In der Politik sind die Auswirkungen nur wahrscheinlich mit am stärksten.

Europäische Abgeordnete verfügen über ein freies Mandat, was bedeutet das? Tun und lassen, was man will. Oder frei Entscheidungen treffen? Oh nein, ich bekomme kein Geld mehr aus der Branche, jetzt kann ich natürlich nicht mehr frei entscheiden! Buhu.

Die Argumentation, man müsste das freie Mandat schützen, ist komplett verrückt:

Niemand wird in seiner politischen Freiheit eingeschränkt, wenn er sich plötzlich kein Schmiergeld mehr zahlen lassen kann, nicht mehr öffentliche Gelder einfach so in die eigene Tasche stecken kann oder wenn sie:er keinen Fahrtkostenbetrug mehr machen kann. Für wen arbeitet ihr? Für die Leute? Wer bezahlt Sie, Dr. Andreas Schwab? Wenn es keine Korruption ist, dann können Sie alles offenlegen – ja, genau beschreiben, was Sie für wen tun!

Die CDU / CSU handelt nach dem Motto: Strafbar wird es erst, wenn es rauskommt!

Rainer Wieland ist (laut meiner Interpretation) pro Korruption. Es gibt zahlreiche Regeln, die sich die Abgeordneten selbst auferlegen, also warum nicht auch bei Nebentätigkeiten?

Ich meine das genau so, wie ich es sage: In einer vernünftigen Welt würde es, wenn Korruption so sichtbar wäre, nicht um Rücktritt gehen, sondern um Gefängnis.

Warum diese Abgeordneten im Gefängnis sitzen müssten? Weil alle anderen das auch müssten. Sie aber machen die Regeln selbst und erlegen sich logischerweise keine Strafen auf. Das ist, und ich wiederhole mich, wie bei der katholischen Kirche oder der FIFA: Freiwillige Selbstkontrolle funktioniert nicht. Es ist nicht so, als würde das Europäische Parlament als Konstrukt komplett die Augen vor dem Thema Korruption verschließen, deshalb gibt es ein Beratungsgremium (Beratender Ausschuss zum Verhalten von Mitgliedern, so der offizielle Name). Es ist dafür da, den Ethikkodex sowie das Verhalten der EU-Abgeordneten zu prüfen und die Präsidentin zu beraten. Dies ist aber rein symbolisch, denn es besteht aus EU-Abgeordneten, die nicht gewählt, sondern ernannt werden, und was auch immer sie beschließen, ist nur eine Empfehlung, und die ist für die Präsidentin des Europäischen Parlaments nicht bindend. Sie kann danach auch einfach ganz anders entscheiden. Monika Hohlmeier, die Tochter von Franz Josef Strauß, sitzt in diesem Gremium. Sie selbst gab zu, während der Corona-Pandemie Kontakte an eine Freundin gegeben zu haben, um deren Atemschutzmasken zu vermitteln. Wie ernst soll man das Beratungsgremium nehmen, wenn es aus Mitgliedern wie ihr besteht? Ich habe viele Personen im Parlament getroffen, die nicht mal wussten, dass es überhaupt existiert. Mir stellt sich die Frage: Besser symbolisch als gar nicht? Oder vielleicht doch besser gar nicht als nur symbolisch?

Manchmal erwische ich mich bei dem Gedanken, dass ich die korrupten Politiker:innen beneide. Für ihr Talent, eiskalt zu sein. Skrupellos das Spiel spielen zu können. Ich würde das auch gerne können. Damit zufrieden sein. Mir für mich die richtigen Ausreden zurechtlegen: «Die anderen machen es auch so.»

Das für den richtigen Lebensweg halten. Mich mit anderen korrupten Menschen umgeben. Uns gegenseitig gratulieren, Tipps geben. Ich schaffe das schon physisch nicht. Ich halte diese Events nicht aus. Mich machen die Zufriedenen so wütend. Da draußen brennt alles. Und hier drinnen lassen es sich die Arschlöcher gut gehen. Ich will da ja nicht mal mehr hin, um zu recherchieren und darüber zu schreiben.

So viele Arschlöcher!

GESCHÄFTSMODELL
POLITIKER:IN

1. Hohes Gehalt
2. Gelder erschleichen
3. Nebentätigkeiten

TL;DR:
Ich wünsche mir ein Beschäftigungsverbot
für ehemalige Journalist:innen bei Parteien.

Was kosten Insights?

Irgendwann kippen sie alle. Irgendwann haben alle ihre Scheiß-
draufmomente. Irgendwann haben alle die Schnauze voll. Und
dann ist es egal, ob du Privatperson, Unternehmer:in, Politi-
ker:in oder Journalist:in bist. Zugegebenermaßen war ich anfangs wohl naiver, als ich dachte. Große Schockmomente für
mich waren zum Beispiel die beiden Wechsel von Top-Journa-
list:innen ins Lager der mächtigsten Parteienfamilie.

Der ehemalige Brüsselkorrespondent des SPIEGEL wechselt
das Lager und fängt bei Kommissionspräsidentin Ursula von der
Leyen als Redenschreiber an. Für sie ein großer Vorteil. Durch
seine Berichterstattung in all den Jahren zuvor kennt er die
Abgeordneten des Europäischen Parlaments, Kommissar:innen,
Mitarbeitende sowie ihre persönlichen Geschichten und Ansichten. Er weiß, was bei ihnen zieht und was er schreiben muss, um
auch sie zumindest in Ansätzen von von der Leyen zu überzeugen. Aus dem Augstein-SPIEGEL-Motto «Sagen, was ist» wird
«Sagen, was von der Leyen gut aussehen lässt». Hat er es nötig?
Nö. Machen es alle anderen auch so? Ja. Verdient er in seiner
Position beim SPIEGEL wohl weniger als alle anderen um ihn
herum? Auch ja. Also ist es sinnvoll für ihn, sich auch bezahlen zu lassen. Ich selbst wüsste gerne, wie viel, aber ich traue
mich nicht, ihn zu fragen. Auch ich habe ja noch ein Interesse.
Vielleicht schreibt er noch einen guten Artikel über dieses Buch?
Willkommen in einer Bubble, wo jeder von jedem abhängig sein
kann.

Wieso ist das erlaubt? Weil es nicht verboten ist. Ein schwaches Argument.

Seine entfernte ehemalige Kollegin, die sieben Jahre als Journalistin für das Bubble-Magazin Politico in Brüssel geschrieben hat und somit als unabhängige Person exklusive Einblicke hatte, wechselt ebenfalls das Lager und ist plötzlich Pressedirektorin der Europäischen Volkspartei. Für mich stellt sich deshalb die Frage: Wem kann ich trauen? Niemandem. Du kannst dir als linke:r Abgeordnete:r fast sicher sein, dass du nicht nur zu einem:r Journalist:in sprichst, sondern auch mit einem:r künftigen Mitarbeitenden der Konservativen. Geil. Mit beiden habe ich übrigens vor ihrem Stellenwechsel über sensible Themen wie die Diebstahlserie im Parlament 2020 gesprochen. Ich finde das unangenehm. Journalist:innen werden in der Brüsseler EU-Blase wie Ware eingekauft. Als ich mich später mit einem anderen Abgeordneten darüber unterhalte, sagt er: «Ja, im Journalismus verdient man eben nicht so viel.» Okay. Dann ist ja alles in Ordnung. Stimmt schon, ich habe leicht reden. Ich bekomme genug Geld, um unabhängig zu sein. Aber man könnte ja auch zu Greenpeace gehen oder zu einem Ministerium, das nicht nur für die Wirtschaft arbeitet. Muss man gleich zu den Bösesten der Bösen gehen? (Und ja, ich bemerke meine eigene Doppelmoral auch.) In Deutschland sind beide Wechsel keine Nachricht wert, obwohl so etwas handfeste demokratische Skandale sind, oder nicht? In den Bubble-News der EU werden beide Journalist:innen für ihre neuen Stellen beglückwünscht und gefeiert.

The @EPP is happy to announce that @maiadelabaume has joined the team as the EPP's spokesperson. As part of her responsibilities, Maïa will spearhead the party's communications in preparation for the 2024 European elections. Welcome Maïa! And #Brusselsbubble: stay tuned.

Laut ihrem Arbeitsprofil im Internet ist sie seit Oktober 2023 nicht mehr in dieser Funktion tätig. Ich hatte nicht den Nerv, sie auf irgendeinem Weg zu kontaktieren, um zu fragen, was sie jetzt eigentlich beruflich macht. Du kanntest sie ja bis eben eh nicht.

Trotzdem: Wenn Abgeordnete nicht als Lobbyist:innen arbeiten sollen, dann sollten Journalist:innen das auch nicht tun. Und ja klar passieren Wechsel dieser Art auch in Deutschland, aber auch hier erschüttert es mich, weil ich direkt betroffen bin. Es sind sowohl individuelle Verfehlungen als auch systematische. Krass ist auch, dass mich solche Ereignisse noch viel hoffnungsloser machen und all die Journalist:innen, die es richtig machen, für mich gar keine Rolle spielen. Selektive Wahrnehmung oder so. Geld bestimmt, was diese Leute tun. In einem viel größeren Sinne sind sie korrupt. Und das hat nichts mit irgendwelchem rechten Lügenpressegesabbel zu tun. Wir brauchen unabhängige Medien, Journalist:innen und Berichterstattungen. Die Betonung liegt auf UNABHÄNGIG.

TL;DR:

Ich zeige auf meiner Transparenzwebseite
mithilfe von Steuermitteln, wie ich meine
Steuermittel einsetze, und will auf einer
Partizipationswebseite meine Follower
darüber abstimmen lassen, wie ich meine
Gelder verwende. Die Verwaltung des Europäischen Parlaments stoppt mein Projekt
und fordert mich am Ende auf, mir die Höhe
meiner Strafe selbst auszudenken.

Du sollst nicht mitmachen

Ich bin mir total bewusst, dass mich dieses Kapitel teuer zu stehen kommen kann. Mir egal, es ist die Wahrheit, die ich erzählen will. Und ich glaube, genau für das Festhalten einer solchen
Geschichte bin ich gewählt worden. Sie zeigt ganz gut, warum
Politik im Ergebnis oft so mutlos und scheiße ist.

Ich finde, das Europäische Parlament ist zu weit weg von den
Menschen, die in der EU leben. Im Gegensatz zu den gut organi-
sierten Netzwerken der Reichen können die «Normalos» außer
bei Wahlen kaum Einfluss nehmen. Das will ich ändern. Zumindest im Kleinen. Zumindest symbolisch. Meine Idee ist nicht nur
ein Transparenzbereich auf meiner Webseite, sondern auch eine
Partizipationsplattform. Transparenz und Partizipation, zwei
Dinge, die Mächtige grundsätzlich nervig finden und ablehnen.

Natürlich ist auch Transparenz schon eine Form der Partizipation, weil man durch Informationen bereits besser teilnehmen kann am politischen Entscheidungsprozess. Aber ich will
einen Schritt weiter gehen: Wer will, soll sich auf meiner Webseite anmelden können und Vorschläge machen, woran mein

Team und ich arbeiten sollen, und auch, wie wir die Budgets, die mir als Mitglied des Europäischen Parlaments zustehen, nutzen sollen. Wir stellen die besten umsetzbaren Ideen zusammen und lassen über sie abstimmen. Es soll eine Art Forum sein, in der sich alle miteinander austauschen und in der gegebenenfalls auch weitere kleine Projekte entstehen können. Eine Plattform, auf der sich alle Teilnehmenden miteinander vernetzen, sich und uns unterstützen und mit meinem Team und mir gemeinsam Politik machen. Es soll um Selbstwirksamkeitserlebnisse gehen. Es sollen wenigstens ein paar Leute das spüren, was auf EU-Ebene für normale Bürger:innen eben nicht erfahrbar ist: Ich kann einen Unterschied machen! Wochenlang planen wir das Projekt, gehen alle Eventualitäten durch und besprechen, wie man eine solche Plattform moderieren müsste und wie die Webseite dazu letztlich aussehen sollte. Zeitgleich schließe ich einen Dienstleistungsvertrag mit einer jungen Firma, die gerade erst von Studierenden gegründet wurde.

Bezahlt werden soll diese Plattform aus der «Parlamentarischen Assistenz» (in einem anderen Kapitel «Personalkosten» genannt), einem Topf, der von 2019 bis 2024 für jede:n Abgeordnete:n mit etwa 1,5 Millionen Euro gefüllt ist. Von diesem Budget kann ich mein Team bezahlen und Firmen, die mir von außen zuarbeiten. Beides geschieht immer in Absprache mit der Parlamentsverwaltung, das Geld überweist das Parlament direkt.

Weit unter 10 Prozent dieses Assistenz-Budgets will ich über die fünf Jahre für meine Webseite verwenden.

Wir nutzen ein vorgefertigtes Vertragsformular, das das Europäische Parlament für Abgeordnete im Intranet zur Verfügung stellt. Darin muss man Leistungen, Zeitraum, Stundenzahl und Kosten angeben. Ob im Rahmen des Vorhabens die deutschen Gesetze eingehalten werden, wird von einer deutschen Steuerberatung geprüft. Das Parlament überprüft anschließend alles und genehmigt dann bestenfalls den Vertrag. Es sind also vier Akteure beteiligt: mein Büro, der Dienstleister, das Steuerbe-

ratungsbüro und die Verwaltung des Europäischen Parlaments. Nichts geht schnell, alles ist mühsam, aber hey: Wenn so viele Leute beteiligt sind, muss es ja wenigstens korrekt zugehen …
Der Vertrag soll von Mitte 2020 bis Ende 2020 gelten. Im Vertrag sind folgende Posten aufgeführt:

B/ Zeitplan der Leistungen (bitte ausfüllen, wenn die Dienstleistungen nur gelegentlich erbracht werden sollen.)

	Einzelne Phasen der Arbeit	Zu erbringende Leistungen	Tag der Ablieferung	Kosten je Phase (ohne MwSt)
1	Grundlegende Fehlerausbesserung der bestehenden Lösung	Programmierung, Debugging und Tätigkeiten im DevOps-Bereich	30.06.2020	6.500 €
2	Erweiterung der Transparenz-Seite des Abgeordneten	Fachliche und technische Konzeption und Programmierung	31.07.2020	6.500 €
3	Weiterentwicklung der Präsenz hinsichtlich der politischen Aktivität des MEP	Fachliche und technische Konzeption und Programmierung, DevOps	31.12.2020	32.500 €
4				

Die Finanzdirektion des Europäischen Parlaments sieht in dem Vorhaben ein Problem. Sie will nicht verstehen, was ich da vorhabe. Ich muss Mails schreiben, Telefonate führen und an einem Termin mit dem Verantwortlichen für das Referat «Parlamentarische Assistenz und allgemeine Ausgaben der Mitglieder» teilnehmen, um das Teufelswerk der Partizipationsplattform genehmigt zu bekommen. Die Finanzdirektion ist besorgt, dass ich die Plattform als Kampagnenseite für meine Partei erstelle. Selbst nachdem ich aus Die PARTEI ausgetreten bin, wird dieser Vorwurf noch erhoben. Es ist ein bisschen schwer, eine Seite für eine Partei zu verwenden, wenn man in gar keiner Partei ist. Das gibt schließlich auch die Verwaltung zu. Nach langem Hin und Her werden wir uns einig.

Was ist das für eine absurde Situation: Ich muss verhandeln mit nicht gewählten Beamt:innen, ob ich mein Mandat so ausüben darf, wie ich das im Sinne meiner Wähler:innen tun möchte. Es geht hier nicht einfach um Formalia oder die Einhaltung genau definierter Regeln. Die Verwaltung will über die Inhalte meiner Arbeit bestimmen.

Ich heiße gut, dass Missbrauch von Steuermitteln verhindert werden soll. Aber wenn ich einfach eine Webseite bauen will, die sich im Kern um meine Abgeordnetentätigkeit dreht, warum machen die mir dann das Leben schwer? Warum können die definieren, was erlaubt ist und was nicht? Ich kenne die Regeln nicht, auf die sie sich berufen, und wenn man nachfragt, kann man die Antwort bekommen, dass es noch «interne Regeln» gäbe. Als ich ein anderes Mal nachfrage, wie die Finanzabteilung arbeitet, wird auf Workshops verwiesen, in denen Beamt:innen irgendwas erzählen. Ich kann es offenbar nirgendwo nachlesen, aber ich kann mir im Zweifelsfall PowerPoint-Folien zukommen lassen. Das ist kein Scherz.

Einige Antworten zur Arbeitsweise der Finanzabteilung erhalte ich mündlich, und wenn ich bitte, sie auch in schriftlicher Form zu erhalten, bekomme ich sie einfach nicht. Es ist so absurd, dass die Gesetzgeber:innen nicht mal notwendigerweise im eigenen Laden die Regeln machen, sondern Abteilungen sich selbst Regeln geben und den Abgeordneten Ansagen machen.

Ich verstehe eine repräsentative Demokratie so, dass Abgeordnete ihre eigenen Budgets frei verwenden dürfen und nicht dabei eingeschränkt werden, indem die Mehrheitsparteien über die Verwaltung intervenieren. Das Parlament selbst behauptet, seine Beamt:innen würden unpolitisch arbeiten. Dass der Beamt:innenapparat neutral arbeiten muss, ist sogar festgeschrieben. Aber in der Realität ist das natürlich Bullshit. Alle Spitzenposten sind nach Parteibuch vergeben - warum wohl? Um peinlich genau auf Ausgewogenheit zu achten oder um beim Regelauslegen die Interpretationsspielräume für die eigenen Partei-Netzwerke zu nutzen?

Würde ein CDU-Abgeordneter so behandelt werden wie ich? Natürlich nicht! Erstens, weil er nie auf die Idee kommen würde,

Partizipation oder Transparenz in den Mittelpunkt seiner Arbeit zu rücken. Zweitens, weil kein:e konservative:r Beamt:in der:dem eigene:n Abgeordneten Steine in den Weg legt.

Und ja, damit wir uns nicht missverstehen: Ich werfe dem Europäischen Parlament an dieser Stelle ausdrücklich politische Beeinflussung und massive Behinderung meiner Tätigkeiten vor. Es gibt keine Mächtigen, die ihre Macht nicht nutzen! Ich bin davon überzeugt, dass Abgeordnete unterschiedlicher Parteien unterschiedlich behandelt werden. Ich habe von so vielen Seiten diese Berichte gehört, dass ich sie selbst glaube: Bei manchen Abgeordneten werden Regeln angewendet, bei anderen nicht. Ein Liberaler erzählt mir, seine Fraktion habe keine Probleme mehr mit Kontrollen der Verwaltung, seit sie 2019 Teil der Mehrheitskoalition geworden ist. Natürlich kann ich das nicht beweisen, denn ich bin logischerweise nie dabei gewesen. Aber es ist die perfekte Strategie! Wer will wem wie nachweisen, dass er:sie *nicht* kontrolliert hat, dass er:sie bei den einen strenger geguckt hat und bei den anderen ein Auge zudrückt? Genau in diesen Graubereichen liegt die unglaubliche Macht von Verwaltungen.

Was das Machtgefälle zwischen Verwaltung und Abgeordneten begünstigt: Es gibt darüber unter Abgeordneten auch kaum Austausch, denn das Thema ist natürlich mit Scham behaftet. Niemand will Gelder falsch ausgeben und schon gar nicht damit in die Nachrichten kommen. Deshalb wird das Thema tendenziell eher totgeschwiegen.

Mein Team, das Dienstleistungsunternehmen und ich beginnen mit den IT-Arbeiten. In der Zwischenzeit falle ich wegen meiner Depressionen aus, komme nicht aus dem Bett und bin nicht arbeitsfähig. Mein Team arbeitet weiter vertragsgemäß am Projekt.

Jeden Monat reiche ich eine Excel-Tabelle der Firma ein, in der die exakten Stunden und woran gearbeitet wird, aufgelistet sind. Über einen Link wird das Parlament im Laufe der Arbeit

Einsicht bekommen über den jeweils aktuellen Stand. Dazu gibt es die entsprechende Rechnung und das Formular, welches das Parlament darum bittet, den Dienstleister entsprechend dem Vertrag zu entlohnen. Wenn man all diese Unterlagen an das Parlament schickt, erhält man folgende Antwort:

> *Dear Member,*
> *This is an automatic acknowledgement of receipt for the following document submitted at the MEP's Portal:*
> *[…]*
> *Please keep the reference number above as a proof of submission.*
> ***After analysing your request, the relevant European Parliament services will contact you if necessary.***
> *Best regards,*
> *[…]*

Ich gehe davon aus, dass die Abteilung die Unterlagen, die ich einreiche, prüft und danach entsprechend das Geld überweist. Darauf verlasse ich mich. Reisekostenanträge werden ja auch überprüft (zumindest dort, wo man dafür Belege einreichen muss). Wenn etwas nicht vollständig ist, wird man darum gebeten, weitere Unterlagen einzureichen. Warum sollte es im Fall meiner Webseite anders sein?

Später wird mir erklärt, dass die Finanzdirektion für die Überprüfung aller Rechnungen gar nicht die Kapazitäten hätte. Was für ein Witz. Die Finanzdirektion gibt mir gegenüber offen zu, dass das Europäische Parlament systematisch Rechnungen bezahlt, ohne sie richtig anzugucken. Aber klar, wer kennt es nicht aus seinem eigenen Leben? Wer überweist nicht ständig einfach mal Geld an Rechnungssteller:innen, ohne zu kontrollieren, ob die Leistung überhaupt erbracht wurde? Wie scheißegal kann einer Verwaltung das Geld der Bürger:innen eigentlich sein?

Genau so scheint es aber grundsätzlich auf vielen Ebenen zu laufen. Ob, wer, wann und warum (nachträglich) geprüft wird, ist von außen nicht einsehbar. Es ist ein intransparentes System, das Missbrauch prinzipiell ermöglicht und die Macht in Hinterzimmer verschiebt zuungunsten der Öffentlichkeit.

Bei Verwaltungsentscheiden ist mir zudem nie klar, wer am anderen Ende eigentlich wirklich entschieden hat: der:die Sachbearbeiter:in? Die Ebene drüber? Die Verwaltungsspitze? Oder sogar ein Präsidiumsmitglied der CDU? Ist der Mensch, der mir schreibt oder mit mir redet, selbst Entscheider:in oder nur Übermittler:in?

Außerdem wird mir noch erklärt, dass ich auch viele Jahre später noch mal nachkontrolliert werden kann. (Deswegen gehe ich davon aus, dass dieses Kapitel teuer für mich wird. Wenn die Verwaltung will, kann sie alles noch mal «kontrollieren».)

Irgendwie verstehe ich die Gewaltenteilung im Europäischen Parlament nicht. Ich bin ganz offensichtlich zu dumm für Politik. Die Verwaltung steckt in einer bizarren Doppelrolle: Erst hilft sie mir beim Erledigen der Bürokratie. Und dann kontrolliert sie, ob wir das korrekt gemacht haben. Es ist so, als ob der:dieselbe Beamt:in erst die eine Verkleidung anziehen würde, dann mit dem Schreiben zum nächsten Schreibtisch geht und sich dort eine andere Verkleidung anzieht, um noch mal auf das Schreiben zu gucken, das er:sie eben mit mir ausgefüllt hat. Es ist so absurd.

Auf dem Vertragsformular steht übrigens an erster Stelle prominent das Logo des Europäischen Parlaments. Das Lustige ist aber, dass das Parlament selbst kein Vertragspartner ist, sondern nur die Gelder überweist. Ich habe die volle Verantwortung, und wenn ich vom Parlament falsch beraten werde oder es schlampig kontrolliert, ist das nicht sein Problem. Die Verwaltung ist ja nicht doof. Sie kann alle Informationen beschaffen und kann alles entscheiden. Aber wenn etwas schiefläuft, dann haben immer die anderen Schuld.

So geht es Monat für Monat: Ich reiche die Unterlagen ein, mein Dienstleister bekommt Geld vom Parlament überwiesen. Offenbar ist alles in Ordnung. Es läuft.

Der Dienstleister optimiert weiter meine Webseite, der Vertrag läuft aus, und wir schließen einen Folgevertrag bis Sommer 2021 mit deutlich weniger Stunden, weil wir vorerst nur weitere kleinere Änderungen umsetzen wollen. Das Parlament stört sich kurz an dem Wort Maintenance (Instandhaltung) und bittet uns, es entsprechend zu ändern, dann stimmt es zu und erhält wieder Zeitarbeitsnachweise, Rechnungen und Zahlungsaufträge von mir.

Die Arbeit an der Webseite zieht sich, weil wir mehr Entwicklungsschleifen drehen müssen als erwartet. Es ist eben ein typisches kreatives Projekt. Ich will das Projekt ein weiteres Mal verlängern. Die Finanzverwaltung stimmt zu. Es scheint kein Problem zu sein. Weil das Projekt mit diesem dritten Vertrag mittlerweile ein Volumen erreicht, das eine öffentliche Ausschreibung notwendig macht, lasse ich mich von der Finanzabteilung unterstützen, um Fehler zu vermeiden. Die Ausschreibung wird auf meiner Homepage veröffentlicht und explizit an zehn Dienstleister:innen geschickt, die die Aufgaben für den nun benötigten Vertrag erfüllen könnten. Außer von unserem bisherigen Dienstleister erhalten wir keine Rückmeldung sowie zwei Absagen. Alles ist - so signalisiert es auch die Verwaltung - regelkonform, und wir sind dabei, den nächsten Vertrag aufzusetzen, der diesmal bis Ende der Legislaturperiode gehen soll, um neue Ausschreibungen und deren Aufwand zu vermeiden. Kannst du mir noch halbwegs folgen?

Im neuen Vertrag führen wir den Punkt Partizipationsplattform zum ersten Mal mit einer konkreten Summe und Stundenzahl auf. Durch die bisherige Arbeit können wir besser einschätzen, wie viel Umfang zusätzlich noch auf uns zukommt. Sie soll bis zum Ende der Legislatur in den nächsten 3 Jahren noch mal 37 000 Euro kosten.

Statt dem Vorhaben grünes Licht zu geben, stellt die Finanz-abteilung eine Rückforderung an mich: Ich solle 37 000 Euro aus eigener Tasche an das Parlament überweisen. Ich falle aus allen Wolken.

Das Parlament ist der Meinung, ich hätte dieselbe Arbeit in diesem Umfang schon im ersten Teil erledigen wollen. Wie auch immer das Parlament auf diese Idee kommt, für diese Unterstel-lung gibt es im Vertrag keine Grundlage. Schon gar nicht für die Zahl. Die hat die Finanzdirektion kurzerhand aus dem dritten Vertrag genommen.

Ich bin sprachlos und fühle mich verarscht. Wozu gibt es die ganze Zeit einen Austausch mit der Verwaltung? Warum muss ich zwischendurch dauernd Abrechnungen einreichen, wenn die eh niemand anguckt? Warum erkläre ich, was ich vorhabe, wenn am anderen Ende niemand bei Bewusstsein ist? Was machen die eigentlich beruflich? Es ist doch alles klar dokumentiert. Mehr als ehrlich sein kann ich nicht.

Ich bin schockiert. Ich fasse es nicht. Ich bin - trotz all mei-ner schlechten Erfahrungen vorher - von der Gnadenlosigkeit des Apparats überrascht. Dies ist der Schlüsselmoment meiner Zeit im Europäischen Parlament, der Punkt, an dem alles kippt, in dem ich das Vertrauen in diesen Laden endgültig verliere und nicht mehr an Inkompetenz glauben kann, sondern an Bosheit. Wenn das Parlament in einem Moment das eine sagen kann, im nächsten Moment was anderes und ich mich nie auf irgendeine Aussage verlassen kann, was mache ich dann hier? Kann ich meine Lebenszeit noch freud- und sinnloser verplempern, als mit Bürokrat:innen um meine Rechte zu streiten?

In einem Klärungsgespräch frage ich, wie das Verfahren aus-sieht und was passiert, wenn ich Widerspruch einlege. Ich will es schriftlich haben, nachlesen können und bekomme: nichts. Mir wird gesagt, es sei ein improvisiertes Verfahren, sozusagen das vor dem richtigen Verfahren, aber das richtige, das offizielle, das wäre richtig schwer, «heavy», mit Anhörung vor dem Generalsekretär.

Weil es improvisiert ist, gibt es keine festgelegten, aufgeschriebenen Antwortfristen, sondern immer von der Finanzdirektion willkürlich mitgeteilte. Es ist komplett irre. Ich solle das Geld «freiwillig» zahlen.

So langsam gewinne ich den Eindruck, die Beamt:innen des Apparats wollen mir als Abgeordnetem gar nicht helfen ...

Natürlich bitte ich meine Fraktion um Hilfe, doch sie hat Angst vor negativen Schlagzeilen. In Deutschland ist gerade Bundestagswahlkampf. Mir wird gesagt, ich solle das geräuschlos lösen und einfach zahlen. Danke für nichts.

Immer wieder frage ich mich, ob ich spinne. Übertreibe ich? Liege ich mit meinem Gefühl falsch? Ich suche auch bei anderen nach Antworten: Einer, der sich mit den Finanzen der Verwaltung und Kontrollverfahren der Abgeordneten auskennt, nennt das Vorgehen des Parlaments «financial harassment». Später nehme ich nochmals vergeblich Kontakt mit der Fraktionsspitze auf mit der Bitte, sich für mich einzusetzen. Mir wird weiterhin dringend davon abgeraten, das öffentlich zu machen. Meine drei Gesprächspartner:innen warnen mich vor der Verwaltung:

Nummer 1 sagt: «They will make you kapuuut.»

Nummer 2 sagt: «They will hate you.»

Nummer 3: «They already hate you.»

Hm. Ich würde sagen, meine Situation ist gar nicht mal so gut. Ich stehe unter Druck. Theoretisch könnte ich den Konflikt natürlich trotzdem öffentlich machen, aber ich glaube, es ist zu kompliziert, und am Ende könnte ich «verlieren». Und ich muss hier ja laut Auftrag der Wähler:innen noch ein paar Jahre bleiben. Anders als Abgeordnete, die ihren Fokus auf Ausschussarbeit legen, bin ich mit meinen eigenen Projekten der Verwaltung viel stärker ausgeliefert. Und weil ich Experimente machen will in einer konservativen Umgebung, ist mein Ansatz zum Scheitern verurteilt.

Das Schlimme ist, dass ich hier wirklich ganz alleine bin. Die Einzigen, bei denen ich mich über das Verfahren beschweren kann, sind die, die es vermutlich in Auftrag gegeben haben – die Parlaments- und Verwaltungsspitze, also Konservative. Das sind meine politischen Gegner:innen, die ich schon oft genug kritisiert habe, die Korruption für alle Abgeordneten systematisch ermöglichen (weil Nebentätigkeiten erlaubt sind und niemand prüft, ob die Angaben in den Erklärungen der Abgeordneten überhaupt der Wahrheit entsprechen) und bei Machtmissbrauch systematisch weggucken. Das sind die, die sich jedes Jahr mehr Geld gönnen. Das sind die, die dafür sind, dass man sich als Abgeordnete:r aus Steuergeldern möglichst selbst die Taschen vollmacht, und der großen Mehrheit da draußen immer weniger gönnen. Die werden wohl kaum sagen: «Nico, wie können wir dir helfen?»

Hätte ich mein Handeln wie jede:r CDU-Abgeordnete auch einfach darauf ausgerichtet, mir selbst, den Auftraggeber:innen meiner Nebentätigkeiten, den Parteispender:innen und dem heimischen Wirtschaftsverband die Taschen vollzumachen, hätte ich diese Probleme nicht. Mich macht das wahnsinnig.

Würde das Parlament nicht an anderen Stellen jedes Jahr völlig bewusstlos dreistellige Millionenbeträge rausballern, ohne auch nur einen halben Gedanken daran zu verschwenden, ob die Ausgaben überhaupt einen Bezug zur Realität haben (Bürokostenpauschalen, Tagegelder, Reisekosten etc.) oder legitim sind (Ruhegehälter, Zweitsitz des Parlaments, angestelltes Familienmitglied der Präsidentin etc.), fänd ich das Auftreten der Verwaltung weniger verdächtig und würde die Schuld eher bei mir suchen.

Es gibt zudem immer mal wieder Meldungen von Scheinbeschäftigungen, die nach mehreren Jahren auffliegen. Abgeordnete können im Europäischen Parlament mehrere Jahre Angestellte scheinbeschäftigen??? Nicht mal das wird also vernünftig geprüft? Aber wenn es um eine Transparenz- und Partizipationswebseite geht, die aus meinem eigenen Abgeordnetenbudget bezahlt wird, das mir durch die Wähler:innen übertragen wurde, und die in der Summe deutlich weniger kostet als ein:e einzige:r EU-Beamte:r pro Jahr, dann läuten sofort die Alarmglocken? Das ist im Gesamtkontext doch extrem merkwürdig.

Und wenn man rauszoomt, wird es noch verrückter: Überall können Politiker:innen folgenlos fehlplanen, können Projekte Hunderte Millionen mehr kosten, werden Steuergelder rausgeblasen, man kann als CSU-Verkehrsminister sogar illegal ein Mautvorhaben starten und muss selbst keinen Cent zahlen. Das erledigen alles unfreiwillig die Steuerzahler:innen. Aber eine kleine Webseite, die ein paar Arbeitsstunden mehr braucht, ist der Regelbruch, der korrigiert werden muss?

Die Höhe der Geldrückforderung macht was mit mir. Im Gegensatz zu vielen anderen Abgeordneten hier bin ich kein Millionär. Ich finde 37 000 Euro richtig viel Geld. Es ist genauso gedacht, wie es bei mir wirkt. Die Verwaltung schüchtert mich ein.

Und die Botschaft kommt an: Ich verstehe, dass sie dasselbe Spiel künftig bei allen meinen Projekten spielen können. Die Tampon-Warnung des Generalfinanzdirektors kam erst kurz vorher, das kann kein Zufall sein. Ob eine Geldforderung der Verwaltung sachlich berechtigt ist oder nicht, spielt ja gar keine Rolle. Wenn ich nachgebe, kostet es mich viel Geld. Wenn ich mich wehre, können sie das Verfahren so lange wie möglich ziehen. Und noch etwas ist aus Verwaltungssicht perfekt: Eine offene Forderung, ein nicht geklärtes Verfahren, ist im Machtspiel perfektes Erpressungspotenzial. Der Druck ist subtil, niemand kann Zusammenhänge belegen. Wenn ich mich noch mal gegen die Verwaltung äußere, dann können sie die Information über die Rückforderung einfach irgendwelchen Journalist:innen stecken und mich am Ende wie einen Betrüger dastehen lassen.

Genauso gut können sie es sich irgendwann anders überlegen und im richtigen Moment einen Rückzieher machen und behaupten, ich hätte sie überzeugt, oder eine nächsthöhere Verwaltungsebene kann es kassieren, denn es wären irgendwelche

Fakten neu bewertet worden, blablabla. Sie können ihre Meinung jederzeit folgenlos ändern und mir bis dahin das Leben schwer machen. Oder sie lassen sich halt auf ein Gerichtsverfahren ein, das sie verlieren könnten, was ihnen selbst egal sein kann, für mich aber nervenaufreibend. Das Parlament hat im Gegensatz zu mir ja unbegrenzte Mittel.

Für mich ist es ein sich wiederholendes Erlebnis, dass ich mich im Europäischen Parlament nicht auf den rechtsstaatlichen Rahmen oder Zusagen der verantwortlichen Stellen verlassen kann, weil Dinge willkürlich von irgendwem entschieden werden. Und natürlich muss die Parlamentsverwaltung selbst nicht korrekt arbeiten. Denn es gibt keine unabhängige Stelle, die die Arbeit der Verwaltung wirksam überwacht.

Sie haben die Macht. Ich habe die Ohnmacht.

Ich gebe ihnen volle Transparenz, sie geben mir volle Intransparenz.

Statt anderen Selbstwirksamkeitserlebnisse zu verschaffen, verschafft mir das EU-Parlament eine weitere Unwirksamkeitserfahrung.

Ich bin irgendwie gefangen. Meine Wähler:innen denken, ich sei einfach so depressiv und passiv, dabei ist diese schreckliche Umgebung der Hauptgrund dafür. Ich kann hier meine Aufgabe nicht erfüllen. Ich würde so gerne wenigstens ehrlich kommunizieren, aber ich habe keine Kraft.

Die ganze Situation quält mich. Ich nehme die Situation mit in den Schlaf, wache vor Angst oder vor Wut auf. Was für ein Albtraum. Was für ein Gefängnis. Ich will hier weg. Ich finde das alles so falsch. Ich blockiere völlig. Ich setze Termine mit der Finanzdirektion an und sage sie wieder ab. Ich teile ihnen mit, dass ich mich aufgrund von Depressionen nicht damit befassen kann. Der Kontakt zwischen der Abteilung und meinem Büro pausiert. Aus Angst vor weiteren Konsequenzen gehe ich mit dem Unternehmen, das meine Webseite wirklich großartig gebaut und betreut hatte, keine weitere Arbeit mehr an. Meine

Transparenzwebseite wird seitdem nicht mehr aktualisiert. Es gibt keine Partizipationsplattform.

Die Parlamentsverwaltung ist die Organisation, die mir die Arbeit als Mitglied des Europäischen Parlaments eigentlich erleichtern oder wenigstens ermöglichen sollte, stattdessen behindert sie mich massiv. Sie verhindert nicht nur Auftritte, sagt mir, wie ich mich zu verhalten habe, schützt mich nicht vor Einbrüchen, verweigert mir Informationen, sondern sie droht mir am Ende mit Strafzahlungen. Es ist eine schlechte Verwaltung, weil sie nicht der Öffentlichkeit dient und nicht den gewählten Abgeordneten, sondern nur sich selbst. Sie missbraucht ihre Macht. Sie ist nicht neutral, sondern von konservativen Politiker:innen und Beamt:innen geleitet.

Apropos: Verantwortlich für den Haushalt ist von Präsidiumsseite der CDU-Abgeordnete Rainer Wieland. Er hat für seine Bürorenovierung weit mehr als 600 000 Euro ausgegeben. Um Sparsamkeit kann es dem Parlament bei meiner Transparenzwebseite, die nur 55 000 Euro gekostet hat, also nicht gehen. Wird hier etwa mit zweierlei Maß gemessen? Na so was.

Um es noch mal ausdrücklich klarzustellen: Ich kann natürlich nicht beweisen, dass die Verwaltung des Parlaments ihre Gegner:innen bewusst in ihrer Arbeit einschränkt, aber wenn ich meine Gegner:innen bewusst einschränken wollen würde, würde ich es genauso machen wie die Verwaltung. Weil es geht. Weil es einfach ist. Weil es niemand überprüfen kann. Und das eben bedeutet Intransparenz. Ich kann nichts verstehen, ich kann nichts beweisen, ich kann nur misstrauen. Intransparenz ist vom Wesen her antidemokratisch. Transparenz schafft das Vertrauen, das für eine Demokratie die Grundlage ist. Als Demokrat vertraue ich den Mächtigen nicht blind. Die Mächtigen müssen beweisen, dass sie sich selbst an dieselben Regeln halten wie der Rest, sonst ist jedes Misstrauen berechtigt.

Im Anschluss an meine Depressionserklärung höre ich ein ganzes Jahr nichts mehr von der Verwaltung zu dem Fall. Erst als ich zum Korruptionsskandal «Qatargate» in einem Interview äußere, dass es im Parlament eine «Kultur der Korruption» gibt, meldet sich die Verwaltung wieder. Ist vielleicht Zufall, aber ein lustiger. Sie fragen, wie es nun mit der Rückzahlung aussähe. Seit Projektbeginn sind mittlerweile zweieinhalb Jahre vergangen. Erneut bitte ich um ein Treffen. Meine Büroleiterin begleitet mich, wir sind zwei gegen drei. Die drei widersprechen sich in einigen Punkten. Der Fall scheint so kompliziert zu sein, dass nicht mal sie eine gemeinsame Position haben. Wäre es nicht wahr, wäre es ganz lustig. Mir wird mitgeteilt: «Ich glaube Ihnen, dass Sie nicht betrügen wollten. Sie haben es falsch verstanden.» (Das ist allerdings richtig. Ich habe das mit dem Europäischen Parlament ganz offensichtlich falsch verstanden.)

Weil wir auf dieser Ebene zu keiner Lösung kommen, wende ich mich direkt an den Chef der Finanzabteilung, den Generaldirektor Finanzen. Inzwischen ist es 2023, und ich habe ein persönliches Treffen mit ihm vereinbart. Als ich in sein Büro komme, sitzen allerdings drei weitere Beamt:innen mit aufgeklappten Laptops im Raum: vier gegen eins. «Wenn ich gewusst hätte, dass Sie hier mit all Ihren Leuten ankommen, hätte ich meinen Anwalt mitgenommen», sage ich ihm. Er sagt, dass auch nichts aufgenommen wird. Das wäre ja noch schöner. Ich stelle ihn vor die Wahl, entweder er schickt seine Mitarbeitenden raus, oder ich gehe. Als sie aneinander aufgereiht den Raum verlassen, erinnern sie mich an Marionetten der Augsburger Puppenkiste. Wir reden unter vier Augen. Er ist Franzose und spricht fließend Deutsch. Er erzählt mir, dass er schon seit 30 Jahren für das EU-Parlament arbeitet. Krass. Da war ich sechs.

Wie soll ich gegen seine Netzwerke ankommen? Er hat Angestellte, Verbündete, einen ganzen Apparat auf seiner Seite und politische Rückendeckung. Er *ist* das Parlament. Ich bin *nur* gewählt.

Natürlich gibt es in diesem Konflikt zwei Ebenen: die formale und die politische. Um seinen politischen Auftrag zu erfüllen, bemüht er das Formale. Er sagt, dass ihm bewusst sei, dass Projekte länger dauern können, ich hätte es nur eben falsch gemacht.

Ich glaube weiterhin nicht dran, dass ich einen formalen Fehler gemacht habe. Und wenn, dann hätte das Parlament dem ja zugestimmt. Wir reden über unterschiedliche Szenarien. In einem Nebensatz gibt er mir zu verstehen, dass das Parlament bei gerichtlichen Auseinandersetzungen 99 Prozent aller Fälle gewinne. Ich halte das schon aus statistischen Gründen für unwahrscheinlich. Er macht mir ein Angebot, das ich nicht ablehnen kann. Er eröffnet mir, dass ich eine neue Rechnung aufstellen müsse, um den Unterschied zwischen dem ersten und dem letzten Vertrag deutlich zu machen. Die Höhe der Differenz müsse ich selbst festlegen.

Eigentlich ist das die Krönung der Demütigung. Ich soll mir meine Strafe selbst ausdenken. Ich sage ihm, dass ich das nicht machen werde und er die Summe festlegen müsse, weil ich keine Ahnung habe, was er für richtig hält. Er überlegt laut, dass es nicht 500 Euro sein könnten, weil das zu wenig sei, sondern eher so 10 000 Euro. Er korrigiert sich: Natürlich nicht genau 10 000 Euro, weil das verdächtig wäre. Wichtig sei, dass die Rechnung «glaubwürdig wirke», also müsste die Summe krumm sein.

Wow.

Ganz offensichtlich ist es für den Apparat möglich, jede Zahl formal korrekt und «glaubwürdig» durchzuwinken. Ob 0 Euro, 10 000 Euro oder 37 000 Euro. Jede dieser Optionen war aus Sicht der Verwaltung zwischenzeitlich der «korrekte» Stand. Dass es am Ende nicht bei 0 Euro landet, sondern bei ungefähr 10 000 Euro, ist natürlich eine politische Entscheidung, keine inhaltlich notwendige. Und sie ist willkürlich, sie könnte auch 2000, 5000, 10 000 mehr oder weniger sein. Aber hey, hier läuft alles superkorrekt, das hatte er mir schon am Anfang versichert, als ich meinte, dass ich das «politische Game» nicht beherrsche. Der Apparat, der im Jahr weit über 2 Milliarden und damit (bei kleinerer Größe) das Doppelte des Bundestags ausgibt, hat bei mir Sparpotenzial entdeckt und die Sache fair gelöst. Ist doch super!

Mein Anwalt nennt die schriftliche Begründung für die Rückforderung des Parlaments übrigens «Kokolores» und vermutet, dass die Verwaltung mich dazu bringen will, mein Mandat aufzugeben. Er rät mir, auf eine Klage in Luxemburg zu verzichten, weil sich so ein Verfahren über Jahre hinziehen würde und das Gericht aufgrund seiner Verwaltungsnähe wahrscheinlich nicht unbedingt in meinem Sinne urteilen würde. Außerdem kann ich mir ja ausrechnen, dass meine Probleme mit dem Apparat im Falle eines Gerichtsprozesses nicht weniger werden.

Ich gebe auf.

Ich tue, was die Finanzverwaltung von mir verlangt, es ist das kleinere von zwei Übeln. Sie bekommt eine Tabelle, in der die Arbeiten an der Partizipationsplattform wie gefordert «glaubwürdig» berechnet werden. Am Ende stimmt die Verwaltung zu, ich zahle privat über 10 000 Euro an das Parlament.

Der Grund für die 10 000 Euro Strafe ist also: weil die Arbeit länger gedauert hat als geplant. Nicht, weil ich betrogen hätte, weil ich mir Gelder in die eigene Tasche gewirtschaftet hätte, weil irgendein anderes Projekt finanziert wurde. Sondern einfach, weil die Arbeit länger gedauert hat als geplant.

Würde das Parlament sich selbst für Arbeiten, die länger dauern als geplant, Strafzahlungen auferlegen, hätte es im Jahr seiner Gründung Insolvenz anmelden müssen.

Der Finanzdirektor teilt mir noch mit, dass ich, wollte ich die Partizipationsplattform immer noch umsetzen, übrigens wieder alles von vorne machen müsste, Ausschreibung, Genehmigung durch die Finanzverwaltung usw. Logisch und klar, gerne, warum nicht!

Aus Angst vor weiteren Konsequenzen halte ich bis zum Europawahlkampf 2024 meinen Mund und nehme mir vor, einfach nur noch mitzuschreiben und am Ende alles zu veröffentlichen. In meiner Schublade sind viele Ideen, die ich nun nicht mehr umsetzen werde. Die Konservativen haben in dieser Hinsicht gewonnen. Aber wenn du das hier liest, ist diese Geschichte, wie sie vermutlich oft passiert und danach nicht erzählt wird, wenigstens dieses eine Mal erzählt worden. Bei mir hinterlässt diese Erfahrung ein großes Misstrauen gegenüber intransparenten Vorgängen. Ich kann das ja hochrechnen. Wenn das hier im harmlosen Bereich schon so läuft, wie ist das erst in Bereichen, wo es um Milliarden geht und in die ich erst recht keinen Einblick habe?

(Übrigens: Was ich über das Parlament und die Verantwortlichen denke, ist wahrscheinlich justiziabel und findet hier deshalb keinen weiteren Platz.)

TL;DR:

Seit dem Korruptionsskandal im Europäischen Parlament habe ich wieder Hoffnung.

Korruptionsskandal – endlich sehen es auch alle anderen

Ich bin begeistert, entzückt, erleichtert (so sehr, dass ich offenbar das Wort «entzückt» wieder in meinen Sprachgebrauch aufgenommen habe). Schuld daran hat eine Abgeordnete der S&D-Fraktion im Europäischen Parlament.

Im Dezember 2022 wird Eva Kaili verhaftet. Sie ist nicht die erste Abgeordnete, die ins Gefängnis muss. Dank Ioannis Lagos ist sie noch nicht mal die erste griechische EU-Abgeordnete, die ins Gefängnis muss. Grund für ihre Verhaftung ist Korruption. Laut Ermittlungen soll die ehemalige Vizepräsidentin des Europäischen Parlaments Geld von Katar angenommen haben und dafür im Gegenzug positive Reden im Parlament über das arabische Land gehalten haben.

Ich freue mich jedes Mal, wenn die Fakten sich meinen Gefühlen anpassen, dann sind meine Gefühle wenigstens nicht falsch. Ha, ich hatte recht! Korruption existiert. Voller Euphorie veröffentliche ich den folgenden Text auf meiner Webseite:

Ich möchte die Verhaftung einer Vizepräsidentin des EU-Parlaments (Eva Kaili) wegen Korruptionsverdachts mal für einen kleinen Rundumschlag nutzen:

Korruption ist in der EU weitgehend möglich und die «Bekämpfungsversuche» dagegen zahnlos. Mir geht das Gejammer gegen den Strich, dass angeblich eine korrupte

Abgeordnete das Vertrauen der Menschen in die EU erschüttern würde. Blabla.

Wenn die großen Parteien diesen Eindruck wirklich schlimm fänden, dann könnten sie was dagegen tun. Zum Beispiel könnten Regelbrüche Konsequenzen haben. Aber viele Regeln werden nicht mal angewendet.

Warum ist Transparenz so wichtig? Weil erst dadurch Kontrolle und damit Machtteilung stattfindet. Ist also elementar für Demokratie.

Fängt schon beim Lobbyismus an: Was ist die Konsequenz, wenn Abgeordnete ihre Lobbytreffen nicht angeben? Im EU-Parlament wird man daran erinnert, es nachzuholen. Aber nur, wenn es irgendjemandem auffällt. Sonst passiert nix.

Manfred Weber (CSU), Chef der EVP, hat seit Anfang der Legislatur laut seiner Abgeordneten-Seite 0 Lobbyist:innen getroffen. Wer soll das glauben?

(Andererseits verständlich: Streng genommen müsste er alle Treffen mit seinen Parteikolleg:innen angeben, weil in der CDU / CSU quasi jede:r Lobbyist:in ist.)

Und Parlamentspräsidentin Metsola hat ihr letztes Lobbytreffen laut ihrer Abgeordneten-Seite (Stand: 20.12.2023) am 03.06.2021 gehabt – vor mehr als 1,5 Jahren. Da müsste die Parlamentspräsidentin die Parlamentspräsidentin mal erinnern, das nachzuholen!

Grundsätzlich ist die Trennung von Politik und Wirtschaft de facto nicht gegeben. Der Besuch von einem einzigen Lobby-Empfang reicht, um zu erahnen, wie eng alles miteinander verzahnt ist. Die Milliardär:innen laden ein, die «Entscheider:innen» kommen.

Aber zurück zu den kaum vorhandenen Beschränkungen für EU-Abgeordnete:

Wer überprüft, ob die Nebenverdienste korrekt angegeben werden? Niemand.

Warum sind Nebenjobs und Nebeneinkünfte von Abgeordneten überhaupt erlaubt???

Und wenn es schon sein muss: Warum muss man sie nicht wenigstens zu 100 Prozent ans Parlament zahlen? Die Möglichkeiten, sich für Entscheidungen bezahlen zu lassen, sind irre, z. B.:

- Man kann sich über ein Vehikel wie einen Redeauftritt oder ein Buch schmieren lassen.
- Man kann im Nebenjob weiter als Anwält:in arbeiten und darf dann leider, leider wegen des Anwaltsgeheimnisses nicht sagen, wer einen bezahlt (betrifft lustigerweise – zum damaligen Zeitpunkt – zwei deutsche Vizepräsident:innen).
- Und das Geile an einer Kanzlei ist, dass man sich als Teilhaber:in erst später auszahlen lassen kann.
- Man kann sich von den Auftraggeber:innen nach dem Amt einen Job geben lassen, verzögert zeitlich also den Moment der Korruption.

(Es gibt garantiert noch Unmengen anderer Möglichkeiten, aber mir fehlt die kriminelle Energie – Betonung auf Energie! –, um die Liste fortzuführen.)

Wer verbietet Politiker:innen «Berater:innenjobs» nach ihrer Amtszeit? Niemand. Oettinger z. B. verdient sich dumm und dämlich, ihm wurde das von von der Leyen (lol) erlaubt.

Für einige Politiker:innen ist ihr Mandat kein Auftrag von den Bürger:innen, sondern ein Geschäftsmodell. Das sieht man auch daran, wer z. B. in Beratungsunternehmen arbeitete, arbeitet oder arbeiten wird.

Die Möglichkeit, Entscheidungen zu kaufen, ist da. Das Problem ist systematisch. Im Parlament, in der Kommission und natürlich auch in den Mitgliedsländern und auf allen unteren Ebenen.

Wir leben im Kapitalismus. Alles ist käuflich. Und es ist enorm viel Geld da, um Prozesse zu beeinflussen. Die Demokrat:innen schützen die Demokratie viel zu wenig. Transparenz in der EU ist eine Farce, und niemand, die:der korrupt sein will, muss sich so doof anstellen wie Eva Kaili und sich dabei erwischen lassen. Ich wette, sie und ihre Kolleg:innen sind überrascht, dass sie erwischt wurden. Ich bin es jedenfalls. Wichtig zu sehen: Die Aufklärung kommt hier nicht aus dem Parlament, sondern von außen. Dabei hat das Parlament selbst auch die Mittel, seinen Abgeordneten auf die Finger zu schauen. Sicher kann es nicht jede Form von Korruption verhindern, aber es versucht es noch nicht mal. CDU, SPD, FDP und ihre jeweiligen EU-Schwesterparteien wollen Korruption ermöglichen und erleichtern, deshalb sind die Regeln so lasch. Punkt.

Ich bin so beruhigt über diesen Skandal. Das heißt, ich spinne nicht. Es ist genauso schlimm, wie es sich für mich anfühlt. Auch bei Weltklimakonferenzen kann ich immer wieder schwarz auf weiß sehen, dass mein Gefühl nicht danebenliegt, weil die Ergebnisse wirklich so erschütternd sind, wie ich sie wahrnehme.

Die Korruption gibt es ja so oder so. Besser, es kommt raus, als nicht. Ein bisschen was funktioniert also. Allerdings haben nicht das Parlament oder die EU an sich diesen Missstand aufgedeckt, sondern die belgischen Behörden. Und es ist wichtig zu betonen, dass es institutionelle Korruption gibt, nicht nur individuelle Korruption. Über Wochen verliere ich mich im Rabbit Hole des Korruptionsskandals und lese alle Artikel im Internet und in Printzeitschriften. Ich finde es so spektakulär wie doof. Kanzler Scholz ist empört über die Korruption und entsetzt, «dass so was möglich ist». Mit «so was möglich» meint der Warburg-Cum-ex-Kumpel Scholz die Verhaftungen, oder?

In einem Kommentar lese ich: «Deutlich schlimmer ist der Reputationsschaden für das Parlament insgesamt. Die EU-Abgeordneten kämpfen ohnehin mit dem Image, abgehoben und überbezahlt zu sein. Das ist ungerecht und trifft für die übergroße Mehrheit der Parlamentarier nicht zu.» Hä? Doch, klar. Abgehoben und überbezahlt stimmt auf jeden Fall. Den Faulheitsvorwurf würde ich abstreiten, aber abgehoben und überbezahlt stimmt. Laut Berichten sollen unter anderem 600 000 Euro in bar beschlagnahmt worden sein.

Für mich ist besonders witzig, dass ich eine Satireaktion geplant hatte, bei der ich eine Werberede für ein Unternehmen mache und dabei ganz transparent sage, von wem ich dafür bezahlt wurde. Montags in den Plenarwochen können Abgeordnete einminütige Reden anmelden. Zu egal welchem Thema. Klar, offiziell heißt es Ausführungen von einer Minute, aber letztlich ist das ein Euphemismus für «Uns doch egal, was du da laberst, Hauptsache, du bist nach 60 Sekunden fertig». Mein Ziel war es, mit dieser Aktion darzustellen, wie wenig Aufmerksamkeit es für diese Reden der Parlamentarier:innen gibt. Ich bin heilfroh, dass ich mit diesem Witz so getrödelt und jetzt keine Ermittlungen am Hals habe. Trotzdem frage ich mich immer noch, ob es vielleicht doch legal wäre, wenn ich mich von einem EU-Unternehmen schmieren lasse statt von einem Nicht-EU-Staat, vor allem, wenn ich direkt am Anfang erkläre, dass die folgende 60-Sekunden-Rede von XY gekauft wurde. Das Geld dann in bar in einem Koffer zu erhalten, muss ich zugeben, war ein Gag, der mir nicht eingefallen ist. Respekt, Frau Kaili, und damit wieder zurück zu ihrem konkreten Fall.

Neben Kaili werden in den darauffolgenden Wochen weitere Sozialdemokrat:innen überprüft. In Brüssel werden nicht nur die Häuser und Wohnung der Abgeordneten, sondern auch ihrer Mitarbeitenden durchsucht. Die belgische Sozialdemokratin Maria Arena sowie ihr Sohn gehören auch zu den überprüften Personen. 280 000 Euro Bargeld werden in der Wohnung des

Sohnes sichergestellt, die direkt an Arenas grenzt. Sie gibt dazu an, nichts über das Geld und dessen Herkunft zu wissen.

Ich bin nach wie vor beeindruckt davon, wie plump diese Art der Korruption funktioniert. Hier Bargeld, dafür Rede. Warum hat mich das eigentlich niemand gefragt? Ein paar Follower auf Instagram habe ich doch. Alles, was ich denken kann, ist: «Na toll, das Emirat hat EU-Abgeordnete geschmiert, allerdings nur die ranghohen. Wann denkt ihr mal an die Hinterbänkler:innen, Katar?»

Voreingenommen wie ich nun mal bin, frage ich mich auch, wie es sein kann, dass nur Sozialdemokrat:innen in diesen Fall verwickelt sein sollen. Welche Art der Korruption ist erlaubt, welche verboten? Muss man einfach in der CDU sein, und dann ist es «erlaubt»? Muss man wie Oettinger einfach sagen, okay, ich lasse mir das Geld erst danach geben? Oder muss man einfach nebenbei weiterarbeiten als Anwalt wie Vizepräsident Wieland (CDU)? Ich verstehe ehrlich gesagt nicht, wo der Unterschied ist zwischen Kaili und zum Beispiel Günther Oettinger oder allen Mitgliedern des CDU-Wirtschaftsrats. Für mich als Laien ergibt es keinen Sinn, dass Korruption manchmal Folgen hat und manchmal nicht. Gibt es ungeschriebene Gesetze, die noch mehr gelten als die geschriebenen? Habe ich gerade einen Aluhut auf?

Ich werde nicht müde, immer und immer wieder zu sagen, dass Demokratie nur über Kontrolle funktionieren kann. Denn man kann Menschen mit Macht nicht trauen. Immer wieder macht es mich fassungslos, wenn Personen, die selbst keine Milliardär:innen sind, diese verteidigen. Es gibt nach wie vor Menschen, darunter viele FDP-Wählende, die glauben, man müsse sich nur dolle genug anstrengen und ganz viel arbeiten, und dann würde man bekommen, was man verdient. Wie kann man so sehr die Augen vor der Realität verschließen? Woher haben Menschen wie Familie Quandt oder Oetker ihr Geld? Weil sie sich so viel mehr angestrengt haben als wir? Nein, weil sie geerbt haben und weil sie von anderen Menschen mit Geld entsprechend unterstützt wurden.

Ich beschwere mich, aber ich habe Lösungsansätze, auch wenn es eigentlich nur einer ist: Transparenz. Würde die verpflichtend gemacht, müssten somit die jeweiligen Finanzämter aller Abgeordneten, aber auch Kommissar:innen der EU deren Daten an eine EU-Behörde übermitteln, die prüft, ob alle Regeln eingehalten wurden, würde Korruption auffliegen und vermutlich in einigen Fällen nicht entstehen. Wer möchte schon wissentlich in einen so unangenehmen Skandal rennen? Vielleicht ein paar Masochist:innen, aber sonst?

Resignation. Zwischenzeitlich aufgegeben.

Folge des
Korruptionsskandals

↓↓↓↓↓↓↓↓↓

Während des Mandats weiterhin erlaubt

½ Jahr
nicht
lobbyieren

Nach dem Korruptionsskandal im EU-Parlament wurde die Regel eingeführt, dass man nach dem Ausscheiden aus dem Parlament ein halbes Jahr nicht lobbyieren darf. Der Witz: Während des Mandats darf man weiterhin in Personalunion Lobbyist:in und Abgeordnete:r sein.

Folge des Korruptionsskandals

↑ 5 Jahre als Abgeordnete:r ↑

Vermögen*
offenlegen

*Unter Ausschluss
der Öffentlichkeit

Vermögen
offenlegen*

Super: **Künftig muss man zu Beginn und zum Ende der Legislatur sein Vermögen offenlegen.**

Schade: **Die Daten werden nicht veröffentlicht, also gibt es keine echte Kontrolle.**

Abgehoben II

Der Trick an einer privilegierten Position ist, dass niemand einen Überblick über alle Privilegien haben kann, weil sich der Luxus auf zu viele Bereiche aufteilt. So richtig privilegiert bin ich vermutlich dann, wenn ich selbst gar nicht so genau weiß, was alles möglich ist. Und das ist bei mir der Fall. Leider habe ich am Anfang keinen Kurs besuchen können, der mir alles erklärt. Jedes Mal, wenn ich von Besucher:innen nach meinen Privilegien gefragt werde, vergesse ich welche und jemand aus meinem Team zählt locker noch ein paar weitere auf.

Man bekommt vom System ja nicht einfach nur Geld. Der Wahnsinn ist, dass man auch noch ständig eingeladen wird, Extrakosten erstattet bekommt, Geschenke einstreicht, unverhältnismäßig viele Rentenpunkte sammelt, großzügige «Trinkgelder» erhält, zahlreiche Dienste kostenlos nutzen darf und der Staat einem auch noch Steuerprivilegien gönnt. Es wirkt immer so, dass man als Abgeordneter dafür belohnt wird, dass man belohnt wird, und dass man zur Sicherheit auch dafür noch mal belohnt wird, dass man belohnt wird, weil man belohnt wurde.

Wer behauptet, dass einen das nicht abheben lässt, lügt entweder bewusst oder belügt sich selbst.

Ausschließlich aus Recherchezwecken fliege ich 2023 nochmals Business nach Berlin. Die Bahn, die durch CSU-Politiker kaputtgespart wurde, ist nicht mehr zumutbar!!!!!

Zusammen mit anderen Abgeordneten bin ich vom Tage-geldunterschreiben mit der S-Bahn durch die Fast Lane bei der Sicherheitskontrolle in die Flughafen-Lounge unterwegs. Ungeplant. Wir sind alle so peinlich. In der Brüsseler Lounge gönne ich mir erst mal ein Croissant und einen Orangensaft, schließlich ist es noch früh am Morgen und die Verpflegung für mich völlig kostenfrei. Nachdem ich in den Flieger eingestiegen bin und auf meinem Businessplatz ganz vorne sitze, gibt es, anders als noch 2019, keinen kostenlosen Champagner. Servicewüste Belgien! Nach dem Abheben (Doppeldeutigkeit an dieser Stelle beabsichtigt) bekomme ich ein zweites Frühstück: ein Aufback-brötchen, ein Mini-Croissant, je eine Scheibe Käse und Schinken, dazu eine kleine Butter, Marmelade, Obstsalat und eine Schale kaltes Porridge. Dazu ekelhaften Kaffee. Guten Appetit. Nach den knapp 80 Minuten Flugzeit komme ich in Berlin an und dort den Eintritt in die Businesslounge verweigert. «Wir sind keine Ankunftslounge.» Servicewüste Deutschland!!! Dazu kommt, dass ich noch stocknüchtern bin. Was soll das? Mit dem Flughafenexpress mache ich mich auf den Weg zum Hauptbahnhof, um diesen Zustand in der DB Premium Lounge korrigieren zu können. Nach den Lounge-Kaffees bekam ich Sodbrennen.

Ich nehme meinen äußerst wichtigen Termin in Berlin wahr und fliege zwei Tage später am Abend zurück. Auf dem Rückflug gibt es zum Abendessen im Flieger übrigens kaltes Risotto, Salat, ein bisschen Roastbeef, wieder ein schäbiges Aufbackbrötchen. Das hat nichts mit Stil zu tun. Meine Meinung! Noch mal: Ich mach das für die Leute da draußen! Also weiter in meinem Bericht beziehungsweise das Fazit, damit ihr «Reichen» da draußen es anders machen könnt und ihr «Armen» nicht traurig sein müsst, dass euch dieser vermeintliche Luxus verwehrt bleibt: Die Lufthansa-Lounge ist deutlich besser als die Bahn-Lounge. Das Essen im Flugzeug ist eine Beleidigung. (Ich bin ein kleiner Genießer.) Und Champagner gibt es grundsätzlich nicht mehr.

Hab extra nachgefragt. Privilegiert sein ist nicht mehr das, was es mal war.

Im Nachhinein sehe ich es so: Eine Lounge ist immer besser als keine Lounge. Aber Luxus ist es natürlich erst, wenn richtig gekocht wird (was in der Lufthansa-Lounge der Fall ist) und nicht bloß aufgewärmt. Das schlechteste Rating ist immer 3/5, weil eben besser als nix. Das würde ich der Bahn-Lounge geben. Lufthansa bekommt von mir 5/5, weil man auch Flugzeuge sieht.

Alles ist relativ. Mir ist klar, dass das auch für Privilegien gilt und dass das hier die «Armen»-Version von echten Privilegien ist. Privatjet, Erste-Klasse-Service und so weiter. Mindestens genauso klar ist mir, dass die meisten Menschen solche Lounges nie betreten werden. Die Zweiklassengesellschaft müsste eigentlich 3000-Klassen-Gesellschaft heißen, da es auch bei Reichtum Abstufungen gibt. Wie auch immer man es betrachtet, diese Unterteilungen sind alle Bullshit. Nichts rechtfertigt es, einen Menschen schlechter zu behandeln als einen anderen, und schon gar nicht, weil dieser weniger Geld zur Verfügung hat. Wenn überhaupt müsste es umgekehrt sein. Denen, die wenig haben, müsste mehr geschenkt werden, die anderen haben schließlich das Geld, um es sich selbst zu kaufen. Übrigens ist es so, dass ich, wenn ich Economyclass fliegen will, das extra angeben muss. Bucht das Reisebüro des Europäischen Parlaments eine Reise, sucht es nicht die günstigste und zeitlich sinnvollste Verbindung, sondern bucht, wenn noch vorhanden, Businessclass, Reihe 1, Platz C oder D, damit man am Gang sitzt und das Flugzeug nach der Landung schnellstmöglich wieder verlassen kann. Ja, dann ciao.

TL;DR:
Mein Idealismus ist tot. Kurz lebte mein Idealismus.

Man gewöhnt sich an alles

Es gibt bezüglich dieser Privilegien definitiv einen Gewöhnungseffekt. Könnte man am vorherigen Textabschnitt gemerkt haben. Ich trauere immer noch um den Champagner ...

Ich glaube, ich bin durch meine Zeit im Europäischen Parlament ein schlechterer Mensch geworden. Mein Idealismus ist von Erfahrung zu Erfahrung Stück für Stück abgestorben. So wie Körperteile absterben können, hat sich auch mein Idealismussterben durch den Körper gefressen.

Während ich am Anfang noch darauf aus war, möglichst alle Mittel zu nutzen, und zwar so, dass die Bürger:innen bestenfalls wirklich selbst etwas davon haben, hat sich mein Wertesystem meinen Erfahrungen deutlich angepasst. Vor allem die Kombination aus schlechten Erfahrungen mit der Verwaltung und die Gerüchte über die Erschleichung weiterer Mittel haben mich immer häufiger dazu gebracht zu denken: «Warum soll ich der Dumme sein?»

Natürlich sollte ich Steuermittel sparsam verwenden. Aber auch hier gilt: Warum sollte ich der Einzige sein? Ich bin ja in einem System, in dem jede «Fehlentscheidung» Steuerverschwendung bedeutet. Und es gibt sehr viiiieeele Fehlentscheidungen.

Eine, bei der die Wählenden in Deutschland selbst mitmachen, ist, wenn sie ihre Stimme der CDU/CSU geben. Ich glaube, gerade CDU-Wählenden ist gar nicht klar, *wie* ungerecht die Gesellschaft ist und wie dreist sich Menschen mit Geld und

Macht weiter bereichern. Nehmen wir meinen CSU-Kollegen Manfred Weber als Beispiel. Manfred Weber ist Vorsitzender der Europäischen Volkspartei, also der Oberbabo aller europäischen Parteien, die auf ihrer nationalen Ebene CDU / CSU sein könnten. Die Fraktion der EPP (European People's Party auf Englisch) ist mit 24,96 Prozent die größte im gesamten Parlament. Als deren Chef ist Manfred Weber so gesehen der wichtigste Abgeordnete. 2019 hätte er deshalb durch das Spitzenkandidat:innensystem Präsident der Europäischen Kommission werden müssen. Ist er aber nicht. Weber ist ungefähr so beliebt wie Steine in Kirschen. Deshalb hat der Rat der Europäischen Union sich hinter verschlossenen Türen darauf geeinigt, Ursula von der Leyen diesen Job zu geben, und das, ohne dass sie zuvor offiziell als Kandidatin angetreten war. Jedenfalls hat Herr Weber mutmaßlich sein Gehalt als Parteivorsitzender selbst festgelegt. Und das ist wohl ein Maß an Intransparenz, das sogar in der Europäischen Volkspartei schlecht ankommt. Lustigerweise bekommt er als einziger EU-Abgeordneter auch noch aus EU-Steuermitteln einen Dienstwagen in Bayern finanziert. Selbstbedienungsladen CSU. Inzwischen stimmt er außerdem offen immer mal wieder mit der rechten Fraktion Identität und Demokratie, also auch der AfD, zusammen ab, einfach um seinen konservativen Willen durchzubringen. Seine Kooperationen mit den Rechten haben unter anderem dazu geführt, dass Umweltschutzmaßnahmen aufgeweicht wurden. Wenn sich Manfred Weber, um Entscheidungen fällen zu können, sich also bei der Abstimmung die Mehrheit zu sichern, Stimmen von der AfD holen würde, und man weiß, wie Politik funktioniert, ist es bedenklich, weil klar ist, dass niemand etwas tut, ohne eine Gegenleistung dafür zu erwarten. Mal schauen, was also noch so kommt. Und auch hier ist der Witz, dass alles bekannt ist, und dank Medienberichten regen sich auch kurz mal ein paar Menschen darüber auf, aber dann tritt der Gewöhnungseffekt ein, Schulterzucken, «CDU / CSU» halt, und weiter geht's.

Soweit ich weiß, habe ich keine einzige Regel gebrochen, so ganz sicher kann man sich da nie sein, weil die Regeln des Parlaments so viel Spielraum lassen, dass sich auch Angestellte, die sich hauptberuflich mit ihnen befassen, nicht immer einig sind. Ich habe bei privaten Reisen jedes Mal transparent gemacht, dass es sich um private Reisen handelt, denn ich konnte es selbst lange nicht glauben, dass die Regeln es erlauben, dass die EU mir dafür Reisekosten erstattet. Ich habe es getestet, es hat funktioniert, ich fühlte mich eine Zeit lang schmutzig, und irgendwann war es mir wieder egal, weil mir völlig klar ist, dass andere Abgeordnete das immer so machen und sich so theoretisch gleich ihre ganzen privaten Reisen finanzieren können. Wenn man sich immer mit den Böseren vergleicht, kommt man ganz gut weg. Ich mache es mir einfach und schaue nicht, wer besser, sondern wer schlechter ist als ich. Ich sag ja, ich bin ein schlechterer Mensch geworden. Mir ist sogar aufgefallen, dass ich, seit ich Abgeordneter bin, anteilig weniger spende als früher als selbstständiger Satiriker. Oft betrachte ich die Gelder, die mir das Parlament zahlt, als Schmerzensgeld. Und ich merke, dass soziales – oder hier eben unsoziales – Verhalten einfach ansteckend ist. Je mehr ich sehe, wie andere ihre Privilegien schamlos ausnutzen, desto weniger habe ich Lust, mich selbst vorbildlich zu verhalten. Ich fühle mich eher wie ein naiver Trottel, wenn ich freiwillig mehr verzichte als nötig. Diese Entwicklung meines Gewissens ist natürlich eine Katastrophe. Und noch ein Aspekt kommt hinzu: Ich stehe ja in einem politischen Wettbewerb mit den Leuten, die alles ausnutzen. Je sparsamer ich selbst Steuermittel verwende, desto größer ist mein Nachteil im Vergleich zu denen, die alle Mittel ausschöpfen. Immerhin, dass man das Mandat auch so richtig als Bereicherungsmittel nutzen kann – der Groschen, Achtung, Wortspiel, ist bei mir erst Mitte 2022 gefallen. Somit dürfte ich wenigstens weniger Schaden angerichtet haben als Abgeordnete, die schon seit über 20 Jahren im Parlament sitzen. Grüße gehen noch mal raus an Rainer Wieland.

TL;DR:
Ich habe von deinem Steuergeld ein
Hummerkostüm gekauft, wie scheiße
findest du's?

Transparenz ändert alles

Stell dir vor, alle Ausgaben des Parlaments wären öffentlich einsehbar. Glaubst du, das Budget wäre weiterhin so hoch? Glaubst du, die Spitzenbeamt:innen würden weiterhin 200 000 Euro netto im Jahr verdienen? Glaubst du, Steuerprivilegien wären weiterhin so hoch? Ich glaube es nicht. Ich glaube, der Druck wäre viel größer. Die öffentliche Debatte schärfer. Und zwar völlig zu Recht.

Skepsis gegenüber Mächtigen muss das Grundgefühl in einer Demokratie sein. Das Vertrauen sollen die sich erst verdienen. Und das ist für mich Demokratiearbeit von oben, auch ganz klar in Abgrenzung zu einer Diktatur übrigens: Sich das Vertrauen verdienen. Und wer alles geheim hält, verdient nichts als Misstrauen. Maximale Intransparenz ist das Zeichen von Diktaturen und Willkürherrschaft. Deshalb sollten Demokratien den gegenteiligen Weg der Offenheit gehen. Es gibt nur sehr selten Orte, an denen Intransparenz aus Sicherheitsgründen Sinn ergibt und tatsächlich notwendig ist. Zeug:innenschutzprogramme zum Beispiel.

Leider habe ich in meiner Zeit als Abgeordneter gelernt, dass Transparenz in einem grundsätzlich intransparenten System ein Wettbewerbsnachteil ist. Inzwischen glaube ich nicht mehr, dass man mit eigenen Transparenzmaßnahmen andere unter Druck setzen kann. Ich habe es versucht und mir dabei selbst das Leben schwer gemacht. Wenn ich veröffentliche, wie ich meine

Gelder ausgebe und sogar selbst anprangere, dass ich versehentlich einen Fehler gemacht habe, muss ich diesen korrigieren. Andere, die nichts davon preisgeben, können Fehler machen ohne Ende und bleiben dafür unbestraft, hat ja schließlich niemand mitgekriegt.

Meine Meinung dazu ist mittlerweile: Wer transparent ist in einem System der Intransparenz, bestraft sich selbst. Auf meiner Webseite habe ich angegeben, dass ich für ein Video ein Hummerkostüm gekauft habe. Wer das liest, kann sich entscheiden, ob das eine sinnvolle Ausgabe ist oder ob das einfach scheiße ist, und bei der nächsten Wahl entsprechend kein Kreuz mehr in meiner Nähe setzen. Gut, konkret geht das ohnehin nicht mehr, aber mal angenommen, ich wäre für eine Wiederwahl zu haben, könnte das bei deiner Wahlentscheidung eine Rolle spielen.

Es gibt das Transparenzparadox. Als Abgeordneter, der transparent ist, mache ich mich angreifbar. Und denen, die nichts preisgeben, kann ich keine Fehler nachweisen.

Wenn niemand von meinen Regelverletzungen weiß, kann mich auch niemand bestrafen! Deswegen sind CDU / CSU grundsätzlich gegen Transparenz.

Wenn ich Vertrauen will, bekomme ich das nur durch Transparenz, denn das Verhalten von Akteur:innen ändert sich, wenn sie wissen, dass Transparenz und Kontrolle stattfinden.

Die Konservativen wollen keine Transparenz, die Progressiven wollen volle Transparenz. Man einigt sich auf den Kompromiss: verwirrende Transparenz.

Wir sollten alle Milliardär:innen enteignen!

Gehalten am 21.11.2022 in Straßburg

Hallo!

Die EU hat dieses Jahr Sanktionen gegen russische Oligarchen verhängt –

wann verhängt sie endlich Sanktionen gegen die restlichen?

Wir sollten allen Milliardären weltweit ein Ultimatum setzen: Wenn ihr in einem Jahr die Klimakrise nicht gelöst habt, werdet ihr enteignet! Ihr besitzt alles, was man dafür braucht: die fossilen Unternehmen, Geld, alle Medien, alle sozialen Medien, Millionen Arbeitskräfte und viele Politiker.

Als mildere Variante schlage ich ein TV-Format vor. Das Konzept: Jedes Jahr wird der jeweils reichste Mensch begleitet. Schafft es Elon Musk, mit seinem Vermögen die Klimakrise zu lösen, oder ist er einfach zu böse dafür? Am Schluss der Show wird er dann enteignet. Da hätte man wenigstens als Zuschauer auch was davon.

Wichtig: Wir sollten die Milliardäre nicht so im Stich lassen, wie sie uns im Stich lassen. Ich finde, man sollte ihre Geldabhängigkeit genauso behandeln wie andere Süchte auch. Ich denke z. B. an Fixerstuben, in denen ihnen als Ersatzstoff Spielgeld ausgezahlt wird.

Danke!

Deutlicher kann ich es nicht sagen. Es sind Milliardär:innen, die etwas ändern können, nicht wir. Ich möchte hier auf den Unterschied zwischen besitzenden Menschen und arbeitenden Menschen hinweisen. Das ist der eigentliche Machtunterschied. Die Leute, die arbeiten lassen, und die, die arbeiten müssen. Ich finde, gewählte Abgeordnete auf EU-Ebene sind sozusagen ein Vorgeschmack der besitzenden Klasse, weil sie ein bedingungsloses Grundeinkommen haben, und besonders diejenigen, die im Endstadium Politiker:in sind, verwechseln das Amt oft mit sich selbst. Sie glauben, sie seien diese mächtigen Menschen. Milliardär:innen oder besitzende Menschen sind oft diejenigen, die die Demokratie aushebeln, indem sie Leute kaufen. Je länger man Politiker:in ist, desto mehr wird man im Wesen auch zu einem besitzenden Menschen – weil man so viel Macht hat. Weil man so viel Geld hat und dementsprechend gar nicht mehr das Prinzip versteht, dass man etwas tun muss, um Geld zu bekommen – das, was eigentlich die Grundregel für alle ist. Für die unteren 95 Prozent der Gesellschaft. Solche Regeln werden dadurch, dass man oben ist und auch nur noch mit Oben umgeben ist, ausgehebelt.

Ich spreche mit einer anderen Abgeordneten, die schon in der dritten Legislatur dabei ist. Sie selbst sagt: «So viel verdiene ich ja gar nicht.» Wie kann sie das glauben, wenn sie schon seit mehr als ein Jahrzehnt die entsprechenden Gelder zur Verfügung hat? Ich glaube, einige verstehen die Grundprinzipien irgendwann nicht mehr. Ein anderer Abgeordneter meint in Bezug auf die allgemeine Kostenvergütung, man müsse da nur mit «einem gesunden Menschenverstand» an die Sache rangehen. Damit meint er, dass er es für unnötig hält, dass Abgeordnete bei dieser Ausgabe kontrolliert werden. Er möchte, dass Abgeordneten vertraut wird, weil er der Meinung ist, dass er selbst davon profitiert und nicht selbst kontrolliert werden möchte. Je länger man in dieser Machtposition ist, desto weniger will man sie aufgeben. Ich glaube, es findet eine so fundamentale Verformung des Gehirns statt, dass man gar nicht mehr für die Menschen entscheiden kann, von denen man reingewählt wurde. Ein Ansatz wäre es, dass kein Mensch mehr als zwei Legislaturperioden als Abgeordneter im Amt sein darf und vielleicht nach dieser Zeit sogar nicht mal mehr als Politiker:in tätig sein sollte. Einer der Vizepräsident:innen widerspricht mir. Er meint, dass man das nicht beschränken könne, weil es nicht so viele gute Politiker:innen gäbe. Hä? Welche Messwerte gibt es, um nach gute:r Abgeordnete:r, schlechte:r Abgeordnete:r zu kategorisieren? Ich denke, diese Position entwickelt man eben auch nur, wenn man Vizepräsident des Parlaments war oder ist. Das System formt die Menschen, nicht die Menschen formen das System. Das ist ein krasses Learning für mich.

Niemand entwickelt eine kritische Distanz; fünf Jahre reichen locker, um zu sagen: «Ja, das habe ich verdient. Es ist alles total angemessen.» Und das stimmt einfach nicht.

Dass es Milliardär:innen gibt, finde ich einfach unverschämt. Sie können das demokratische Prinzip aushebeln. Elon Musk kann Olaf Scholz anrufen – das kann ich als normaler Bürger nicht. Elon Musk ist nicht mal deutscher Staatsbürger. Er hat auch das Recht, einfach eine Fabrik zu bauen, wozu Klaus vom Dorf nie und nimmer die Möglichkeit hätte, selbst mit der Mehrheit des Gemeinderats. Klaus fehlt das Netzwerk, das Geld und die Reputation, um zu erreichen, dass in irgendeiner Behörde ein Auge zugedrückt wird, damit sein Anliegen umgesetzt wird. Deswegen ist es falsch, dass es Milliardär:innen überhaupt gibt. Es sorgt bei mir für großes Unverständnis, wenn dann die Gegenseite argumentiert: «Ja, aber das ist ja kein flüssiges Vermögen. Das ist ja im Unternehmen drin. Das sind nur Unternehmenswerte.» Ich finde es nicht legitim, dass in Unternehmen eine einzelne Person eine so große Entscheidungsgewalt hat. Ich bin grundsätzlich für Demokratie, und das bedeutet, dass es nicht ohne Kontrolle, Machtbeschränkung und Machtteilung geht. Die absolute Höchstgrenze an Privatvermögen sollten 100 Millionen Euro sein. Darüber hinaus muss man alles verschenken und bekommt dann halt eine Parkbank mit seinem Namen drauf. Jemand, der mehr als 100 Millionen Euro besitzt, sollte alles abgeben müssen. Meinetwegen gibt es dann Luxus-Hartz-400. Dann hat die Person den Kapitalismus durchgespielt und gewonnen.

Auf den unterschiedlichen Plattformen ist meine Rede zur «Milliardär:innen retten die Welt»-Show völlig zu Recht (!) eine der meistgesehenen Reden im Europaparlament in den letzten Jahren. Muss man sich mal überlegen: Als ich die Rede im Plenarsaal halte, sind wir keine 50 Leute im Raum, und allein auf einer Plattform im Internet haben es 1,4 Millionen Leute gesehen. Social Media bleibt für mich immer noch faszinierend. Wie kann das sein?

Wie habe ich als Mächtige:r meine Ruhe?
- Unter Ausschluss der Öffentlichkeit tagen
- Wenige Menschen einbeziehen
- Langweilen
- Es zu kompliziert machen
- Netzwerk pflegen !!!

TL;DR:
Wenn dich keiner feiert, musst du das selbst machen.

Loser-Oscars

Im Juni 2023 nehme ich mir vor, mal wieder unter Leute zu gehen. Ziel sind die MEP Awards, die von einem Magazin herausgegeben werden, das «The Parliament» heißt, aber nicht vom Parlament rausgegeben wird, sondern von Dods, einem britischen Unternehmen. Kann man sich nicht ausdenken. Es klingt offiziell, ist es aber nicht. Und so wirken auch die MEP Awards zumindest in der Ankündigung größer, als sie sind. Jedes Jahr verleiht das Magazin Preise in verschiedenen Kategorien wie «Health & Wellbeing», «Promoting European Values» oder «Defence, Security and Space». Keine Ahnung, welches Bullshit-Bingo die Redaktion dafür genutzt hat, letztlich sind es nur hohle, aneinandergereihte Wörter, die wichtig klingen sollen, aber es funktioniert. Der Mangel an Aufmerksamkeit und Anerkennung ist so hoch, dass die Abgeordneten sich auch noch selbst einen Preis geben. Wie peinlich und affektiert kann man sein?

Es ist ein Preis von der EU-Blase an die EU-Blase. Abgeordnete können sich gegenseitig nominieren. Korrektur: Es sind 16 Preise, damit mehr Leute etwas davon haben. Selbstbefriedigung auf europäischer Ebene.

«Every year, The Parliament, the leading publication for the EU's Institutions, recognises and celebrates the hard work and accomplishments of MEPs and presents awards to honour their outstanding achivements.» (www.mepawards.eu)

Abgeordnete bekommen Preise, damit sie ihren Job machen. Wem geht es nicht so? Gesponsert werden die Preise unter anderem von einem US-amerikanischen Cola-Hersteller. Eine sechsköpfige Jury bestimmt die Gewinner:innen. Auch sie stammen aus der EU-Blase, sind zum Beispiel Präsidentin des Europäischen Jugendforums oder Generalsekretär der Internationalen Europäischen Bewegung. Mir sagt das alles übrigens nichts. Wieso dürfen sechs ausgewählte Personen über die Preisvergabe bestimmen, und wer hat wiederum diese sechs Personen ausgewählt? Braucht es deshalb eine Jury, weil sonst niemand an den Abstimmungen teilnehmen würde? Sollte man es dann nicht einfach lassen?

Es gibt Parteien (konkret meine ich ALDE = Allianz Liberaler und Demokraten für Europa, sie gehören zur Renew-Fraktion, zu der auch die deutsche FDP gehört), die in Pressemitteilungen stolz erklären, welche und wie viele ihrer Abgeordneten bei den MEP Awards nominiert wurden. Was ist eigentlich das Problem? Was wollen die denn noch? Sie bekommen doch ohnehin schon Geld ohne Ende. Reicht ihnen das nicht?

Die Antwort ist nein, denn was das Europäische Parlament betrifft, kann ich einfach zusammenfassen: Es ist alles so lieblos. Für die menschlichen Bedürfnisse hat es nicht viel zu bieten. Status ja, aber echte Zuneigung und Anerkennung sind Mangelware. Anders ist es kaum zu erklären, dass Abgeordnete auf so eine peinliche Veranstaltung gehen.

Diese Welt ist verwirrend. In der deutschen Hauptstadt Berlin gibt es ebenfalls Medien, die von Politiker:innen und Beamt:innen gelesen werden. Der Unterschied: Die lesen auch Teile der Bevölkerung. «The Parliament» ist in meinen Augen eine reine EU-Blasen-Zeitschrift, die insbesondere uns Abgeordneten unaufgefordert ins Postfach gelegt wird und um deren fachgerechte Entsorgung sich dann mein Team kümmern muss. Wie viele Ressourcen eingespart werden könnten, wenn wir doch nur weniger Lobbypost und Bubble-Nachrichten bekämen.

Gerade bei den MEP Awards frage ich mich, wie man eigentlich als Abgeordnete:r die fünf Jahre füllt, wenn man eh nix zu melden hat. Das ist ja auch eine Herausforderung. Manche nutzen die Gelegenheit und drehen sich einfach um sich selbst. Vielleicht gibt es deshalb bei der Verleihung 2024 auch einen Award für «MEP of the Mandate».

Für die Verleihung 2023 habe ich mich zwar angemeldet, kann mich aber nicht überwinden, hinzugehen. Ich will es nur für die Berichterstattung machen, aber die Vorstellung, über mehrere Stunden mit Abgeordneten, Vertreter:innen der Wirtschaft und anderen unangenehmen Menschen in einem Raum zu sein und so zu tun, als ob es etwas zu feiern gäbe, löst in mir nichts anderes als Ablehnung aus. Ich gehe nicht hin.

TL;DR:
Ich bin falsch abgebogen und erkläre,
woran ich das erkenne.

Na ja, passiert

Kennst du das, wenn ein Komiker sagt: «Kennst du das?», und du kennst es nicht? Kennst du das, du triffst ein paar falsche Entscheidungen und bist plötzlich für fünf Jahre Abgeordneter im Europäischen Parlament? Das kennen eher wenige. Ziemlich kleine Zielgruppe. Kennst du das, du hast nach der Schule keinen Plan und wirst Komiker?

Auch nicht?

Okay, ganz so einfach war es auch nicht. Es gab in meinem Leben ein paar Schlüsselmomente, die mir diesen Weg bereitet haben:

- Ich habe als Schüler mit einer Klassenkameradin beim Fahren über die Autobahn durch den Hamburger Hafen gewettet, dass ich es mal schaffe, auf eine Containerbrücke drauf zu kommen. Das war so eine Art kleiner Traum von mir. Sie meinte, das wäre unmöglich. Ein paar Wochen später war ich dann als Schülerzeitungsredakteur genau da, weil ich einfach bei der Presseabteilung der Hamburger Hafen und Logistik AG angerufen habe. Wir haben ein Gespräch mit dem Pressesprecher bekommen, wurden mit der Limousine in den Hafen und zurückgefahren. Wir durften oben mit auf die Brücke, als die Container entladen wurden, und ich habe einen Artikel darüber geschrieben. So aus der Reihe: «Wenn du wirklich willst, kannst du es schaffen.» Ein paar Male habe ich selbst dran geglaubt ;-)

- Nach der Schule und meinem extrem guten Abischnitt von 3,4 habe ich mir den Studienplatz genommen. Ich habe es einfach gemacht und auch hier wieder erfahren, dass niemand kommt und einem seine Wünsche erfüllt. Was man haben will, muss man sich nehmen. Selbstverständlich immer mit Consent! Ich beziehe diesen Spruch auf Lebensziele und nicht auf einzelne Situationen.
- Bei meinem Praktikum bei Extra 3 sagte mir ein Mitarbeiter: Man muss so lange an Türen rütteln, bis mal jemand eine Tür nicht mehr zuhält. Das lasse ich mir nicht zweimal sagen und setze das Gelernte sofort um. Ich zeige einfach jedem:r Redakteur:in meine Slam-Texte auf YouTube. Der Zufall ist auf meiner Seite, denn die Redaktion plant gerade eine neue Sendung. Den «NDR Comedy Contest». Ich werde gefragt, ob ich mich um einen Springer-Platz bewerben will. Auf Myspace findet eine Abstimmung darüber statt, wer den freien Platz bekommt. Einen Journalisten mit Reichweite, den ich zufällig ein paar Wochen zuvor bei einer Podiumsdiskussion kennengelernt habe, bitte ich darum, für mich Werbung zu machen. Er tut es. Ein absoluter Gamechanger. Ich komme in die Show. Es ist, so ungern ich es zugebe, einfacher, im Leben weiterzukommen, wenn man die Unterstützung anderer Menschen hat.
- Ich nehme an einem Poetry-Slam in der Schweiz teil. Eine Schweizer Freundin zeigt auf einen Mann im Publikum: «Das ist unser Harald Schmidt der Schweiz.» Ich gewinne den Slam. Ja, okay, dann geh ich einfach mal hin. Er heißt Viktor Giacobbo und sagt: Ja, warum eigentlich nicht? Er gibt mir seine E-Mail-Adresse. Kurz darauf habe ich meinen ersten TV-Auftritt in der reichweitenstärksten Comedy-Sendung in der Schweiz.

All diese Selbstwirksamkeitserlebnisse haben mich größenwahnsinnig werden lassen. Der Witz daran: Für mich hat es so funktioniert. Ich arbeitete mich nach oben. Viele denken, beim Fernsehen gäbe es viel Geld. Das ist zumindest für mich als Auftrittsgast nicht so. Keine Ahnung, ob sich das anders verhält, wenn man Moderator oder Gastgeber der Sendung ist. Das Geld liegt in großen Zuschauermengen. Wer statt 100 Zuschauern 1000 Zuschauer hat, verdient gleich zehnmal so viel. Zwischen 50 und 70 Prozent, je größer, desto kleiner ist der Anteil. Ich konnte davon gut leben und kann sagen, mein Job vor dem Parlament war geil: Ich bekam Applaus, wenn ich zur Arbeit kam! Ich durfte machen, was ich wollte, ich konnte selbst bestimmen, ich war nicht in ein alles beherrschendes System eingebunden, ich musste nicht eng mit anderen Menschen zusammenarbeiten, ich durfte kreativ sein, ich habe meine Meinung gesagt. Kurzum: Ich war so frei, wie man es als Selbstständiger mit Gewinnmaximierungsdruck eben sein konnte. Und dann habe ich meine Luxusposition aufgegeben für ein Politikerdasein.

Als Satiriker bin ich es gewohnt, schwarz-weiß aufzuzeigen. Wenn ich vorher gelernt habe, dass ich etwas bewirken kann, dann habe ich jetzt gelernt, dass ich absolut gar nichts bewirken kann. Die Wahrheit muss irgendwo dazwischen liegen.

Die Wahl war vielleicht der einzige Selbstwirksamkeitsmoment meiner «Politik»-Karriere.

Vor meiner Zeit als Abgeordneter war ich:

- alleine
- mein eigener Chef
- frei
- kreativ

Als Abgeordneter bin ich:

- im Team
- Chef von anderen
- Teil einer Verwaltung
- gefangen in Schema F

Ich kann mich im EU-Parlament nicht auf meinen Instinkt verlassen. Ich sehe mein Gegenüber, die:den anderen nicht. Bei meinem Bühnen-Publikum weiß ich, wer da ist. In diesem Parlament nicht. Auf der Bühne und bei meinen Besucher:innengruppen fühle ich mich, anders als von der Verwaltung, willkommen. Es ist so schön, willkommen zu sein. Ich habe die Vorteile des Akteur-Seins überschätzt und die Nachteile unterschätzt. Ich bin jetzt Beteiligter, nicht mehr Beobachter. Ich bin ein Teil des Ganzen. Das ist schlimm für mich, weil ich mich nicht mehr frei bewegen kann. Ich muss mich anpassen, weil ich außerhalb des Prozesses gar nichts bewegen kann. Ich kann aber nicht Mehrheiten ändern, die andere festgelegt haben.

Im Europäischen Parlament musste ich wieder bei null anfangen.

Der Kontrast ist groß. Wie groß, bemerke ich, als ich mir zum Ende meiner Amtszeit von meinem Booker einen Herzensort zum Auftreten wünsche: Das Deutsche Schauspielhaus mit 1200 Zuschauer:innen. Zwei Tage später bekomme ich einen Termin. Im Parlament brauche ich hingegen acht Wochen Vorlauf, und dann bekomme ich mit Glück einen stinkenden Raum für 50 Leute, vielleicht bekomme ich aber auch keine Antwort, oder wir müssen mit der Gruppe auf den Gang. Außerdem muss ich mir die Redezeit oft mit jemandem vom Besuchsdienst teilen. Und der ist nicht mal halb so lustig wie ich (was schon eine Leistung ist). Eher peinlich und cringe.

Für mich ist das strukturell geformte Machtlosigkeit oder Ohnmacht.

Ich sehe ein, dass Regeln von Mehrheiten bestimmt werden, aber ich sehe nicht ein, dass das freie Mandat bei kreativer Arbeit hier so eng definiert wird, bei Schmiergeldzahlungen aber offen.

Es ist eine erschütternde Erfahrung, die ich immer wieder gemacht habe: Huch, das fühlt sich in der Realität ja viel schlimmer an, als ich dachte.

TL;DR:
Mir fehlt das Zeug zum Politikerdasein.

Irgendeine:r muss dran glauben

Jede:r EU-Abgeordnete steht vor derselben Frage wie ich:

Wie setze ich meine Machtlosigkeit so effizient ein wie möglich?

Ein wichtiger Baustein für Machtgewinn ist Schauspielerei. Für viele Abgeordnete geht es, glaube ich, in erster Linie darum, zu verschleiern, wie machtlos sie in Wirklichkeit sind. Nur durch diese «Notlüge» kann man überhaupt mehr Einfluss bekommen: Fake it till you make it! Macht funktioniert vor allem dadurch, dass andere einen für mächtig halten. Und irgendwann glauben sie es dann selbst auch.

Man muss es sich einfach nehmen. Dreist sein. Die Ellenbogen ausfahren.

Alles, was ich für den «Weg zur Macht» brauche, sind ein paar Eigenschaften, die ich nicht habe: Schmerzresistent sein. Sich selbst was vormachen. Taub sein.

Wobei das mit der Taubheit nicht pauschal stimmt.

Als ich einem anderen Abgeordneten von meiner Depression erzähle, antwortet er: «Ich weine viel, ich bete viel.» Das ist wohl die Antwort. Er ist gläubig. Damit kann er auf etwas zurückgreifen, das ich nicht so einfach künstlich erzeugen kann: Hoffnung.

Er zitiert den Klimaforscher Rahmstorf, dass es für das Leben auf der Erde auf jedes 0,1 Grad ankommt. Ich merke mal wieder, dass ich zu radikal bin für Politik. Wenn am Ende Scheiße rauskommt, ist mir der Braunton egal. Kompromissliebhaber freuen sich, wenn sie den Geruch / die Zusammensetzung der Scheiße etwas abgemildert haben. Aber ich bin hier am falschen Ort. Klar, bessere Scheiße ist bessere Scheiße, aber mein Punkt ist: Scheiße bleibt nun mal trotzdem Scheiße. Einmal ruft mich besagter Kollege auf dem Handy an, ich gehe nicht dran, denn ich habe zu viel Champagner getrunken, um meine Hoffnungslosigkeit zu ertränken.

Ich bin zu anspruchsvoll und zu wenig kompromissbereit für diesen Ort. Also weiter: Was brauche ich, um hier Erfolge erzielen zu können? Ich muss religiös sein, mich selbst grundsätzlich überschätzen, mich großartig finden. Glauben, dass die anderen einen schon hören werden, wollen, müssen. Über Enttäuschungen hinweggehen. Hart sein. Weitermachen. «Ich bin der Größte» denken und: «Ich regle das jetzt. Auf mich hat die Welt gewartet!»

Es geht nur über Verdrängung oder über Härte. Unnachgiebigkeit. Aggression. Soldatentum. Zähne zusammenbeißen. Na toll, darauf habe ich ja so gar keinen Bock.

Rein rational gesehen verstehe ich, dass meine Haltung nicht richtig ist. Schon gar nicht im Parlamentarismus. Ich weiß, dass ich falschliege. Hoffnung ist hier nicht nur ein Gefühl, sondern ein Werkzeug, das man unbedingt braucht. Und hey, niemand braucht ein Buch über Hoffnungslosigkeit, niemand einen Politiker, der nicht daran glaubt, dass es sinnvoll ist, was er da macht und dass er dort ist. Wie absurd bin ich? Wie absurd ist der Ort, an dem ich bin?

Meine Gefühle sind im Angesicht der globalen Krisen aus Kriegen, Klimawandel und der systematisch gewollten Ohnmacht des Europaparlaments total berechtigt, aber als Parlamentarier muss ich irgendwie funktionieren, das ist geradezu meine Aufgabe.

Aber wie bekomme ich Zugang zur Wut, die ich brauche, um mich aus meiner Resignation herauszukatapultieren und endlich aktiv zu werden? Wie bekomme ich ein Wirksamkeitserlebnis, das ich so dringend brauche? Und das immer und immer wieder?

Ich verachte und bewundere diese Wesen um mich herum gleichzeitig. Politiker:innen: Das sind Leute, die Fotos machen von sich an Parteiständen, um die genau null Passant:innen verteilt sind, die das dann auch noch im Internet posten, um damit anzugeben, dass sie einen Stand aufgebaut haben. Und die dann sagen: Hä, wieso, ist doch alles gut? ICH REISSE DOCH RICHTIG WAS.

Die in ihrem Narzissmus und Bedeutsamseinwollen so viel rausziehen, dass sie den Rest gar nicht sehen (müssen).

Ich will das auch haben. Die merken vor lauter Ignoranz nicht einmal, wie egal sie sind, wie vergeblich ihre Situation, weil ihr Narzissmus, ihre Eitelkeit, ihre persönliche Not so groß ist, dass sie sich selbst betrügen. Leute, euer Video wurde von 20 Leuten gesehen, nicht gelikt. Gesehen! Wie könnt ihr da einfach weitermachen und sagen, ich bewege hier richtig was, ich verändere die Welt? Wow.

Ich sehe zu wenige positive Beispiele, und die sind wichtig, um Mut zu machen. Ein ständiger Rechercheauftrag an mein Team ist: Kannst du verifizieren, dass diese Person wirklich so mächtig ist, wie das Zeitungsporträt suggeriert? Dann die Antwort: Nein, das ist eine leere Behauptung, es gibt keine Indizien, die das verifizieren. Der:Die Journalist:in hatte einfach selbst keine Ahnung und hat dem Abgeordnetenbüro als einziger Quelle geglaubt.

In echt haben die nationalen Regierungen das Sagen.

Und trotzdem: Wer es nicht versucht, kann noch nicht mal scheitern. Ich habe ein Glaubensproblem. Die Botschaft hör ich wohl, allein mir fehlt der Glaube! Man braucht Hoffnung, das ist das Wichtigste. Es muss sinnvoll sein. Es darf sich nicht alles vergebens anfühlen. Ich arbeite die ganze Zeit daran, das nicht alles vergebens zu finden. Man muss glücklich sein mit seiner Pseudobedeutung. Ich bin es nicht. Ich empfinde Scham.

Immer schwanke ich zwischen einem gefühlten Hoffnungsgrad zwischen 0 und 20 Prozent.

Oftmals fühle ich mich wirklich so wie auf der Titanic.

Öffentlichkeit muss ein Werkzeug sein, um etwas im Prozess zu ändern. Wenn das aber auf den Prozess gar keine Auswirkung hat, wozu dann Öffentlichkeit schaffen? Und genau hier kommt der Glaube ins Spiel. Man muss irgendwie davon überzeugt sein, dass das was bringt.

Wenn man keine Ziele erreichen kann, muss wenigstens der Prozess Spaß machen. Und wenn der Prozess keinen Spaß macht, dann muss wenigstens das Geld stimmen. Und deshalb haben viele Politiker:innen Nebentätigkeiten. Ich schweife ab.

Ich brauche ein anderes Anspruchsmanagement.

Sind meine Ansprüche wirklich so hoch? Definitiv. Ich weiß, ich wiederhole mich, aber ich will einen Planeten, der für alle Menschen und sogar für alle anderen Lebewesen bewohnbar bleibt. Ich will, dass alle Menschen die Chance auf ein gutes Leben bekommen. Dementsprechend will ich auch, dass es keine Milliardär:innen gibt. Alles definitiv ein viel zu hoher Anspruch. Ich bin quasi linksradikal.

Ich sollte das große Ganze ignorieren und mich einfach auf ein Mini-Ziel konzentrieren, weil ich es sonst nicht aushalte. Und weil ich sonst auch nichts erreichen kann. Mir fällt das wahnsinnig schwer. Never underestimate the power of denial. Haben meine Fraktionskolleg:innen dieses Mantra? Ich fürchte, die Grünen glauben an den Kapitalismus, an den Parlamentarismus, sie sind Institutionalist:innen. Sie glauben, dass man aus den Organisationen heraus Dinge ändern kann. Ich kann zu Ideen und einzelnen Menschen loyal sein, aber nicht zu Organisationen oder Systemen, wenn diese offenkundig Scheiße fabrizieren. Ich bin nicht aus Prinzip Fan. Vielleicht ist das die größte Diskrepanz zwischen mir und der Fraktion.

Als Mensch brauche ich Systeme, die zu Veränderung fähig sind und sich selbst korrigieren können. Wir müssen als Gruppe in der Lage sein, Fehler anzuerkennen und zu korrigieren. Wenn wir das nicht können, sind wir komplett am Arsch. Oder nicht?

Ich bin zwar kreativ, aber mir auszumalen, wie das alles noch rumgerissen wird, dafür fehlt mir dann doch die Fantasie. Wie sich der Horror weiterentwickelt, das kann ich mir hingegen leider gut vorstellen, denn dafür müsste einfach nur das fortgesetzt werden, was ohnehin schon passiert.

Ich verstehe nicht, woher die erfolgreichen Menschen oder die anderen Abgeordneten die Motivation nehmen. Und: Wozu? Ich habe nix, wofür ich kämpfen will. Ich mag Menschen nicht genug.

Es ist so unendlich frustrierend, immer auf der Verliererseite zu sein. Man muss sich an den Mini-Siegen festhalten. Irgendwie gläubig sein. Oder eben so tun, als sei man bedeutend. Ich müsste mich selbst geiler finden, um im Parlamentarismus erfolgreich sein zu können. Mein Sendungsbewusstsein ist viel zu gering. Ich habe mich im Laufe der vergangenen Jahre vor vielen

Interviewanfragen weggeduckt, Einladungen zu reichweitenstarken Shows an mir vorbeiziehen lassen, mich vor der Öffentlichkeit versteckt. Wenn ich könnte, würde ich mir noch eine zweite Kapuze aufsetzen und sie mir von vorne übers Gesicht ziehen. Du musst dich von allem innerlich abkapseln, schon aus gesundheitlichen Gründen. Du musst also akzeptieren, dass du nix ändern kannst, weil du sonst kaputtgehst. Du kannst dich nicht an allem aufreiben. Diesen schmalen Grat finden, an dem es dir so egal ist, dass du nicht verzweifelst, wenn du das Ziel nicht erreichst, und es dir immer noch so wichtig ist, dass du weiter dafür kämpfst. Ich weiß nicht, wie das möglich sein soll.

Ich habe nicht das Psychogramm, das man braucht in meiner Position.

Ich will was ändern. Worum muss ich mich als Abgeordnete:r bemühen?

1. Um meine eigene Karriere/Position
2. Um meine Partei/Fraktion/Netzwerk
3. Um andere

TL;DR:
Es ist Zeit aufzuhören.

Politiker:in im Endstadium

Bei manchen meiner Mitabgeordneten ist das Haltbarkeitsdatum weit überschritten.

Ich bin sicher, es gibt Abgeordnete *hust – Markus Ferber – hust*, die ohne ihre Assistent:innen den Weg zum Flughafen wahrscheinlich gar nicht mehr schaffen würden. Ich kenne Markus Ferber nicht persönlich, aber ich weiß nicht, ob das EU-Abgeordnetendasein nicht ein bisschen viel für ihn ist und er den Absprung in die Rente verpasst hat. Silvio Berlusconi ist während seiner Amtszeit verstorben. Durch Anwesenheit hat er zu seinen Lebzeiten im Europäischen Parlament nicht geglänzt. Es ist gut möglich, dass er das Amt einfach als weiteres bedingungsloses Grundeinkommen genutzt hat.

Nichts gegen Politiker:innen im Seniorenalter, die total viel geleistet haben, aber es ist auch ein Zeugnis fehlender demokratischer Kontrolle, wenn ein paar Dutzend Leute rumlaufen, die über die Leben von Millionen Menschen mitentscheiden dürfen und bei denen zweifelhaft ist, ob sie den Weg zur Toilette noch alleine finden. Menschen, die die Zukunft, über die sie bestimmen, nicht mehr selbst erleben werden. Es gibt eine hohe Anzahl von Abgeordneten im Europäischen Parlament, bei denen ich die Diagnose «Politiker:in im Endstadium» stellen würde. Man erkennt sie an Symptomen wie stark eingeschränkter Bewegungsfreiheit (sie können kaum noch laufen), sind unglaublich fett (sorry, kann ich nicht anders sagen) und sitzen irgendwo schwer atmend rum. Irgendwie nicht mehr unter den Lebenden, aber auch noch nicht richtig unter den Toten. Ein übergroßer, schwerer Schatten ihrer selbst. Sie verwechseln ihre Funktion mit sich selbst. Sie wissen nicht mehr, dass sie ihre Rolle nur geliehen bekommen haben. Sie glauben, die Privilegien, die sie wegen ihres Amtes haben, stehen ihnen zu. Wer mächtig ist, verhält sich anders. Man glaubt, man würde die Macht verdienen. Der Respekt kommt abhanden. Demut sowieso.

Man müsste Politiker:innen anders behandeln. Eventuell müssten sie sozusagen im Wortsinne ge-demütigt werden. Ich muss zugeben, auch mich verändert das Amt. Falls es Abgeordnete gibt, die das leugnen, lügen sie sich selbst und anderen in die Tasche. Ich habe Politiker im Anfangsstadium. Vielleicht kann ich mich noch heilen? Wie? Am besten, indem man mich hier rausholt. Die meisten Menschen, die Abgeordnete im Europäischen Parlament werden, werden entweder Alkoholiker:in oder fett. Wenigstens bin ich nicht Alkoholiker geworden.

Es ist ein ständiges Einerseits-andererseits. Einerseits hätte ich auch zurücktreten können, aber dann wäre ich wieder vor einem Konflikt weggerannt oder könnte auch nicht von meinen Erfahrungen berichten. Andererseits wäre es mir dann vielleicht schnell besser gegangen und ich müsste mich nach dem Amt nicht wieder daran gewöhnen, mich zu fragen, wie die nächsten Jahre aussehen. Im Vergleich mit den anderen EU-Abgeordneten fühle ich mich wie ein Fremdkörper. Andere definieren sich über ihren Status, ihre Privilegien, ihr Amt. Ich hingegen laufe manchmal gedankenlos in den Plenarsaal zu den Abstimmungen und denke dann: «Ach ja, bin ja Europaabgeordneter.»

Meine schönste Zeit in diesen fünf Jahren habe ich immer dann, wenn ich ganz weit weg von irgendwelchen Sitzungsräumen bin. Zu Besuch in irgendwelchen Schulklassen. Bei Diskussionen mit Wähler:innen. Eben in den Momenten, in denen ich «meine Geschichte» erzähle und dadurch Aspekte einbringe, die sonst seltener besprochen werden. Nämlich, wie absurd alles ist.

Irgendwie bin ich in einer Extended Version einer schlechten Verfilmung von «Des Kaisers neue Kleider» gefangen. Viel, worüber debattiert wird und was im Parlament als wichtig angesehen wird, existiert gar nicht. Insbesondere Außenwirkung. Wer kann mir jetzt, ohne nachzugucken, fünf EU-Politiker:innen aufzählen, die nicht in meinem Text genannt wurden? Wenn Medien berichten: «Brüssel hat entschieden», ist damit selten das Europäische Parlament gemeint und noch seltener einzelne europäische Abgeordnete. Ständig gibt es irgendwelche Diskussionen oder Veranstaltungen, organisiert von MEPs, bei denen sie mit anderen Politiker:innen sprechen oder irgendwelchen von der Wirtschaft bezahlten Expert:innen. Welcher «normale» Mensch will da hin? Wo ist der Entertainmentfaktor? Genauso gut könnte sich jede:r Einzelne von ihnen vor den Spiegel stellen und sich selbst in den Schlaf reden. Die Gesetzgebungsprozesse sind so kompliziert, dass man sie nicht in wenigen Sätzen erklären kann. Noch dazu ist es ultralangweilig. Wie also sollen Personen, die nicht direkt mit der EU-Blase zu tun haben, für deren Themen begeistert werden? Richtig, gar nicht. Darum geht es auch nicht. Worum es geht, ist Macht. Um Abgeordnete:r zu werden, muss man eine Ochsentour hinter sich bringen. Am besten schon in jungem Alter einer Partei beitreten und sich dann hocharbeiten. Vom Jugendverband in den Kreisverband in was weiß ich welchen Verband, bis einen auf nationaler Ebene genug Menschen kennen, die bereit sind, einen zu unterstützen. Dabei muss man sich die ganze Zeit auf Deals einlassen. Und man kann sich nicht darauf verlassen, dass andere die Wahrheit sagen. So kann es sein, dass bei den Wahlen für Listenplätze Partei-Kolleg:innen andere via SMS während der Wahl belästigen und Empfehlungen abgeben, wer gewählt werden soll. Es wird versprochen: Wenn du jetzt Kandidat:in XY unterstützt, bekommst du unsere Stimmen beim nächsten Platz. Und, zack, hat man am Ende keinen Platz, weil man schlicht angelogen wurde. Es gibt Politiker:innen, die sich, selbst nachdem sie ihr Amt niedergelegt haben, weiterhin aktiv ins Geschehen einmischen und innerhalb ihrer Partei für Menschen und Themen lobbyieren. Warum gilt hier eigentlich das gemeinsame unausgesprochene Übereinkommen, dass alt = gut ist, weil alt mit Erfahrung gleichgesetzt wird? Wer schon lange dabei ist, muss ja was richtig gemacht haben? Ja, vielleicht hat Politiker:in X einfach lange genug die richtigen Kontakte gepflegt, ist die für sich richtigen Deals eingegangen. Das bedeutet aber nicht, dass diese Person automatisch ein:e gute Politiker:in ist – sondern nur, dass die Person durch eine Verkettung von Umständen lange dabei ist. Das will ich nicht. Das kann ich auch gar nicht. Auch das ist ein Grund, warum meine Karriere als Politiker nach dem 16. Juli 2024 (offizielles Ende der Legislatur) endet. Das bedeutet nicht, dass ich nicht mehr politisch sein werde. Es bedeutet, dass ich wieder näher an dem Teil der Bevölkerung bin, dem ich mich zugehörig fühle. An Menschen, die nicht an Politiker:in im Endstadium leiden.

TL;DR:

Ich erkläre, warum ich auf gar keinen Fall
noch mal antrete.

Nie wieder!

In einer kleinen Runde von Abgeordneten erkläre ich 1,5 Jahre
vor der nächsten Europawahl, dass ich nicht noch mal antreten
werde. Eine Abgeordnete meint: «Das muss schön sein. Wenn
ich hier nicht mehr antrete, dann kann ich hier auch mal all die
Sachen machen, auf die ich schon immer Lust hatte.»

Es ist so skurril, wie sehr wir hier alle unter Druck stehen,
obwohl wir keine klassischen, direkten Vorgesetzten haben. Die
Fraktion bestimmt, und alle beobachten einen. Zumindest hat
man das Gefühl.

Ist Politik nur ein selbst gebautes Gefängnis? Ich glaube nicht.
Man lernt ja auch ganz subtil in dieser hierarchisch organisier-
ten Gruppe, welches Verhalten belohnt und welches bestraft
wird.

Ich unterhalte mich mit einer anderen Abgeordnetenkolle-
gin: Und? Willst du noch mal fünf Jahre anpeilen? «Entweder ich
hab einen sehr anstrengenden Wahlkampf vor mir, oder ich hab
mein Leben zurück. Ich seh's positiv!», antwortet sie.

Wow. Ich frage mich ernsthaft, warum so viele es so schrecklich finden und es trotzdem machen. Gehen sie vielleicht zur
selben Therapeutin wie ich? Es ist doch so, dass sie alle ständig Dinge tun, die sie eigentlich nicht wollen. Wie sehr können
die sich verbiegen? Wie sehr kann ich mich verbiegen? Überhaupt nicht. Ich bin viel zu unflexibel für diesen Laden, und
ich kann über meine eigenen Widersprüche nicht hinwegsehen.
Mein größter Albtraum wäre es, noch mal fünf Jahre Abgeordne-

ter sein zu müssen. Ich wüsste jetzt, wie ich es machen müsste. Und ich sehe ein, dass mir dafür die Voraussetzungen fehlen. Ich müsste vor allem mit anderen Menschen zusammenarbeiten. Und genau das will ich überhaupt nicht. Ich müsste aggressiv sein, bestimmt, die Konflikte suchen, extrem gut vorbereitet sein und darauf gefasst, trotz hohen persönlichen Einsatzes so gut wie nichts zu erreichen. Die, die falsche Entscheidungen treffen, unter Druck setzen. Es ihnen unangenehm machen, ihre Politik auf Kosten der «Wehrlosen» fortzusetzen.

Ich sehe ein, dass ich es nicht besser kann als andere. Und das muss ja die Hauptmotivation sein, um anzutreten: Das kann ich aber besser als die anderen, und deshalb muss ich dahin!

Zumindest auf Bühnen habe ich das oft gedacht: «Das kann ich aber besser!» Und habe es deshalb weiter versucht. Dort hat es geklappt.

Ich bin der Demokratie sehr dankbar, dass der Job des Europaabgeordneten kein Erbamt ist, sondern dass alle fünf Jahre durchgewechselt wird. Ich bin fünf Jahre in der Pflicht. Danach habe ich keine Verpflichtung mehr.

Vergeblich zu kämpfen, macht mich unglücklicher, als aufzugeben. Das Parlament zu verlassen, ist die einzig mögliche Option für mich ganz persönlich.

Besucher:innengruppen, Kolleg:innen und so weiter fragen mich immer wieder, ob ich 2024 noch mal antreten werde. Für mich persönlich ist die Antwort klar: Auf. Gar. Keinen. Fall. Im Februar 2023 veröffentliche ich dazu ein kurzes Video, um keine Diskussionen mehr darüber führen zu müssen.

Zu meiner großen Überraschung werde ich immer wieder gefragt: «Nico, trittst du noch mal zur nächsten Europawahl an? Und da ist meine Antwort:
Auf. Gar. Keinen. Fall!

Es gibt dafür sehr viele Gründe.

Der wichtigste vermutlich: Erst durch den Korruptionsskandal habe ich mitbekommen, wie sehr mich Lobbyist:innen im Vergleich zu anderen Abgeordneten benachteiligen. Weder habe ich Geschenke erhalten, noch wurde ich zu Reisen eingeladen.

Ich sage: Nur weil ich Hinterbänkler bin, ist das noch lange kein Grund, mich gegenüber rechteren Politiker:innen wirtschaftlich so stark zu benachteiligen. Entweder werden alle geschmiert oder niemand.

Im Ernst: Mein Leben wird viel besser sein, wenn ich wieder raus bin aus dem Europäischen Parlament. Und ich glaube, ich persönlich kann ohne Mandat viel mehr bewirken als mit.

Das Feedback dazu lässt sich auf drei Reaktionen runterbrechen:

1) Schade!
2) Voll gut!
3) Wer ist Nico Semsrott?

Um es noch mal genauer zu erklären, was mich wirklich davon abhält, den ganzen Kram noch einmal zu machen, hier die wichtigsten Gründe für mich selbst.

1. Gesundheit: Mir geht's schlecht hier

Ich finde das EU-Parlament als Idee genial und als realen Ort schrecklich. Ich habe einen ständigen Wertekonflikt mit diesem Umfeld. Die EU-Abgeordneten haben sich quasi unendliche legale Möglichkeiten gegeben, sich schmieren zu lassen, Superreiche haben ununterbrochen sehr viel Einfluss auf das gesamte politische System und der nicht reiche Rest der Gesellschaft eben nur alle fünf Jahre. Wenn behauptet wird, das EU-Parlament arbeite ziemlich transparent, ist das schlicht falsch. Die demokratische Kontrolle ist, um es vorsichtig auszudrücken, ausbaufähig. Ich bin total am falschen Ort. Und damit bin ich gleichzeitig auch total am richtigen Ort. Ich gehöre total hierher, aber auch überhaupt nicht. Einerseits gehöre ich hierhin, weil ich hier so gar nicht hinpasse und das ja beabsichtigt war. Von mir und meinen Wähler:innen. Natürlich muss ich stören. Aber ich werde immer mal wieder von Securities aufgehalten, weil sie sich nicht vorstellen können, dass jemand wie ich Abgeordneter ist, und das ist auch schon das ganze Sinnbild. Das ist als Künstler nicht mein Game. Ich habe Spaß an Eindeutigkeit und Gefühlen, an Satire und Kreativität, nicht an Kompromissen, Technokratie und Ignoranz. Ich bin zu nah dran an allem. Für mich ist es unerträglich, dass auch dieses Parlament sich in vielen Detailfragen immer wieder auf die Zerstörung der eigenen Lebensgrundlagen verständigt. Und mir gelingt es nicht, mich von alldem ausreichend abgrenzen, und mir einzureden, das hätte nichts mit mir zu tun. Mich zieht das, was ich hier sehe und erlebe, massiv runter.

2. Anpassungsdruck: Jede:r wird geformt (Druck?)

Ich hab's ausprobiert: Das ist kein Ort zum Ausprobieren. Du kannst hier mit einem Satireansatz starten, und dann machst du einen Witz, und dann sagt irgendjemand, das darfst du gar nicht, und wenn du uns noch länger störst, dann gibt es richtig Ärger. Das kann ich zwar ein paar Mal trotzdem machen, aber meine Energie reicht nicht aus, um dem internen Druck standzuhalten. Jedenfalls (und ja, ich wiederhole mich): Das System formt den Menschen, nicht umgekehrt.

Es ist ein Mega-Privileg, hier mehrere Hunderttausend Menschen vertreten zu dürfen, und es ist ein noch größeres Privileg, wieder gehen zu können.

3. Zu wenig Wirksamkeit

Ich habe Bock, etwas zu bewegen. Für mich ist das Europäische Parlament ein Ort der Unfreiheit und der Ohnmacht. Ich glaube, ich persönlich habe mit meinem beruflichen Hintergrund mehr Einfluss ohne das Europäische Parlament:

Für nichts, was ich in meinem Leben machen will oder kann, brauche ich das Mandat. Im Gegenteil. Bei vielem behindert es mich eher. In meinem Fall gilt: Als Abgeordneter brauche ich die Verwaltung des Parlaments zur Lösung der Probleme, die ich ohne sie gar nicht hätte.

Ich habe zu wenig Vertrauen in die Prozesse. Die Welt, die ich mir wünsche, sieht komplett anders aus als unsere. Das, was viele Abgeordnete im Gegensatz zu mir haben: eine unerschütterliche, fast religiöse Überzeugung, dass es irgendwie schon besser wird. Ich versuche das mit der Hoffnung die ganze Zeit, aber es gelingt mir nicht.

Leider stimmt es: Ich bin auch einfach zu weich. Ich leide zu sehr unter all den Ungerechtigkeiten, und ich habe mich noch nie so ohnmächtig gefühlt wie in dieser angeblichen Machtposition. Die Mächtigen sitzen nicht in der vorletzten Reihe des EU-Parlaments.

Vielleicht stellt sich wegen diesen Argumenten noch mal die Frage, warum ich nicht vorzeitig zurückgetreten bin. Weil ich noch Bock auf ein paar Sachen hatte: zum Beispiel auf Gruppenbesuche. Das macht richtig Spaß, und es fühlt sich im Gegensatz zu fast allem anderen auch total sinnvoll an.

Ich habe vor meiner Amtszeit gedacht, dass ich Politik verstehen würde, und mittlerweile bin ich mir ziemlich sicher, dass man es von außen gar nicht checken kann, weil es Gruppendynamiken gibt, die niemand mitbekommen kann. Ich will was von meinem Lernprozess teilen: Deshalb empfange ich insbesondere in den Jahren 2023 und 2024 so viele Besucher:innen in Brüssel und Straßburg wie möglich. Außerdem will ich meiner Krise in den letzten Jahren auch noch einen Sinn geben. Das sollte ein Experiment werden. Ich wollte Dinge ausprobieren. Ich habe mich sehr oft geirrt und wurde ziemlich überrascht. Also beobachte ich bis zum Schluss, schreibe das alles auf und versuche das auch in eine Form zu gießen. Klappt semi, wie du gerade liest.

Ich bin kein Karrierepolitiker. Ich bin hier durch ein Loophole reingekommen, und ich will hier auch wieder raus. Nichts, was ich nicht in fünf Jahren erzählen konnte, kann ich dann aber in 10 Jahren erzählen. Man braucht einen frischen Blick, wenn man das alles hinterfragen will. Und wenn man die Sachen hier anders machen will, ist das sauanstrengend. Ich glaube, nach einer Wiederwahl ist man wirklich ein kaum noch reflektierter Teil des Systems. Ich habe absolut kein Verständnis für Menschen, die sich hier vier-, fünfmal reinwählen lassen. Es ist respektlos.

Schade

Ich habe Dinge an mir beobachtet: Meine Zeit im Europaparlament hat mich verbitterter gemacht. Ich spende prozentual so wenig wie noch nie. Gut, das hat auch damit zu tun, dass ich noch Geld bereithalte für mögliche Prozesskosten, trotzdem, das Mandat hat mich verändert. Ich habe weniger Lust zu spenden, weil ich sehe, wie systematisch die Ausbeutung auf allen Ebenen passiert.

Alles gleicht einem Tropfen auf den heißen Stein in einer heißer werdenden Welt. Und trotzdem muss man dagegenhalten.

Auf dem Weg zum Parlament stehe ich im Stau. Über einen Parkplatz kann ich 50 Autos rechts überholen. Früher hätte ich das nicht gemacht. Aber als EU-Abgeordneter habe ich gelernt: Wenn man sich es nicht nimmt, dann bekommt man es nicht. Keine:r wird einem etwas schenken in der Politik. Und irgendwie muss man die Ellenbogen ausfahren.

Ich verstehe, warum aus diesen Systemen so viel Scheiße rauskommt. Weil schon so viel Scheiße reinfließt. Die Systeme sind nicht offen. Alle stehen unter Druck. Die Stimmung ist angespannt. Da kommen keine guten Ideen raus. Ein schlechter Apfel verdirbt alle anderen. Das Ethylen ist gasförmiges Pflanzenhormon und beschleunigt den Reifeprozess der Nachbar:innen. Ich glaube, das lässt sich auch auf Politik übertragen.

Jedenfalls bin ich egoistischer geworden. Vielleicht ist das auch gar nicht so schlecht, weil ich es zu vielen Leuten recht machen wollte und das ohnehin mehr als vergeblich ist. Wieso es sich nicht also selbst recht machen?

Wenig ärgert mich so sehr wie der Vorwurf, mir würde es ums Geld gehen.

Wenn es mir ums Geld gehen würde, wäre ich weiter auf Tour gegangen.

Wenn es mir um ein bequemes Leben gehen würde mit viel Geld, würde ich den üblichen Politiker:innen-Style fahren, mich noch mal und noch mal reinwählen lassen, nebenbei Bücher veröffentlichen und auf Tour gehen.

Aber ich hasse es. Ich halte es nicht aus. Es ist mir unerträglich, zu dumm, zu dämlich. Zu niederträchtig. Zu folgenlos. Sinn- und freudlos.

Auch mein Menschenbild ist schlechter geworden. Skurril. Ich bin dort gelandet, um mich um andere zu kümmern, und das Ergebnis ist, dass ich mich mehr um mich kümmere. Ich bin nicht weniger zerrissen als vorher.

Mein Fokus ist falsch, denn es gibt ja fast so viele «gute» wie «schlechte» Menschen.

Warum gibt es so wenig Spielraum, etwas zu machen, aber so viel Spielraum, sich selbst zu bereichern? Ist das nicht absoluter Quatsch und widersinnig? Das ist ja gegen das öffentliche Interesse, oder nicht?

Etwas für Leute was tun ist definitiv schwieriger, als etwas für sich selbst zu tun. Die Dinge, die einen antreiben, sind ja sehr persönlich. Ich will nicht, dass andere über mich bestimmen.

Von «Möglichst viel für meine Wähler:innen rausholen» wechsele ich meinen Anspruch zu «Bloß keine Probleme bekommen» und «Irgendwie die Ziellinie erreichen». Was für ein Trauerspiel.

Seien wir mal ehrlich: An so vielen Stellen nicht kontrolliert zu werden und den Eindruck zu gewinnen, man könne unbeobachtet in irgendwelche Kassen greifen, ist verführerisch. Wenn ich das hier nicht thematisieren würde, würde sich ja nicht mal irgendjemand überhaupt die Frage stellen. Und ich wüsste nicht, was passieren würde, wenn ich vier Amtszeiten dabei wäre. Vermutlich würde es bei mir noch weiter bröckeln. Ich merke ja, wie sich Dinge verschieben. Irgendwann dächte ich nur noch an mich selbst. Hauptcharakterzug: Egoismus. Es wäre genauso. Aber ich entscheide mich eben dafür, das nicht anzuvisieren, weil das für mein Leben und meinen Charakter schlecht wäre.

Um das klarzustellen: Ich habe von den Missbrauchsmöglichkeiten an keiner Stelle Gebrauch gemacht. Ich habe mir keine Fahrt ausgedacht, ich habe mich nicht bestechen lassen, ich habe mir kein Geld in die eigene Tasche gewirtschaftet. Aber ich hätte das alles machen können. Warum wird das ermöglicht?

Ich bin ein paar Grad zum Schlechteren gedreht, aber ich bin noch nicht gekippt!

TL;DR:

Manchmal checkt man erst, was man hat, wenn man es verliert, und weitere Weisheiten von Wandkalendern aus der Apotheke.

Nicos kleine Antikorruptionskampagne (zur Europawahl 2024)

Nach all diesen Informationen fragst du dich vielleicht: Soll ich überhaupt noch wählen gehen? Die Antwort ist: Ja, immer!

Die Europawahl (und jede andere Wahl) ist allein deshalb schon wichtig, weil du darüber mitentscheidest, wem du die Privilegien, die ich aufgezählt habe, geben willst. Wer agiert noch am ehesten in deinem Sinne? Nicht zu wählen, bedeutet auch, denen, gegen die du bist, weniger entgegenzustellen. Mach das nicht. Das ist dumm.

Und damit herzlich willkommen zu meiner Wahlempfehlungskampagne. Sie basiert auf dem, was mich am meisten antreibt: RACHE!

Ich persönlich bin nicht restlos davon überzeugt, dass man was verändern kann, aber die Idee, dass ich Arschlöchern das Leben ein bisschen schwerer machen kann, ist für mich Motivation genug, wählen zu gehen. Deswegen möchte ich noch einmal Wahlkampf machen, und es wird für mich der beste Wahlkampf der Welt, weil ich am Ende kein Mandat mehr übernehmen werde.

Du hast nicht die Möglichkeit, dich nicht zu entscheiden. Auch Nichtwählen ist immer eine halbe Stimme für die CDU/CSU. Die Wahrscheinlichkeit, während der Legislatur eine Entscheidung zu beeinflussen, liegt für Bürger:innen ohne Mandat bei 0,0 Prozent. Im Wahlkampf liegt sie dagegen bei 0,1 Prozent. Die Chance muss man nutzen.

Zunächst ist es wichtig, die Möglichkeiten der Parteien anzuerkennen und die Erwartungen entsprechend runterzuschrauben. Von den Parteien möchte ich im nächsten Wahlkampf nicht mehr wissen, ob sie noch was gegen die Klimakatastrophe tun wollen, sondern wie sie gedenken, die Zivilisation abzuwickeln, ob sie im Prozess zum Beispiel noch beratend zur Seite stehen oder das Vorhaben den Milliardär:innen komplett überlassen wollen.

Man könnte die Symbolpolitik auf Charityveranstaltungen beschränken, bei denen die Milliardär:innen Gelder sammeln für Probleme, die sie maßgeblich selbst verursacht haben. Die Aufgabenverteilung ist die gleiche wie in der großen Welt: Die Milliardär:innen lassen es sich gut gehen, während die Parteien sich zum Affen machen. Ich fände eine Hüpfburg dazu noch ganz schön.

Zurück zu dem, was wir alle für Wahlen (wirklich egal welche), aber insbesondere die Europawahl im Kopf haben sollten: Das Einzige, wovor mächtige Politiker:innen Angst haben, ist, ihren Sitz zu verlieren. Denn es bedeutet für sie Machtverlust. Ihr selbst empfundenes Prestige geht verloren. Wir haben nur alle paar Jahre die Möglichkeit, diese Angst zu nutzen und direkt auf Politiker:innen einzuwirken, also müssen wir diesen Zeitpunkt jedes Mal abpassen und wählen gehen.

Ich bin Demotivationstrainer, deshalb muss ich hier noch einwerfen, ich weiß gar nicht, wie ich dich jetzt dazu befähigen soll, zur Wahl zu gehen und bestenfalls noch andere dazu zu bringen, dass sie nicht CDU / CSU, AfD, FDP, SPD und so weiter wählen. Reichen meine negativen Beispiele auf den Seiten zuvor aus, um klarzumachen, dass zwar vieles scheiße ist, aber wir deshalb alle Möglichkeiten, so begrenzt sie auch sein mögen, nutzen sollten, um nicht völlig aufzugeben?

Als No-Fun-Fact: Die Webseite www.mdep.de ist die Homepage von Rainer Wieland. Wie deutlich kann ein Mensch zeigen, dass er glaubt, über allem zu stehen? Rainer Wieland: Ja.

Eigentlich bin ich der Meinung, dass man, so wie in Deutschland Wahlkampf betrieben wird, es auch komplett lassen kann.

Man muss sich mal angucken, in was für einer Gesellschaft man unterwegs ist – und klar ist: Deutschland ist – wenn ich mir die Wahlergebnisse angucke – in der Mehrheit weder eine mutige, solidarische noch eine kreative Gesellschaft, die mal was ausprobiert. Wäre schön, wenn sich das ändert. Was ich empfehlen kann: Wähle die aussichtsreichste Partei, die nicht CDU / CSU oder AfD ist. Ich werde es selbstverständlich auch so machen. Die meisten Parteien sind mir zu wenig links. Wählbar werden Parteien in meinen Augen ab den Grünen und eben noch weiter links, solidarisch, umweltfreundlich und so weiter. Ich gebe keine konkrete Empfehlung, weil ich selbst noch nicht weiß, wie ich abstimmen werde, und weil ich bei keiner Partei zu 100 Prozent hinter deren Idealen stehe. Außerdem wählen wir frei und direkt, und ich will, dass du selbst für dich überlegst, was du willst, wie du dir die Zukunft vorstellst und wem du am ehesten vertrauen möchtest. Kompromisse werden alle Parteien eingehen, die finden im Inneren statt. Wir da draußen sollten aber keine Kompromisse machen.

Auch wenn ich nicht zur Wahl stehe, werde ich oft gefragt, was ich ändern würde, wenn ich zum Beispiel Bundeskanzler wäre. Ausnahmsweise kann ich darauf recht einfach antworten: Ich würde sofort versuchen, Korruption zu bekämpfen. Unter anderem durch Verbot aller Nebentätigkeiten oder Rückzahlungspflicht von allen Einnahmen, verpflichtende Veröffentlichung von Steuererklärungen, die Pflicht, das eigene Vermögen offenzulegen, und ich würde die Mandatsdauer auf maximal zwei Legislaturen beschränken. Weil es dagegen sehr viel Widerstand geben würde, würde ich diese Veränderungen mit der Vertrauensfrage verbinden.

An alle, denen die Regeln zu streng wären: Niemand muss dieses Amt annehmen.

Es muss Beschränkungen von Macht geben. Das ist die Kernidee von Demokratie. Keine uneingeschränkte Macht – für niemanden!

Verhalten, das man nicht will, kann man bestrafen / verbieten! Verhalten, das man haben will, kann man belohnen! Will man, dass Abgeordnete bestechlich sind? Ja! Dann sollte man Nebentätigkeiten erlauben. Wenn man das nicht will, sollten sie verboten werden. Es müsste Stichproben geben. Würde angekündigt, dass in der Legislaturperiode fünf Prozent der Abgeordneten nach dem Zufallsprinzip von außen kontrolliert werden und schmerzhafte Strafgelder an die verteilt würden, die missbräuchlich mit ihrem Amt und den Geldern umgehen, könnte man sehr viele Steuern sparen. Ein Parlament, in dem ich wenigstens manchmal eine eigene Idee zur Abstimmung stellen könnte, wäre außerdem auch mal was.

Wenn ich die Wahl zum Bundeskanzler gewinnen würde, würde ich trotzdem zurücktreten, weil ich der Aufgabe ganz einfach nicht gewachsen wäre.

Am liebsten wäre ich eigentlich ein Milliardär, der jederzeit die:den Bundeskanzler:in anrufen und ihr:ihm mitteilen kann, was sein «Wunsch» wäre. Das wäre weniger Accountability und mehr Macht. Ich wär so gerne Milliardär. Ich hätte Vorteile, die ich als nicht reicher Abgeordneter nicht habe. Ich müsste mich gegenüber niemandem verantworten, ich könnte alles andere machen lassen, ich würde trotzdem immer reicher werden, weil alle meine Ausgaben zigfach von den Kapitalerträgen gedeckt wären. Und ich könnte, wenn mir doch mal nach persönlicher Arbeit ist, zu jeder:m Entscheidungsträger:in sofort durchgeschaltet werden. Aus Beteiligungssicht ein Traum!

Auch als Kommissionspräsident würde ich übrigens sofort zurücktreten. Ich bin zwar für Die PARTEI als Kommissionspräsidentskandidat angetreten, aber ich kann ganz offen sagen: Mit diesem Vorhaben habe ich mich übernommen, und es ist gut, dass ich es nicht geworden bin.

Wäre ich dagegen ein Diktator der EU, würde ich die Demokratie einführen, und zwar vollständig, Macht begrenzen und das Initiativrecht implementieren.

Was ich als Mensch Nico Semsrott tun kann, insbesondere mit Blick auf die Europawahl 2024, ist Aufklärung. Das versuche ich mit diesem Buch, meinen Videos, meiner Homepage und bei Gesprächen mit so ziemlich allen. So viel zu meinem persönlichen Wahlkampf.

TL;DR:
Es war alles umsonst.

Habe ich etwas bewirkt?

Wow! Niemals hätte ich gedacht, dass ich mit 38 mal verheiratet, Vater von drei Kindern und einfach richtig glücklich sein würde. Und ich hatte recht. Nichts davon ist eingetreten ... Auch während meiner Zeit im Europäischen Parlament habe ich nichts zum Positiven verändern können. Enttäuscht? Was meinst du, wie es mir geht?! Ich habe keine Ahnung, ob ich irgendetwas oder irgendwen bewegt habe. Was sind schon Likes und Schlagzeilen? Es war ein Versuch. Ich bin unzufrieden. Für mich reihen sich die fünf Jahre in Brüssel in mein lebenslanges Scheitern ein.

Noch in meiner ersten Zeit im Parlament treffe ich einen anderen Abgeordneten im Fahrstuhl. Ihm sage ich: «Ich mag es hier nicht. Ich bin Comedian. Und wie geht's dir?» Er antwortet knapp: «Gut, aber ich bin auch kein Comedian.» Tja. Das ist natürlich der Kern. Ich bin am falschen Ort. Wieder.

Von einem Journalisten werde ich gefragt, ob ich Politiker sei. Zu meiner eigenen und auch zu seiner Enttäuschung muss ich es bejahen. Natürlich bin ich Politiker. Ich wurde gewählt, und ich habe so einen Hausausweis, mit dem ich durch einen Extraeingang ins EU-Parlament reinlaufen kann. Und ich habe eine Abstimmungskarte, damit ich auf Knöpfchen rumdrücken kann. Gerade diese beiden Karten und das Namensschild an meinem Parlamentsbüro qualifizieren mich für die Berufsbezeichnung Politiker. Aber nur weil ich EU-Abgeordneter bin, habe ich meine Satiretätigkeit natürlich nicht aufgegeben. (Auch wenn die Ausmaße der Krisen Klima, Krieg, Inflation und Pandemie die Leichtigkeit der Kunst ebenfalls beschweren.) Trotz Abgeordnetenmandat bin ich natürlich auch weiterhin Satiriker und Künstler. Theoretisch ist es ziemlich einfach zu verstehen: Der Inhalt des Pakets ist die Politik, die Schleife drum rum ist die Satire.

War es das wert? Keine Ahnung, aber es war halt. Ich konnte mir vorher nicht vorstellen, wie es sein würde. Am Anfang habe ich dran geglaubt, etwas ändern zu können, nach etwas mehr als einem Jahr nicht mehr. Ich vertraue dem System so wenig, dass ich nicht mal wüsste, ob das Parlament nicht die geheimen Abstimmungen manipuliert. Nicht aus einer grundsätzlichen Feindschaft «dem System» gegenüber, sondern weil ich so schlechte Erfahrungen mit diesem Haus gemacht habe und nichts daran vertrauenswürdig ist. Ganz ehrlich: Ich bin von Anfang an vollkommen überfordert mit dem Amt. Es ist mir alles zu viel, und mir gelingt es nicht, wichtig von unwichtig zu unterscheiden. Ich bekomme meinen Kram nicht gebacken. Wenigstens bin ich da in der EU in bester Gesellschaft.

Was jetzt vor mir liegt, sind große Schuldgefühle und viel Trauerarbeit, dass ich das nicht geschafft habe, wie ich wollte.

Ich denke zwar, dass es nicht verkehrt war, die Diebstahlserie im Parlament öffentlich zu machen, und auch mein Video, in dem ich über die Fahrgastrechte informierte, war politisch motiviert. Einmal habe ich auch ein Informationsvideo über die italienische Movimento 5 Stelle hochgeladen, in dem ich über deren korruptes System aufgeklärt habe. Es hat bis jetzt nur 123 000 Aufrufe. Megafrustrierend bei all der Arbeit, die mein Team und ich investiert haben. Meine Aktion direkt zu Beginn des Mandats, bei der ich Ursula von der Leyen zu mehr Transparenz auffordere, ist ab und an eine nette Anekdote, aber hat sie etwas geändert?

Einmal sehe ich einen AfD-Nazi vor mir ins Parlament laufen, offenbar ist er auch auf dem Weg zum Tagegeldunterschreiben. Ich nehme einen anderen Weg und komme so vor ihm an. Er muss warten. Darf ich das als Erfolg verbuchen? Immerhin: Ich habe Dinge ausprobiert und viel gelernt. Nicht so viel ausprobiert, wie ich wollte, und andere Dinge gelernt, als ich gerne erfahren hätte, aber dennoch. Es war sehr interessant. An alle, die das möglich gemacht haben: danke dafür. Es war eine Scheißzeit. (Trotzdem danke.) Jetzt am Ende merke ich, dass ich im Parlament wie im Rest meines vorherigen Lebens auf einer Suche war. Ich habe einen Sinn gesucht. Ich habe Anerkennung gesucht. Und ich habe nach etwas gesucht, was ich machen will. Aber vielleicht hatte ich das, was ich machen wollte, schon vorher gefunden?

Mehr geht nicht.

TL;DR:
Eine Info, die ich so absurd finde, dass ich
sie noch kurz erwähnen will.

Heucheln bei Abstimmungen

Die Abstimmungen laufen im Sekundentakt:
Artikel bla
Absatz bla, bla
Wer ist dafür?
Dagegen?
Enthaltung?
Abgelehnt.
Die Zeit, die du fürs Lesen dieser Zeilen brauchst, dauert es
auch, und dann geht es zur nächsten Abstimmung. Abgeordnete können nur deshalb mitmachen, weil die Entscheidungen, wie sie abstimmen werden, schon vorher fallen. Wir haben
eine Votingliste, oder besser gesagt -tabelle, und arbeiten diese
ab. Manchmal 2 Stunden am Stück. Und stell dir vor, manchmal
verrutscht man in der Zeile und stimmt falsch ab oder verpennt,
sich überhaupt zu beteiligen. Das Parlament hat dafür einen tol-
len Service:
Korrekturen.
Wenn man sich vertan hat, kann man seine Abstimmungsent-
scheidungen korrigieren, allerdings nur fürs Protokoll, nicht für
das tatsächliche Ergebnis. Wieder so ein Ding, bei dem ich nicht
verstehe, was das soll. Warum kann man nicht zu seinem Fehler stehen? Warum ist das Image wichtig, und ist es nicht eine
bescheuerte Ablenkung von der Tatsache, dass man eben so
abgestimmt hat, wie man es getan hat? Verlogen.

Ehrliches Glossar des EU-Jargons

MdEP / MEP
Mitglied des Europäischen Parlaments
Ein:e Abgeordnete:r im Europäischen Parlament, die:den sich die Kommission hält, um den Anschein von Demokratie aufrechtzuerhalten.

EVP / EPP
Europäische Volkspartei / European People's Party
Die Fraktion im Europäischen Parlament für Leute, die tun, was die Wirtschaft will.

S&D
Progressive Allianz der Sozialdemokraten / Progressive Alliance of Socialists & Democrats
Die Fraktion im Europäischen Parlament für Leute, die tun, was die Wirtschaft will, aber mit schlechtem Gewissen.

Die Grünen
Greens European Free Alliance (EFA)
Die Fraktion im Europäischen Parlament für Leute, die tun, was die Wirtschaft will, aber mit schlechtem Gewissen und dem Gefühl, dass es so langsam ein wenig zu heiß wird.

Die Linke
Konföderale Fraktion der Vereinten Europäischen Linken / Nordischen Grünen Linken / Confederal Group of the European United Left / Nordic Green Left
Die Fraktion im Europäischen Parlament, die nicht ganz so wirtschaftsfreundlich ist wie die anderen. Konsequenterweise, äh, zufälligerweise ist sie auch die kleinste.

RE
Renew Europe
Eine Fraktion wie die EVP, aber mit etwas weniger Jesus und mehr Macron. Renew verspricht, Europa radikal zu verändern – mit noch mehr Neoliberalismus.

EKR
Europäische Konservative und Reformer
Die Fraktion für Leute, die offen zugeben, dass Neoliberalismus auch ganz wunderbar ohne Menschenrechte und Rechtsstaat funktioniert.

ID
Identität & Demokratie
Nazis.

Fraktionslose
Ein soziales Experiment. Was passiert, wenn man faschistische Schläger:innen, Kommunist:innen, Separatist:innen und Satiriker:innen direkt nebeneinander setzt? Schalte ein, wenn es wieder heißt: Plenarwoche im Europäischen Parlament!

Plenarsitzung
Hier kommen alle Mitglieder des Europäischen Parlaments zusammen, sprechen laut mit sich selbst und drücken Knöpfe. Dafür reisen sie 400 Kilometer weit zu einem 600-Millionen-Euro-Gebäude.

Resolution / Entschließung
Das Parlament hat vielleicht nicht die Macht, Menschenrechtsverletzungen zu verhindern. Aber sein Recht, sie anzuprangern, wird es bis zum Tod verteidigen.

Änderungsanträge

Das Parlament kann zwar keine Gesetzesvorschläge einbringen, aber es hat das Recht, Veränderungen daran vorzuschlagen. Was gar nicht so unbedeutend ist. Mit einem guten Auge fürs Detail können Mitglieder des Europäischen Parlaments Schlupflöcher schließen oder hinzufügen, die dann von Wirtschaftsunternehmen ausgenutzt werden können (siehe: alle Fraktionen mit Ausnahme GUE / NGL). Oder sie entfernen ein falsch gesetztes Komma.

Ausschuss

In Ausschüssen diskutieren wir Mitglieder des Europäischen Parlaments bestimmte Bereiche der Politik (Budget, Auslandspolitik), damit wir beschäftigt sind.

Petition

EU-Bürger:innen, die glauben, Einfluss nehmen zu können, können per Petition eine Forderung an einen Ausschuss stellen, der wiederum glaubt, er könne Einfluss auf das Parlament nehmen, welches wiederum glaubt, es könne Einfluss auf die Politik nehmen.

Bürgerinitiative

Funktioniert wie Petition, nur dass die Initiator:innen eine Million Unterschriften sammeln, durch ein paar brennende Reifen springen und einem Bären entkommen müssen, um zu beweisen, dass sie es ernst meinen. Dieser zusätzliche Aufwand macht es für die Kommission ein klein wenig unangenehmer, den Vorschlag schließlich abzulehnen.

Das Spitzenkandidat:innensystem

Ein Vorgehen, um die:den Präsident:in der Europäischen Kommission demokratisch zu wählen. Es wurde in vorherigen Wahlen bereits getestet und wird wohl endgültig eingeführt werden, sobald das Volk für dieselbe Person stimmt, auf die sich alle EU-Staatsoberhäupter ohnehin hinter verschlossenen Türen geeinigt hätten.

Dank

Danke an Isabel Prößdorf, ohne die das Buch nie erschienen wäre. Danke an das ganze Team von Rowohlt fürs Durchziehen. Und natürlich vor allem danke an 900 000 Wähler:innen, die mich mit diesem Privileg ausgestattet haben, fünf Jahre in Brüssel zu experimentieren.

Stefanie Sargnagel
Iowa

Ein Ausflug nach Amerika

2022 tauscht Stefanie Sargnagel widerstre-
bend das bequeme Wiener Sofa gegen ein
Flugticket in die USA ein. In Iowa soll sie
an einem College mitten im Nirgendwo
Creative Writing unterrichten. In der
Kleinstadt Grinnell mit ihren 8000 Ein-
wohnern gibt es außer endlosen Maisfel-
dern: nichts. Mit von der Partie ist
Musiklegende Christiane Rösinger, und
gemeinsam machen die beiden sich auf,
das Nichts zu erkunden. Sie finden über-
gewichtige freundliche Einheimische, tra-

304 Seiten

ditionelle Geschlechterrollen, Riesensupermärkte, unglaubliche
Würstchen und ein Glas voller eingelegter Truthahnmägen.
Stefanie Sargnagels Blick auf die USA ist so unverwechselbar wie ihr
Schreiben: Sarkastisch, schonungslos ehrlich und doch voll Sympathie
bringt sie uns das ländliche Amerika nahe und berichtet nebenbei
herzerwärmend über die Lebensnotwendigkeit von Frauenfreund-
schaften.

Mit korrigierenden Fußnoten von Christiane Rösinger.

Weitere Informationen finden Sie unter **rowohlt.de**

Lydia Meyer
Die Zukunft ist nicht binär

Es gibt nur zwei Geschlechter? Von
wegen!

«Das ultimative Ziel des Feminismus
sollte sein, die binäre Geschlechterord-
nung aufzubrechen. Lydia Meyer zeigt
in diesem Buch, wie wir uns individuell
und kollektiv von diesem bedrückenden
System befreien können.»
Emilia Roig

224 Seiten

«Must-Read für cis Peeps.»
Ann-Kristin Tlusty

«Es gibt wohl kaum ein Buch, das so dringlich ist wie dieses hier!
Mein Wunsch ist, dass nach dem Lesen alle verstanden haben, wie
wichtig es ist, über das System der Zweigeschlechtlichkeit hinauszu-
denken!»
Linus Giese

Weitere Informationen finden Sie unter **rowohlt.de**

Vera Weidenbach
Die unerzählte Geschichte

Wie Frauen die moderne Welt erschufen – und warum wir
sie nicht kennen

Frauen veränderten schon immer die
Welt: Sie waren nicht nur «die Ersten
ihrer Art», sie waren die Ersten überhaupt. Sie forschten, schrieben Weltlite-
ratur und läuteten neue Epochen in der
Kunst ein. Vera Weidenbach macht endlich sichtbar, welchen Anteil Frauen an
unserer modernen Welt haben. In Wahrheit schuf nicht Walt Disney den ersten
Trickfilm, sondern Lotte Reiniger. Rosa-
lind Franklin beschrieb die DNA, Ada
Lovelace das erste Computerprogramm
und Lise Meitner die Kernspaltung. Camille Claudel prägte die Bild-
hauerei der Moderne, und Margarete Steffin brachte die Stimmen der
kleinen Leute in die weltberühmten Stücke von Bertolt Brecht.

352 Seiten